Journalistische Praxis

Gegründet von
Walther von La Roche

Herausgegeben von
Gabriele Hooffacker

Der Name ist Programm: Die Reihe Journalistische Praxis bringt ausschließlich praxisorientierte Lehrbücher für Berufe rund um den Journalismus. Praktiker aus Redaktionen und aus der Journalistenausbildung zeigen, wie's geht, geben Tipps und Ratschläge. Alle Bände sind Leitfäden für die Praxis - keine Bücher über ein Medium, sondern für die Arbeit in und mit einem Medium. Seit 2013 erscheinen die Bücher bei SpringerVS (vorher: Econ Verlag). Die gelben Bücher und die umfangreichen Webauftritte zu jedem Buch helfen dem Leser, der sich für eine journalistische Tätigkeit interessiert, ein realistisches Bild von den Anforderungen und vom Alltag journalistischen Arbeitens zu gewinnen. Lehrbücher wie „Sprechertraining" oder „Frei sprechen" konzentrieren sich auf Tätigkeiten, die gleich in mehreren journalistischen Berufsfeldern gefordert sind. Andere Bände begleiten Journalisten auf dem Weg ins professionelle Arbeiten bei einem der Medien Presse („Zeitungsgestaltung", „Die Überschrift"), Radio, Fernsehen und Online-Journalismus, in einem Ressort, etwa Wissenschaftsjournalismus, oder als Pressereferent/in oder Auslandskorrespondent/in. Jeden Band zeichnet ein gründliches Lektorat und sorgfältige Überprüfung der Inhalte, Themen und Ratschläge aus. Sie werden regelmäßig überarbeitet und aktualisiert, oft sogar in weiten Teilen neu geschrieben, um der rasanten Entwicklung in Journalismus und Neuen Medien Rechnung zu tragen. Viele Bände liegen inzwischen in der dritten, vierten, achten oder gar, wie die „Einführung" selbst, in der neunzehnten völlig neu bearbeiteten Auflage vor. Allen Bänden gemeinsam ist der gelbe Einband. Er hat den Namen „Gelbe Reihe" entstehen lassen - so wurden die Bände nach ihrem Aussehen liebevoll von Studenten und Journalistenschülern getauft.

Gegründet von
Walther von La Roche

Herausgegeben von
Gabriele Hooffacker

Weitere Bände in dieser Reihe
http://www.springer.com/series/11722

Gabriele Hooffacker · Klaus Meier

La Roches Einführung in den praktischen Journalismus

Mit genauer Beschreibung aller Ausbildungswege Deutschland · Österreich · Schweiz

20., neu bearbeitete Auflage

Gabriele Hooffacker
Hochschule für Technik,
Wirtschaft und Kultur Leipzig
Leipzig
Deutschland

Klaus Meier
Studiengang Journalistik
Katholische Universität
Eichstätt-Ingolstadt
Eichstätt
Deutschland

Journalistische Praxis
ISBN 978-3-658-16657-1   ISBN 978-3-658-16658-8   (eBook)
DOI 10.1007/978-3-658-16658-8

Die Deutsche Nationalbibliothek verzeichnet diese Publikation in der Deutschen Nationalbibliografie; detaillierte bibliografische Daten sind im Internet über http://dnb.d-nb.de abrufbar.

Springer VS
© Springer Fachmedien Wiesbaden GmbH 2017
Bis 2012 erschien der Titel in mehreren Auflagen bei Econ Journalistische Praxis, bis 2008 in der Reihe Journalistische Praxis.
Das Werk einschließlich aller seiner Teile ist urheberrechtlich geschützt. Jede Verwertung, die nicht ausdrücklich vom Urheberrechtsgesetz zugelassen ist, bedarf der vorherigen Zustimmung des Verlags. Das gilt insbesondere für Vervielfältigungen, Bearbeitungen, Übersetzungen, Mikroverfilmungen und die Einspeicherung und Verarbeitung in elektronischen Systemen.
Die Wiedergabe von Gebrauchsnamen, Handelsnamen, Warenbezeichnungen usw. in diesem Werk berechtigt auch ohne besondere Kennzeichnung nicht zu der Annahme, dass solche Namen im Sinne der Warenzeichen- und Markenschutz-Gesetzgebung als frei zu betrachten wären und daher von jedermann benutzt werden dürften.
Der Verlag, die Autoren und die Herausgeber gehen davon aus, dass die Angaben und Informationen in diesem Werk zum Zeitpunkt der Veröffentlichung vollständig und korrekt sind. Weder der Verlag, noch die Autoren oder die Herausgeber übernehmen, ausdrücklich oder implizit, Gewähr für den Inhalt des Werkes, etwaige Fehler oder Äußerungen. Der Verlag bleibt im Hinblick auf geografische Zuordnungen und Gebietsbezeichnungen in veröffentlichten Karten und Institutionsadressen neutral.

Gedruckt auf säurefreiem und chlorfrei gebleichtem Papier

Springer VS ist Teil von Springer Nature
Die eingetragene Gesellschaft ist Springer Fachmedien Wiesbaden GmbH
Die Anschrift der Gesellschaft ist: Abraham-Lincoln-Str. 46, 65189 Wiesbaden, Germany

Walther von La Roche hat das Buch seinen Lehrern Hans-Joachim Netzer und Bernhard Pollak gewidmet, „stellvertretend für alle, die sich Mühe gaben, aus mir einen Journalisten zu machen."

Gabriele Hooffacker und Klaus Meier widmen das Buch zudem allen jungen Menschen, die heute in einer Phase des digitalen Umbruchs den Mut haben, sich für den Journalismus zu entscheiden.

Vorwort zur 20. Auflage

Wie arbeitet man als Journalist? Wie wird man Journalist? Die von Klaus Meier und Gabriele Hooffacker neu bearbeitete 20. Auflage beschreibt beides: zunächst die Regeln des journalistischen Handwerks, dann das immer dichter werdende Netz der Ausbildungswege.

Vor dem Hintergrund des digitalen Journalismus völlig neu gefasst wurde das Kapitel zum Thema Recht. Ernst Fricke gibt einen systematischen Überblick über die Bereiche, in denen Journalisten ebenso wie ihr Publikum mit rechtlichen Fragen in Berührung kommen, und worauf Journalisten achten müssen. Aufwändig recherchiert und überarbeitet wurden die Wege in den Journalismus, insbesondere die immer wichtiger werdenden Studiengänge an Hochschulen.

Walther von La Roche hat 1975 das journalistische Handwerk wegweisend beschrieben, immer wieder bis zuletzt zur 18. Auflage (2008) aktualisiert und, wo es sein musste, neu gefasst. Wir, Klaus Meier und Gabriele Hooffacker, haben ihn seit 1999 dabei unterstützt und insbesondere die Themen Online-Journalismus und Crossmedia formuliert und die Ausbildungsmöglichkeiten aktualisiert.

Wie Walther von La Roche die Nachricht und die Reportage beschreibt, ist ein Klassiker der Journalismuslehre und auch heute treffend und aktuell. Wir haben seinen Ratschlägen aktuelle Beispiele an die Seite gestellt. Wie schon bei den vorhergehenden Auflagen haben wir die Aussagen über den Journalisten-Beruf geprüft und ergänzt, die technischen Hilfsmittel neu beschrieben und, ja, die Korrekturzeichen hinausgeworfen und durch einen Link ersetzt.

Wie man in den Journalismus hineinkommt, bleibt ein Schwerpunkt des Buchs. Klaus Meier hat die Bachelor- und Master-Studiengänge beschrieben, Gabriele Hooffacker die weiteren Wege in den Journalismus bis hin zu Kurzkursen und Fernlehrgängen und deren Nutzwert.

Die Situation von Medien und Ausbildung in Österreich und der Schweiz wird in jeweils einem eigenen, übersichtlich gegliederten Kapitel dargestellt. Für wertvolle

Überarbeitungen dieser Kapitel danken wir Dr. Daniela Kraus (Wien) und Heiner Käppeli (Luzern) sowie Sylvia Egli von Matt (Luzern) und Prof. Dr. Vinzenz Wyss (Winterthur/Zürich), die bei früheren Auflagen mitgearbeitet haben.

Weil man online aktuelle Details zu den Ausbildungsmöglichkeiten abrufen kann, besteht der Nutzen des Ausbildungsteils in diesem Buch vor allem in Zweierlei: in der erläuterten *Übersicht* über die Medien- und Ausbildungslandschaft und in der beratenden *Orientierung*, was jeweils für den einzelnen Leser entsprechend seinem bisherigen Lebenslauf und seinen Wünschen hilfreich sein könnte.

Zu jedem Eintrag ist die Webadresse angegeben. Und von den Webseiten zu diesem Buch *(www.praktischer-journalismus.de)* kann man direkt per Link zu den Ausbildungswegen gelangen. Auch Aktualisierungen sowie über das Buch hinausgehende Zusatzinformationen findet man dort.

Es gibt Kriterien journalistischer Qualität, Kriterien für Aktualität, Relevanz, Verständlichkeit und andere Elemente des Journalismus, die der künftige Journalist kennen muss, ob er später als Lokalreporter bei der Zeitung, als Nachrichtenredakteur beim Radio oder am Newsdesk einer Online-Redaktion arbeitet. Und es gibt handwerkliche Regeln, wie man diesen Kriterien in der Praxis möglichst nahe kommt. Das Buch will den Leser mit den Grundlagen journalistischer Arbeit vertraut machen, die allen Medien gemeinsam sind und auch in Zukunft Bestand haben. Dieses Ziel, das Walther von La Roche 1975 im Vorwort zur ersten Auflage formuliert, hat über alle Veränderungen hinweg seinen Sinn behalten.

Dank für ihre Mitarbeit an der Neuauflage sagen wir Prof. Dr. Ernst Fricke, Dr. Daniela Kraus, Heiner Käppeli, Bernd Oswald, Bernadette Uth und Dr. Peter Zschunke. Wo in diesem Buch die männliche Form verwendet wird, sind immer alle Menschen gemeint.

Eichstätt und München,   Klaus Meier und Gabriele Hooffacker
im Mai 2017

Inhaltsverzeichnis

1 Die Tätigkeiten des Journalisten 1
    1.1 Recherchieren und Dokumentieren 2
    1.2 Formulieren und Redigieren 4
    1.3 Präsentieren 7
    1.4 Organisieren und Planen 9

2 Die Arbeitsfelder des Journalisten 11
    2.1 Presse 12
    2.2 Rundfunk 15
    2.3 Online-Medien 17
    2.4 Crossmediales Arbeiten 20
    2.5 Nachrichtenagenturen und Informationsdienste 21
    2.6 Presse- und Öffentlichkeitsarbeit 22
    2.7 Die Ressorts 26
    2.8 Vom freien Mitarbeiter zum Chefredakteur 28

3 Wie der Journalist zu seiner Story kommt 35
    3.1 Quellen 35
    3.2 Recherche 39
    3.3 Hilfsmittel 46

4 Die journalistischen Darstellungsformen 53
    4.1 Die Nachricht 55
    4.2 Aktualität 59
    4.3 Allgemeines Interesse 62

4.4	Aufbau	69
4.5	Mitteilung (Verständlichkeit)	85
4.6	Objektivität	102

5 Weitere informierende Darstellungsformen ... 117
- 5.1 Bericht ... 118
- 5.2 Reportage ... 121
- 5.3 Feature ... 127
- 5.4 Interview und Umfrage ... 130
- 5.5 Korrespondentenbericht und analysierender Beitrag ... 135

6 Meinungsäußernde Darstellungsformen ... 139
- 6.1 Kommentar ... 140
- 6.2 Nutzerkommentare ... 142
- 6.3 Glosse ... 145
- 6.4 Rezension ... 146

7 Wege in die Redaktion ... 149
- 7.1 Die ersten Schritte ... 149
- 7.2 7 Wünsche des Redakteurs an einen neuen Mitarbeiter ... 153

8 Publizistische Grundsätze (Pressekodex) ... 157
- 8.1 Präambel ... 157
- 8.2 Pressekodex ... 158

9 Rechtsfragen der journalistischen Praxis ... 161

10 Die Ausbildungswege ... 175
- 10.1 Die Zugänge über die Hochschule ... 177
- 10.2 Fachstudium und Journalismus ... 180
- 10.3 Studienbegleitende Journalistenausbildung ... 181
- 10.4 Allgemeine Bachelor-Studiengänge Journalistik ... 184
- 10.5 Spezialisierte Bachelor-Studiengänge Journalistik ... 189
- 10.6 Allgemeine Master-Studiengänge Journalistik ... 191
- 10.7 Spezialisierte Master-Studiengänge Journalistik ... 195
- 10.8 Studium der Publizistik- und Kommunikationswissenschaft ... 197
- 10.9 Film- und Fernsehakademien ... 200

Inhaltsverzeichnis

11 Das Volontariat 203
   11.1 Volontariat bei Zeitung und Zeitschrift 204
   11.2 Volontariat bei Funk und Fernsehen 208
   11.3 Andere Volontariate 209
   11.4 Praktika und Hospitanzen 210
   11.5 Kurse für Volontäre und Berufseinsteiger 211

12 Journalistenschulen 215
   12.1 Offene Journalistenschulen 216
   12.2 Verlags-/senderinterne Journalistenschulen................. 218
   12.3 Lehrgänge zur beruflichen Weiterbildung 219

13 Journalistenausbildung – do it yourself 223
   13.1 Bücher, Zeitschriften, Newsletter 224
   13.2 Lernen durch Mitarbeit 225
   13.3 Kurzkurse.. 227
   13.4 Fernlehrgänge 230
   13.5 Wettbewerbe und Stipendien 231

14 Österreich 235
   14.1 Der Arbeitsmarkt 235
   14.2 Wege in die Redaktion................................. 238
   14.3 Fortbildung: fjum – forum journalismus und medien wien..... 241
   14.4 Kuratorium für Journalistenausbildung/Österreichische
        Medienakademie 242
   14.5 Weitere Ausbildungsinstitute 244
   14.6 Universitäten und Fachhochschulen 245

15 Schweiz... 251
   15.1 Der Arbeitsmarkt......................................251
   15.2 Wege in die Redaktion 252
   15.3 MAZ – Die Schweizer Journalistenschule 255
   15.4 Weitere Ausbildungsinstitutionen 258
   15.5 Universitäten und Fachhochschulen 261
   15.6 Medienadressen, Berufsverbände, Berufsregister.............266

Die Autoren..269

Die Tätigkeiten des Journalisten

1

Zusammenfassung

Wer ist Journalist? Wie viele Menschen arbeiten im Journalismus? Was tut ein Journalist? Das Kapitel beschreibt die grundlegenden journalistischen Tätigkeiten: Recherchieren und Dokumentieren, Formulieren und Redigieren, Präsentieren und Organisieren.

Schlüsselwörter

Berufsbild · Journalist · Tätigkeiten

Wer ist Journalist? Zunächst ein paar Befunde: Journalist kann sich nennen, wer Lust dazu hat. Die Berufsbezeichnung ist nicht geschützt; es gibt kein vorgeschriebenes Berufsbild, keine Mindestvoraussetzung der Qualifikation, nichts.

Wie viele Menschen arbeiten hauptberuflich als Journalisten? Die Schätzungen für alle Medien und Berufe (von Presse bis Pressestellen) bewegen sich je nach Definition zwischen 50.000 (Deutscher Journalistenverband) und 149.000 (Bundesagentur für Arbeit, Statistisches Bundesamt).[1] Zur Konjunkturlage steht mehr im Kapitel „Die Arbeitsfelder des Journalisten".

---

[1] Bundesagentur für Arbeit, *Gute Arbeit – gute Chancen. Der Arbeitsmarkt für Akademikerinnen und Akademiker* (Nürnberg: Bundesagentur für Arbeit, 2016). Zur Problematik der Zählung von Journalisten aufgrund unterschiedlicher Definitionen allgemein: Gabriele Hooffacker und Peter Lokk, Online-Journalisten – wer, wie, was, und wenn ja, wie viele? In: Gabriele Hooffacker und Cornelia Wolf (Hrsg.), *Technische Innovationen – Medieninnovationen?* (Wiesbaden: Springer VS, 2016) S. 34–46.

© Springer Fachmedien Wiesbaden GmbH 2017
G. Hooffacker, K. Meier, *La Roches Einführung in den praktischen Journalismus*, Journalistische Praxis, DOI 10.1007/978-3-658-16658-8_1

Was tut ein Journalist? Er trägt jeweils an seinem Platz dazu bei, dass die Medien ihre Aufgabe erfüllen können: zu informieren und zu kommentieren. Den Journalisten zu beschreiben ist in einer Zeit immer größerer Medienvielfalt, stärkerer Arbeitsteilung und Spezialisierung natürlich nicht möglich. Wir können hier nur zusammenzählen, was Journalisten alles tun, damit am Ende Informationen und Kommentare als fertige Produkte an die Öffentlichkeit gelangen.

Weiterführende Literatur
Claudia Mast (Hrsg.), ABC des Journalismus. Ein Handbuch (Konstanz: UVK, 12. Aufl. 2012).
Klaus Meier, Journalistik (Konstanz: UVK, 3. Aufl. 2013).
Christoph Neuberger/Peter Kapern, Grundlagen des Journalismus (Wiesbaden: Springer VS, 2013).

Weiterführende Webseiten
Deutscher Journalisten-Verband (Hrsg.), Berufsbild des Journalisten *(www.djv.de)*
Deutsche Journalisten-Union Bayern, Berufsbilder *(www.dju-bayern.de)*

1.1 Recherchieren und Dokumentieren

In der Wildschönau in Tirol kamen wir beim Weißbier ins Reden. Nach einer halben Stunde fragte mich mein Gegenüber: „Sind Sie Journalist?" „Ja", gab ich erstaunt zu, „aber wie sind Sie draufgekommen?" – „Ich hab' mir halt gedacht, weil Sie alles so genau wissen wollten und so besonders gefragt haben ... " Es gibt gute und gut verdienende Journalisten, die sich mit dem Formulieren hart tun und trotzdem unersetzlich sind in ihrem Beruf, weil sie recherchieren können.

„Recherchieren ist wichtiger als Schreiben", stellt der erfahrene Reporter und Korrespondent Willi Kinnigkeit[2] fest und nennt das Recherchieren „eine journalistische Tätigkeit, die zu den interessantesten Aufgaben gehören kann".

Zum gleichen Ergebnis, dass der Stil, das Schreibenkönnen allein nicht den Journalisten macht, kommt der Gründer der „Abendzeitung" und der ersten Journalistenschule nach dem Krieg, der langjährige Chefredakteur der „Süddeutschen Zeitung", Werner Friedmann: „Das Entscheidende ist keineswegs die Lust zum Fabulieren (die den Schriftsteller auszeichnet), sondern das Vermögen, ein Gespür

---

[2]Willi Kinnigkeit, Recherchieren ist wichtiger als Schreiben; in: Praktischer Journalismus (München, 1963), herausgegeben von der Deutschen Journalistenschule München.

1.1 Recherchieren und Dokumentieren

für das öffentliche Interesse zu haben, richtig zu sehen, richtig zu hören und all das unverzerrt in gedrängter Form zu Papier zu bringen, was man am richtigen Ort gesehen und gehört hat."[3]

Recherche, das Wort kommt aus dem Französischen und bedeutet auch als journalistischer Fachausdruck ziemlich genau das, was das Wörterbuch übersetzt: Nachsuchung, Untersuchung, Aufsuchung, Nachforschung.

Fast genauso häufig wie auf die „Lust zum Fabulieren", die Werner Friedmann auf ihren Platz verweist, stoßen wir auf die Vorliebe fürs Kommentieren. Nichts gegen einen gescheiten, ansprechend formulierten Kommentar. Aber wir können sicher sein, dass unser Publikum von uns Journalisten vor allem das will und braucht, was wir an Informationen heranschaffen, unsere Ansichten dagegen erst in zweiter Linie.

Einer Sache nachgehen, Fakten aufspüren und zusammentragen und Stellungnahmen einholen, das kann viel Arbeit machen, aber es schafft erst die Grundlage für eine sorgfältige Information und einen soliden Kommentar. Ich habe es oft erlebt, dass uns für einen Beitrag nicht der Mann (oder die Frau) gefehlt hat, der ihn „macht", sondern der Rechercheur, der erst einmal fahndet, ob etwas in dem Thema steckt, und wenn ja, was aus ihm zu machen ist.

Mit dem Recherchieren fängt der Journalismus an; mehr darüber im Kapitel „Wie der Journalist zu seiner Story kommt".

Eine besondere Art der Recherche leistet die Dokumentation. Die Dokumentare graben nicht neue Geschichten aus, sondern verwalten das bereits vorhandene Wissen. Inzwischen haben Datenbanken Zug um Zug das klassische Papier- und Mikrofilmarchiv abgelöst.

In Häusern mit eigener Dokumentationsabteilung muss der Journalist nicht selber suchen, sondern lässt suchen (von den Dokumentaren). Was hat Angela Merkel in den letzten sechs Monaten über Flucht und Migration gesagt, fragt der Schreiber und erhält eine vollständige Zusammenstellung aller Zitate, die dem Dokumentar erreichbar sind. Nützlich ist es, wenn der Dokumentar nicht nur das Gewünschte *zusammenstellt*, sondern später den fertigen Beitrag auf Richtigkeit *überprüft* (verifiziert), bevor er gedruckt oder gesendet wird (Fact Checking).

In den meisten Redaktionen müssen die Journalisten dagegen selbst in den Datenbanken recherchieren. In Zeitungshäusern zum Beispiel liegen alle

---

[3] Werner Friedmann: Vorwort zu Carl Warren, ABC des Reporters (München: Süddeutscher Verlag, 1966), S. 7.

Zeitungsartikel – zumindest der letzten Jahre – digitalisiert und gut recherchierbar vor. Viele weitere Datenbanken und Archive können inzwischen über das Internet angezapft werden. Darüber mehr im Kapitel „Wie der Journalist zu seiner Story kommt", Beitrag „Hilfsmittel".

Die meisten Journalisten leisten bei der Vorbereitung eines Beitrags auch ein Gutteil Dokumentation, indem sie ihr persönliches Archiv heranziehen. Das kann zum Beispiel eine systematische Sammlung vieler Quellen und Adressen auf dem eigenen Computer sein. Bedingung für ein gutes persönliches Archiv ist die Dokumentation der eigenen Rechercheergebnisse, denn auch über den aktuellen Beitrag hinaus können Notizen und Dokumente später für eine neue Geschichte wieder gebraucht werden. In neuartigen Redaktionssystemen können solche Rechercheergebnisse direkt beim veröffentlichten Beitrag redaktionsintern gespeichert und eventuell auch Kollegen in der Redaktion, die am gleichen Thema arbeiten, zur Verfügung gestellt werden. Man spricht dann vom *Wissensmanagement* in einer Redaktion.[4]

Das Wort Dokumentation bezeichnet auch – Anlass zu Missverständnissen – eine journalistische Darstellungsform, die vor allem Aktenauszüge und sonstige dokumentarische Texte (bei der Presse) sowie Originalaufnahmen (bei Funk und Fernsehen) verwendet. Dokumentation bedeutet in diesem Zusammenhang Darstellung des für ein Problem oder Ereignis einschlägigen Materials.

1.2 Formulieren und Redigieren

Information und Meinungsäußerung geschehen in bestimmten journalistischen *Darstellungsformen*. Wer kurz informieren will, schreibt eine Nachricht; wer mehr Stoff und Platz hat, einen Bericht. Für Anschaulichkeit und Authentizität sorgen Reportage, Interview und Umfrage, für Vertiefung das Feature und der analysierende Beitrag.

Wer kurz seine Ansicht über ein Problem mitteilen will, schreibt einen Kommentar oder eine Glosse; für Längeres gibt es in Zeitungen den Leitartikel. Im kulturellen Bereich verquicken sich Information und Kommentierung in Gestalt der Rezension.

Den Grundtypen der journalistischen Darstellungsformen ist ein großer Teil dieses Buches gewidmet.

---

[4]Vgl. Anton Simons, Redaktionelles Wissensmanagement (Konstanz: UVK, 2007).

1.2 Formulieren und Redigieren

Redigieren ist der Oberbegriff für jene journalistischen Tätigkeiten, die darauf abzielen, aus dem eingegangenen Material eine konsumierbare inhaltliche und formale Einheit zu gestalten. Redigieren, das ist

- Auswählen,
- Bearbeiten und
- Präsentieren des Stoffes

in der dem Medium entsprechenden Form. (Einen Überblick über die vielen Möglichkeiten der Präsentation liefert der nächste Beitrag.)

Auswählen zu müssen ist das Schicksal jedes Journalisten, wo er auch arbeitet, was er auch tut. Wer recherchiert, muss auswählen; wer formuliert, muss auswählen; wer redigiert, muss auswählen. Man ordnet die Tätigkeit des Auswählens vor allem dem Redakteur zu, deshalb beschreiben wir sie im Zusammenhang mit dem Redigieren.

Meistens hat der Redakteur mehr Material auf seinem Tisch, als er verwenden kann.

Die Nachrichtenagenturen liefern ein Vielfaches dessen, was am nächsten Tag in der Zeitung stehen kann, und obwohl Radio und Fernsehen viel häufiger neue Nachrichten bringen, können auch sie (grob geschätzt) nur gut ein Viertel der in den Agenturmeldungen behandelten Themen berücksichtigen.

Allein die Deutsche Presse-Agentur (dpa) in Hamburg sendet über ihren Basisdienst täglich mehr als 800 Meldungen und Berichte mit bis zu 220.000 Wörtern.[5] Im Format DIN A4 wären das rund 500 engzeilig beschriebene Seiten. Der *Basisdienst* besteht aus dem bearbeiteten Material der Ressorts Innen- und Außenpolitik, Wirtschaft, Sport sowie dem Vermischten mit Kultur, Wissenschaft und Medien. Hinzu kommen zwischen 80 und 200 Meldungen des regional zuständigen dpa-*Landesdienstes*, von denen es in Deutschland zwölf gibt.

Nach welchen *Kriterien* der Redakteur auswählt, beschäftigt uns in einem Beitrag über die Nachricht.

„**Seltsam ist das ja schon**", hat die Witzfigur Graf Bobby einmal gesagt, „dass auf der Welt jeden Tag gerade so viel passiert, wie in eine Zeitung hineingeht."

---

[5] Angaben nach www.dpa.de im Geschäftsjahr 2014.

Manchmal passiert auch nicht so viel, zum Beispiel im „Sommerloch" („Sauregurkenzeit") in einer Kreisstadt. Alles ist in Urlaub, keine Stadtratssitzungen, keine Vereinsabende, keine Richtfeste – so gut wie nichts.

Da wird dann aus der Auswahl die Beschaffung um jeden Preis. Der Lokalredakteur wird unter den weniger aktuellen bis zeitlosen Reserven suchen. Wohl jeder Redakteur, egal in welchem Medium und in welchem Ressort, hat hierfür einen Notnagel-Ordner mit Ideen und Texten für magere Zeiten. Anregungen liefert auch ein Blick in die (eigenen und Konkurrenz-)Sommerausgaben der Vorjahre.

Ruhige Zeiten bieten die Chance unbefangener Themensuche. Jetzt kann man (freier als in der Saison der „Muss"-Termine und Ereignisse) Situationen aufspüren, Problemen nachgehen und Leute vorstellen, von denen sonst kaum die Rede ist. Was sich in dieser Zeit des Atemholens in der Zeitung entwickelt, könnte weiterwirken für den Rest des Jahres. Die eigene Themenplanung ist das A und O für eine gute Redaktion. Ein Chefredakteur einer Regionalzeitung hat einmal gesagt: „Auch wenn heute gar nichts passieren würde, könnten wir für morgen eine gute Zeitung machen."

Bearbeiten muss der Redakteur jeden Beitrag unter zwei Gesichtspunkten:

- Stimmt der *Inhalt?*
- Stimmt die *Form?* (Aufbau, Stil, Rechtschreibung, nicht zuletzt Länge)

Der Mitarbeiter, der einen Beitrag abliefert, darf sich nicht damit zufrieden geben, dass der Redakteur schon noch alles korrigieren und hinbiegen werde. Vor allem inhaltliche Fehler sind für den Redakteur viel schwerer zu entdecken, als sie für den Berichterstatter von vornherein zu vermeiden sind. Das beginnt mit falsch geschriebenen Namen (Maier oder Mayer? Johann oder Johannes Schulze?) und endet bei den viel wesentlicheren Fragen:

- Was an dem Thema ist wichtig?
- Was kann ich weglassen?
- Was hat der Mitarbeiter ganz übersehen?

Rückfragen kosten Zeit, sind oft in der Eile überhaupt nicht mehr möglich. Der Redakteur muss sich also auf den Mitarbeiter verlassen können.

Und die Stilkorrekturen? Und die Kommafehler? Kleine Verbesserungen anzubringen gehört zum Job des Redakteurs. Aber einen hingeschluderten Artikel völlig umschreiben zu müssen, das sollte ein fähiger Mitarbeiter seinem Redakteur nicht zumuten. Auch im eigenen Interesse nicht; denn der unter Zeitdruck gesetzte und deshalb nervöse oder ärgerliche Redakteur könnte in der Hitze des Gefechts gerade die beste Formulierung, das schönste Detail verderben oder wegfallen lassen.

Von der Gefahr einmal ganz abgesehen, dass der Redakteur einen solch miesen Lieferanten, sobald er kann, durch einen brauchbareren ersetzen wird.

1.3 Präsentieren

Jedes Medium hat seine besonderen Formen und Möglichkeiten der Präsentation, die Zeitung andere als die Zeitschrift, der Hörfunk andere als das Fernsehen oder das Internet. Weil wir in diesem Buch hauptsächlich die allen Medien gemeinsamen handwerklichen Probleme besprechen wollen, müssen wir uns für die Möglichkeiten der Präsentation auf einen Überblick beschränken.

Die Zeitung hat vor allem auf drei Gebieten Variationsmöglichkeiten. Erstens bei der Seitenaufteilung und beim *Umbruch:* Wie viele Spalten (vier, fünf, sechs?) soll die Seite haben? Wie gestalte ich die Überschriften über die Artikel? (Mehrere gleich hohe Zeilen untereinander oder große Oberzeile und kleinere Unterzeile[n]?) Die Spielarten des Überschriftengestaltens scheinen beinahe grenzenlos; schauen Sie einmal verschiedene Blätter darauf an! Welche Schriften verwende ich (Schriftart, Schriftstärke: z. B. Grotesk, Antiqua, mager, fett, kursiv) und in welchen Größen?

Zweitens lassen sich die Mittel der *Illustration* einsetzen: Fotos, Landkarten, Infografiken, Reproduktionen von Dokumenten und Unterschriften usw., Initialen, Karikaturen. Vor allem Zeitungen, die im Straßenverkauf ihren Hauptabsatz haben, beschäftigen für jede Ausgabe Layouter, die anhand der vorliegenden Themen und Illustrationsunterlagen jeder Seite ein Profil geben und damit den Journalisten für ihre Beiträge (manchmal recht enge) Grenzen setzen.

Drittens (und damit hätten wir auch beginnen können): die *Herstellung.* Welches Format? Welches Papier?

Der Hörfunk kann den Text von einem Sprecher (z. B. dem Autor) oder auf mehrere Sprecher verteilt lesen lassen, kann Statements (Stellungnahmen in Monologform), Interviews und Diskussionen im Originalton (O-Ton) der Gesprächsteilnehmer bringen, kann mit Geräusch- und sonstigen O-Tonaufnahmen einen Beitrag anschaulicher machen, kann live senden oder Vorproduziertes abspielen, kann Musik verwenden (z. B. als sog. Musikbett, das man unter kürzere Texte legt), kann sich akustischer Signale (Pausen- und Stationserkennungszeichen, Jingles als Ankündigung, Brücke oder Trennung, Piepston für die Zeit etc.) bedienen, kann mit der Ton-Blende, Verzerrungs- und Halleffekten arbeiten. Siehe den Abschnitt „Radio (Hörfunk)" im Kapitel „Die Arbeitsfelder des Journalisten".

Das Fernsehen kann (neben der Verwendung mancher bereits beim Hörfunk erwähnter Techniken) den Sprecher im „On" (für den Zuschauer sichtbar) oder im „Off" (unsichtbar, zu einem anderen Bild) agieren lassen. Häufig werden Realbilder mit animierten Schriftbändern (Bauchbinden) oder gänzlich künstlichen Hintergründen kombiniert (Blue-Box, virtuelles Studio). Grafiken werden heute in aufwendigen 2D- und 3D-Animationen als eigenständige Inserts erstellt. Siehe den Abschnitt „Fernsehen" im Kapitel „Die Arbeitsfelder des Journalisten".

Im Internet lassen sich alle Präsentationsmittel – Text, Foto, Ton, Video und Animation – kombinieren. Das bringt neue Herausforderungen an den Journalisten mit sich. Zwar steht der Text noch im Mittelpunkt des Online-Journalismus, aber die Online-Journalisten entwickeln das multimediale Erzählen allmählich weiter. Mehr und mehr müssen sich Online-Redaktionen vernetzen, um ihre Beiträge in Sozialen Netzwerken wie Facebook oder Twitter zu verbreiten und zu diskutieren. Die Seiten werden für Suchmaschinen optimiert, damit sie bei der Suche der Nutzer gefunden werden. Mehr zu den neuen journalistischen Formen im Beitrag „Online-Medien" im Kapitel „Die Arbeitsfelder des Journalisten".

Zunächst werden Sie es in keinem Medium mit den komplizierten Techniken zu tun haben, sondern mit den *Grundformen:* Sie werden Berichte, Interviews und Reportagen zu machen haben. Um die richtige Präsentation Ihrer Beiträge kümmert sich zu Anfang der Redakteur; von ihm und mit ihm werden Sie dann Ihre eigene Kenntnis der Präsentationsformen desjenigen Mediums erweitern, für das Sie arbeiten. Dann allerdings sollten Sie einer guten Präsentation Ihr Augenmerk widmen.

Gut ist die Präsentation, wenn sie

- *Aufmerksamkeit* erregt und
- das *Verständnis* erleichtert (durch Übersichtlichkeit, Hervorhebung des Wesentlichen und durch Ergänzungen eines Textes im Wege von Illustration, O-Ton usw.).

Weiterführende Literatur
Peter Brielmeier/Eberhard Wolf, Zeitungs- und Zeitschriftenlayout (Konstanz: UVK, 2000).
Michael Meissner, Zeitungsgestaltung. Typografie, Satz und Druck, Layout und Umbruch (Berlin: Econ Journalistische Praxis, 3. Aufl. 2007).
Markus Reiter, Überschrift, Vorspann, Bildunterschrift (Konstanz: UVK, 2. Aufl. 2009).
Wolf Schneider/Detlef Esslinger, Die Überschrift. Sachzwänge, Fallstricke, Versuchungen, Rezepte (Berlin: Econ Journalistische Praxis, 5. Aufl. 2015).

1.4 Organisieren und Planen

Journalistische Produkte entstehen nicht aus der Hand eines einzelnen Journalisten, der allein vor sich hin arbeitet. Zeitungen und Zeitschriften, Fernseh- und Radiosendungen, Online-Auftritte und App-Inhalte werden immer in *Redaktionen* erarbeitet. Mehr dazu in den Beiträgen „Ressorts" und „Vom freien Mitarbeiter zum Chefredakteur" im Kapitel „Die Arbeitsfelder des Journalisten".

In den Redaktionen gibt es vielfältige Tätigkeiten, die zunächst einmal nichts mit Schreiben, Bearbeiten oder Präsentieren zu tun haben, sondern viel mit Teamarbeit und Management: die Themenplanung für die nächsten Ausgaben und Sendungen zum Beispiel oder die Entwicklung von neuen redaktionellen Konzepten – wie beispielsweise für digitale Plattformen wie Facebook oder Snapchat.

In regelmäßigen Konferenzen in der Redaktion wird kurz- oder langfristig geplant; Kontakte mit freien Mitarbeitern müssen geknüpft, die Zusammenarbeit verschiedener Abteilungen (Ressorts, Technik, Anzeigen und Vertrieb) muss koordiniert werden.

Immer wichtiger wird der Kontakt mit dem Publikum: Hörer- und Lesertelefone müssen betreut werden, zur traditionellen Form des Leserbriefs kommen neue Kommunikationsmöglichkeiten per Internet. In einigen Zeitungsredaktionen gibt es inzwischen einen sogenannten „Ombuds-Redakteur" oder „Leseranwalt", der ausschließlich für die Klagen, Sorgen und Anregungen der Leser zuständig ist. Oder „Social Media"-Redakteure kümmern sich um die Kommunikation der Redaktion mit den Nutzern auf Plattformen wie Facebook, Twitter, Instagram oder Snapchat.

Auf Augenhöhe mit dem Publikum zu sein ist ein Kriterium für guten Journalismus. Journalisten müssen sich zunehmend mit den Kommentaren und Meinungen ihres Publikums auseinandersetzen und dürfen nicht von oben herab als oberschlaue Nachrichtenkönige und Besserwisser berichten. Vor allem das Internet bietet neue Möglichkeiten: von der Integration des so genannten User Generated Content ins redaktionelle Angebot (User-Blogs, Nutzer-Kommentare und -Bewertungen, Fotos und Videos von Nutzern) bis zu Redaktionsblogs, in denen Journalisten über die Zwänge ihrer Arbeit berichten und diskutieren (vgl. z. B. blog.tagesschau.de), und Sozialen Netzwerken, in denen Redaktionen Themen recherchieren, verbreiten und zur Diskussion stellen. Darüber mehr im Beitrag „Online-Medien".

Regelmäßige Redaktionskonferenzen: Tageszeitungen haben in der Regel zweimal am Tag eine Konferenz. Am Vormittag stellen die Ressortleiter die wichtigsten Themen ihrer Ressorts vor, Themen und Autoren der Kommentare werden besprochen. Unter dem Vorsitz des Chefredakteurs ist es das Hauptziel dieser Redaktionskonferenz, die Ressorts zu koordinieren und „Doubletten" zu vermeiden. Doublette: Mehrere Ressorts behandeln unkoordiniert dasselbe Thema oder Ereignis – doppelt gemoppelt. Am Nachmittag oder am Abend wird dann in einer Konferenz kurz vor Redaktionsschluss die Titelseite geplant, die Hauptschlagzeilen werden formuliert.

Redaktionskonferenzen gibt es bei allen Medien in ähnlicher Weise. Die Fernsehredakteure der ARD zum Beispiel sitzen in den einzelnen ARD-Anstalten über ganz Deutschland verteilt. Deshalb werden in der telefonischen Schaltkonferenz jeden Mittag die Themen für die aktuellen Sendungen am Abend koordiniert und beispielsweise auch der Autor für den Tagesthemen-Kommentar festgelegt.

Neben diesen *Koordinationsaufgaben* gehören in die Redaktionskonferenzen auch die *Programm- oder Blattkritik* sowie die allgemeine *Information* zwischen Kollegen.

Für neue Redaktionsmodelle werden die Begriffe *Newsdesk* und *Newsroom* verwendet: Gemeint ist eine Koordinations- und Produktionszentrale, in der alles zusammenläuft, was die Redaktion an Material zur Verfügung hat. In Zeitungsredaktionen werden dort alle Seiten verschiedener Ressorts oder Lokalredaktionen gemeinsam koordiniert und produziert. Am Newsdesk können zudem mehrere Medien crossmedial abgestimmt und bedient werden – mehr dazu im Beitrag „Crossmediales Arbeiten".

Die meisten Managementaufgaben haben die *Chefredakteure* und *Ressortleiter* – sie kommen oft gar nicht mehr dazu, eigene Beiträge zu recherchieren und zu verfassen. Aber auch die einzelnen *Redakteure* müssen ihre Arbeit koordinieren und immer wieder im Team arbeiten: bei Zeitungen und Zeitschriften mit den Layoutern der Seiten oder bei der Tätigkeit am Newsdesk, beim Fernsehen mit Kameramann und Cutterin.

Freie Journalisten müssen ständig Kontakte zu Redaktionen halten und neu aufbauen; sie sind darauf angewiesen, ihre eigene Arbeit zu vermarkten. Die Zusammenarbeit in einem *Journalistenbüro* kann den Erfolg steigern und die Kosten senken. Mehr dazu im Beitrag „Vom freien Mitarbeiter zum Chefredakteur" im folgenden Kapitel.

Weiterführende Literatur
Kurt Weichler, Redaktionsmanagement (Konstanz: UVK, 2003).
Vinzenz Wyss/Peter Studer/Toni Zwyssig, Medienqualität durchsetzen. Qualitätssicherung in Redaktionen. Ein Leitfaden (Zürich: Orell Füssli, 2012).

Die Arbeitsfelder des Journalisten 2

Zusammenfassung

Wo und wie arbeiten Journalisten? Sie arbeiten freiberuflich oder festangestellt; die Redaktionsorganisation verändert sich ständig. Das Kapitel beschreibt die Arbeitsfelder Zeitungen und Zeitschriften sowie Anzeigenblätter, Radio und Fernsehen, Online und Crossmedia, Nachrichtenagenturen und Informationsdienste sowie die Presse- und Öffentlichkeitsarbeit.

Schlüsselwörter

Arbeitsfelder · Journalist · Presse · Rundfunk · Internet · Crossmedia · Pressearbeit · PR · Ressort · Newsroom · Newsdesk · Arbeitsverhältnisse

Unsere wichtigsten Arbeitsfelder, die sogenannten tagesaktuellen Medien, werden genutzt wie nie. Im Durchschnitt schauen die Deutschen über 14 Jahre täglich 208 Minuten Fernsehen, hören 173 Minuten Radio, lesen 23 Minuten Tageszeitung und arbeiten 107 Minuten mit dem Internet. Zählt man Zeitschriften (6 Minuten), Bücher (19), CD/LP/MC/MP3 (24) und Video/DVD (6) noch hinzu, kommt man mit der Langzeitstudie Massenkommunikation[1] auf eine Mediennutzung von 566 Minuten pro Tag. Die Zahlen beziehen sich auf 2015 und werden alle fünf Jahre erhoben; jedenfalls das Medium Internet dürfte mit seiner Minutenzahl dem Jahr 2020 weiterhin optimistisch entgegensehen, vor allem wenn man die mobile Internet-Nutzung inkl. aller Apps einbezieht.

---

[1] Vgl. die ARD/ZDF-Langzeitstudie Massenkommunikation, Media Perspektiven 7–8 (2015): S. 310–322.

Ein für die Gesellschaft unentbehrliches Arbeitsfeld sind die Tageszeitungen, inkl. ihrer digitalen Angebote, geblieben.

Es gibt neue und mehr Zielgruppen-Zeitschriften, und die Fachzeitschriften beschäftigen stärker als früher journalistisch ausgebildete Mitarbeiter und Redakteure.

Das Internet hat mit dem Online-Journalismus neue Arbeitsplätze geschaffen, vor allem in den Online-Redaktionen von Zeitschriften, Zeitungen, Funk und Fernsehen. Neue digitale Angebote nutzen vor allem mobile Endgeräte wie Smartphone oder Tablet-PC.

Digitale Radiosender experimentieren mit begleitenden Datendiensten und speziellen Angeboten für immer stärker differenzierte Zielgruppen.

Das Netz der Öffentlichkeitsarbeit von Unternehmen, Verbänden, Institutionen und Behörden wird stetig dichter und professioneller.

Weiterführende Literatur
Claudia Mast (Hrsg.), ABC des Journalismus. Ein Handbuch (Konstanz: UVK, 12. Aufl. 2012).
Klaus Meier, Journalistik (Konstanz: UVK, 3., überarbeitete Aufl. 2013).
Klaus Beck, Das Mediensystem Deutschlands. Strukturen, Märkte, Regulierung (Wiesbaden: Springer VS, 2012).

2.1 Presse

Zeitungen sind mit etwa 13.000 fest angestellten Redakteuren und 3000 hauptberuflichen freien Mitarbeitern[2] das mit Abstand größte Arbeitsfeld für Journalisten. Hinzu kommen die Nebenberufler und gelegentlichen Mitarbeiter.

Als *Tageszeitungen* gelten – im Unterschied zu *Wochen-* oder *Sonntagszeitungen* – alle Blätter, die mindestens zweimal pro Woche erscheinen und aktuell ohne thematische Begrenzung (Universalität) berichten.[3] Die verkaufte Gesamtauflage der Tageszeitungen betrug 2016 rund 16 Millionen

---

[2]Horst Röper: Zeitungsmarkt 2012: Konzentration erreicht Höchstwert, Media Perspektiven 5 (2012): S. 270; Siegfried Weischenberg/Maja Malik/Armin Scholl, Die Souffleure der Mediengesellschaft. Report über die Journalisten in Deutschland (Konstanz: UVK, 2006), S. 258.

[3]Definition in Anlehnung an Walter J. Schütz, der von 1954 bis 2013 die deutsche Presselandschaft statistisch erfasste (vgl. z. B. seinen Beitrag in der Zeitschrift Media Perspektiven 5/2005, S. 205–242).

Exemplare.[4] Ein Fünftel davon machten die acht Boulevardblätter *(Straßenverkaufszeitungen)* aus, allen voran „Bild" mit etwa 1,9 Millionen. Einen relativ kleinen Anteil an der Gesamtauflage steuern die sieben überregionalen Abonnementzeitungen bei: u. a. „Süddeutsche Zeitung", „Frankfurter Allgemeine", „Die Welt", „die tageszeitung". Der weitaus dickste Brocken entfällt auf die 111 lokalen und regionalen Tageszeitungen.

Die Auflage der Zeitungen nahm in den vergangenen Jahren kontinuierlich ab (vgl. die Tabelle), dennoch lesen im deutschsprachigen Raum noch etwa 60 Prozent der Bevölkerung eine gedruckte Tageszeitung. Über alle Kanäle hinweg – gedruckt, online und mobil – erreicht ein Großteil der Titel rund 80 Prozent der über 14-Jährigen. Mitunter müssen auch Tageszeitungen aufgeben: Zum Beispiel wurden im Jahr 2012 die „Financial Times Deutschland" und die Nürnberger „Abendzeitung" eingestellt, die „Frankfurter Rundschau" meldete Insolvenz an, erscheint nachher aber weiterhin in einem anderen Verlag. Zum 31. März 2016 stellte die zweitgrößte Sonntagszeitung „Sonntag Aktuell" nach einem Einbruch der Anzeigenerlöse ihren Betrieb ein.

Die größten Tageszeitungen in Deutschland

Zeitung	Auflage 2001/2002	Auflage 2012	Auflage 2016
Bild, Hamburg	4.230.000	2.698.000	1.791.399
Süddeutsche Zeitung (SZ), München	443.000	413.000	367.579
Rheinische Post, Düsseldorf	411.000	338.000	289.801
Frankfurter Allgemeine Zeitung (FAZ), Frankfurt	400.000	354.000	252.253
Freie Presse, Chemnitz	380.000	266.000	233.186
Die Rheinpfalz, Ludwigshafen	247.000	228.000	234.585

Quellen: Schütz 2001, 2012; IVW 3/2002; IVW 3/2012; IVW 4/2016, Angaben der Verlage.

Mehr als 1500 Zeitungsausgaben (die sich mindestens im Lokalteil voneinander unterscheiden) erschienen im Jahr 2015. Die im Lokalen noch relativ reich gegliederte Presse schlüpft unter ganze 129 „Mäntel", die sogenannten „Publizistischen Einheiten", die mindestens die Seiten 1 und 2 des aktuellen politischen Teils selbst herstellen. Es gibt also 1528 lokale Ausgaben, aber nur 129 Politik-, Wirtschafts- oder Sportredaktionen in der deutschen Tagespresse.

---

[4] Auflagenzahlen nach Bundesverband Deutscher Zeitungsverleger (bdzv.de).

Die meisten Zeitungsjournalisten sind deshalb im Lokalen tätig (rund zwei Drittel). Der Bedarf – vor allem auf dem Lande – ist groß. Lokalredakteure brauchen nicht auf die Kollegen in der „großen Politik" zu schielen. Sie wissen (ebenso wie ihre Verleger), dass die Stärke der Tageszeitungen gegenüber Konkurrenzmedien hauptsächlich in ihrer Lokalberichterstattung und ihrer Orientierungsfunktion für die Leser liegt. Neue redaktionelle Konzepte machen dies deutlich: Lokale Themen stürmen die Seite 1 der Zeitung, im Aufmacher wird nicht mehr das wiedergekäut, was die Leser bereits am Vorabend in der Tagesschau gesehen haben.

RTL-Chefredakteur Peter Kloeppel erzählt: „Ich war überall da, wo etwas los war: beim Kaninchenzüchterverein, bei den Förstern, die Anfang des Jahres die Meisenkästen sauber machten, bei den Sitzungen des Karnevalsvereins. Es war eine aufregende Zeit, es waren wichtige Jahre. Wer das nicht gemacht hat, kann es im Job des Journalisten eines Tages schwer haben."

Lokalredakteure sind die Zielgruppe eines intensiven Fortbildungsangebots. Vor allem auf Initiative und mit Unterstützung des Lokaljournalistenprogramms der Bundeszentrale für politische Bildung *(www.bpb.de/lokaljournalistenprogramm)* in Bonn werden mit dem *Projektteam Lokaljournalisten* praxisnahe Modellseminare angeboten. Das Programm wird durch das Magazin „drehscheibe" mit Themen- und Recherchetipps für Lokalredaktionen *(www.drehscheibe.org)* ergänzt.

Anzeigenblätter: Den Vorteil der Bürgernähe, der die Beliebtheit der Lokalpresse ausmacht, nutzen auch die etwa 1300 lokalen und regionalen Anzeigenblätter, die meist wöchentlich erscheinen und kostenlos verteilt werden (Auflage im Jahr 2016 mehr als 88 Millionen Exemplare),[5] aber eine sehr unterschiedliche Qualität im redaktionellen Teil aufweisen. Sie beschäftigen etwa 8000 Journalisten.

Am Kiosk verkauft werden *Offertenblätter* mit meist kostenlos aufgenommenen Anzeigen.

Zeitschriften – dieses Arbeitsfeld ist erheblich buntscheckiger und kaum zu überschauen. Insgesamt werden fast 10.000 Titel geschätzt; die IVW gibt für 2016 für Publikumszeitschriften eine Gesamtauflage von 97 Millionen, für Fachzeitschriften elf Millionen und für Kundenzeitschriften 37 Millionen an.[6]

Die bekanntesten sind die *Publikumszeitschriften*, die in *General-* und *Special-Interest-Zeitschriften* eingeteilt werden. General-Interest: von Nachrichtenmagazinen

---

[5] Auflagenzahlen nach: Bundesverband Deutscher Anzeigenblätter, www.bvda.de.
[6] Für den Zeitschriftenmarkt gibt es keine umfassende Statistik, nur die Titel, die bei der IVW gemeldet sind, sind bei den genannten Zahlen berücksichtigt.

über Fernsehzeitschriften bis zu den Illustrierten. Enorm gewachsen ist der Markt der Special-Interest-Zeitschriften, die sich eine bestimmte Zielgruppe herausgreifen und sich mit Trends, Freizeitsportarten oder Hobbys beschäftigen.

Fachzeitschriften wenden sich an eine Berufsgruppe, *Konfessionelle Zeitschriften* an die Angehörigen der Glaubensgemeinschaften. Daneben entstehen in Public-Relations-Abteilungen von Unternehmen oder Verbänden immer mehr *Mitglieder-, Mitarbeiter-* oder *Kundenzeitschriften* (das so genannte *Corporate Publishing*).

Weiterführende Literatur
Bundesverband Deutscher Zeitungsverleger, Jahrbuch „Zeitungen" (Berlin, jährlich)
Edigna Menhard/Tilo Treede, Die Zeitschrift. Von der Idee bis zur Vermarktung (Konstanz: UVK, 2004).
Heinz Pürer/Johannes Raabe, Presse in Deutschland (Konstanz: UVK, 3. Aufl. 2007).
Volker Wolff, Zeitungs- und Zeitschriftenjournalismus (Konstanz: UVK, 2. Aufl. 2011).
Martin Welker/Daniel Ernst, Lokales. Basiswissen für die Medienpraxis (Köln: Herbert von Halem, 2012).

2.2 Rundfunk

ist der Oberbegriff für Hörfunk und Fernsehen. In Deutschland gilt seit der Einführung von Privatradio und Privatfernsehen die sogenannte *duale Rundfunkordnung*, also das Nebeneinander von öffentlich-rechtlichem und privatem Rundfunk. Mit „privat" werden nicht nur die kommerziellen Sender bezeichnet, sondern auch die nicht kommerziellen Lokalradios, „Freien Radios" und „Offenen Kanäle" *(www.bok.de, www.freie-radios.de)*.

Beim öffentlich-rechtlichen Rundfunk ist für jedes Land der Bundesrepublik eine Rundfunkanstalt zuständig, allerdings meist eine der jetzt vier *Mehr*länderanstalten MDR, NDR, RBB und SWR (z. B. der MDR für Sachsen, Sachsen-Anhalt und Thüringen). Trotzdem wird jedes Bundesland in einem Extra-Programm und durch jeweils ein *Landesfunkhaus* spezifisch bedient. So hat z. B. die Vierländeranstalt NDR in Hamburg, Hannover (Niedersachsen), Kiel (Schleswig-Holstein) und Schwerin (Mecklenburg-Vorpommern) ein Landesfunkhaus für Radio und Fernsehen. Nach dem Zusammenschluss von SFB und ORB zum Rundfunk Berlin-Brandenburg (RBB) bleiben noch als Landesrundfunkanstalten: Bayerischer Rundfunk, Hessischer Rundfunk, Radio Bremen, Saarländischer Rundfunk und Westdeutscher Rundfunk.

In den meisten Ländern gibt es für Hörfunk und Fernsehen *Regionalstudios*, beim Hörfunk des HR z. B. in Darmstadt, Fulda, Gießen, Kassel und Wiesbaden.

Regional*korrespondenten* hat der HR außerdem in Bensheim, Erbach, Hanau, Korbach, Limburg, Marburg und Witzenhausen. Viele der HR-Hörfunk-Regionalkorrespondenten haben inzwischen eine Ausbildung zum Videoreporter und arbeiten bimedial (*www.ard.de* und *www.zdf.de*, dazu die Jahrbücher von ARD und ZDF sowie die Webseiten der Rundfunkanstalten).

Beim privaten Rundfunk sind Radio- und Fernsehprogramme nicht, wie bei den Rundfunkanstalten, unter einem Dach.

Privatradios gibt es als (wenige) bundesweite, als landesweite Sender (z. B. Antenne Bayern) mit regionalen Korrespondentenbüros und in vielen Ländern auch als Regional- und Lokalradios.

Privates Fernsehen findet nicht nur auf Bundesebene statt, sondern in einer weit größeren Zahl als regionales oder (besonders häufig) lokales Programmangebot.

Sehr informativ (mit einer Datenbank aller deutschen Sender und Links zu den Landesmedienanstalten) sind die Online-Seiten der Arbeitsgemeinschaft der Landesmedienanstalten – ALM *(www.alm.de)*.

Radio (Hörfunk): Wer beim Radio Erfolg haben will, muss mit seinem Hörer reden können. Der Radio-Journalist hat den einen Partner, zu dem er ins Zimmer oder ins Auto kommt („in radio you have an audience of one" – alte BBC-Regel). Ihn muss er ansprechen, mit seiner Stimme und mit seinen Worten, frei formuliert oder mit einem fürs Gehörtwerden geschriebenen Text. Der Radio-Journalist muss Gespräche führen können, im Studio und am Telefon, er sollte ein Gespür für die akustischen Möglichkeiten seines Mediums entwickeln, „radiofon" denken können.

Was aus dem Lautsprecher kommt, regt die Phantasie des Hörers an und lässt bei ihm Bilder (von Sprechern und Sachen) entstehen, die an Intensität und Individualität das reale Bild im Fernsehen übertreffen.

Nicht nur die DJs, sondern auch die journalistischen Moderatoren von Magazinen müssen (zunehmend auch in den aktuellen Programmen der öffentlich-rechtlichen Rundfunkanstalten) ihre Sendungen selbst fahren, die Reporter ihre Beiträge selbst schneiden. Die Digitaltechnik hat die Arbeit mit dem Tonband abgelöst.

Radio und Fernsehen bieten ausgewählte Beiträge in eigenen Mediatheken im *Internet* an und ermöglichen so die zeitsouveräne Nutzung auch auf portablen Geräten. Einige Sender erlauben bereits das Zusammenstellen individueller Programmabläufe nach den Interessen der jeweiligen Nutzer, die sich aus dem Gesamtangebot nach ihren persönlichen Profilen eigene „Playlisten" komponieren können. Das lineare Programm der althergebrachten Radio- und Fernsehsender kann so zum Beispiel nach Themen sortiert neu und individuell genutzt werden.

Fernsehen: Wer als Hospitant, Praktikant oder Volontär für ein paar Monate beim Fernsehen mitarbeitet, hat gewöhnlich weniger und spätere Erfolgserlebnisse als sein Kollege beim Radio, der oft schon nach wenigen Tagen seinen ersten O-Ton-Beitrag im Sender bringt. Technik und Organisation eines Fernsehbetriebs sind komplizierter, zum Text tritt das Bild hinzu, – wer da mit einem Beitrag ins Programm kommen will, muss sich *gründlich vorbereitet* haben. Er sollte als Hobby-Filmer oder Fotograf bereits optische Erfahrungen gesammelt und sich schon bei einem anderen Medium umgesehen haben.

Auch beim Fernsehen hat die Digitaltechnik in allen Phasen der Produktion Einzug gehalten; und mit dem *Videojournalisten (VJ)* ist so etwas wie ein neuer Berufszweig entstanden: Er nutzt als Ein-Mann-Team selbst die immer handlicher werdende Aufnahmetechnik, ist also nicht nur fürs eigentlich Journalistische zuständig, sondern auch für Kamera, Licht und Ton sowie schließlich für die Bearbeitung bis zum fertigen Beitrag.

Einige Stichworte aus dem Handbuch „Fernseh-Journalismus" skizzieren, was man für eine Mitarbeit beim Fernsehen lernen und kennen/können muss: In Bildern erzählen – Bildsprache – Bildaufbau – Bildschnitt – Texten – Von der Ideenskizze zum Drehbuch – EB-Ausrüstung – EB-Aufzeichnung und –Bearbeitung – Journalistischer Arbeitsplatz Studio – Mit elektronischen Tricks informieren – Journalistischer Arbeitsplatz SNG und Ü-Wagen – Darstellungs- und Sendeformen.

Weiterführende Literatur
Walther von La Roche/Axel Buchholz (Hrsg.), Radio-Journalismus. Ein Handbuch für Ausbildung und Praxis im Hörfunk (Berlin: List Journalistische Praxis, 11. Aufl. 2016).
Daniel Moj/Martin Ordolff, Fernsehjournalismus (Konstanz: UVK, 2. Aufl. 2015).
Gerhard Schult/Axel Buchholz (Hrsg.), Fernseh-Journalismus. Ein Handbuch für Ausbildung und Praxis (Berlin: Econ Journalistische Praxis, 9. Aufl. 2016).

2.3 Online-Medien

bieten Information, Service und Unterhaltung in Netzwerken wie dem weltweiten Internet an – für die Nutzung auf dem Computer-Bildschirm oder auf mobilen Geräten wie Smartphones oder Tablet-PCs. Durch den Erfolg des World Wide Web sind seit mehr als 20 Jahren Arbeitsplätze für aktuell arbeitende Journalisten in Online-Redaktionen entstanden: Zeitungen, Zeitschriften oder Rundfunkanstalten sowie Unternehmen bieten *Internet-Magazine* mit Nachrichten oder programmergänzenden Informationen an, die ausschließlich über das weltweite Datennetz abrufbar sind.

Es existieren keine aktuellen Zahlen. Fachleute schätzten 2006, dass es in Deutschland etwa 2500 Online-*Journalisten* gibt,[7] und mindestens genauso viele Öffentlichkeitsarbeiter, die Online-*PR* betreiben. Hinzu kommen mehrere tausend Journalisten, die das Internet *nebenbei* bedienen, überwiegend aber für Print- oder Rundfunk-Medien arbeiten (mehr dazu im folgenden Beitrag „Crossmediales Arbeiten"). Für Journalisten aller Medien wird es zunehmend wichtig, zum Verbreiten der Beiträge das Internet zu nutzen, die Themen mit Nutzern in Sozialen Netzwerken zu teilen und darüber zu diskutieren.

Bereits 80 Prozent der Deutschen ab 14 Jahre (56,1 Millionen) nutzten 2015 das Internet. Vor allem bei Jugendlichen (100 Prozent) und jungen Erwachsenen (97,7 Prozent) ist die Internet-Nutzung sehr weit verbreitet.[8]

Der Online-Journalismus hat neue journalistische Formen hervorgebracht, die herkömmliche Medien nicht bieten können: Die riesigen Speichermöglichkeiten von Computern heben die Platzbeschränkung von Medien auf, der Nutzer kann die Informationstiefe individuell wählen, mit Hintergrundinformationen, Archiven und Service-Datenbanken. Hinzu kommen die permanente Aktualisierungsmöglichkeit, die multimediale Präsentation und die Interaktivität – verstanden als neue Kommunikationsmöglichkeit mit den Nutzern.

Zu den langfristigen Online-Trends gehören die zunehmende Einbindung von Videos in Websites, die mobile Internet-Nutzung sowie die Beteiligung von Nutzern. Jeder Internet-Nutzer kann inzwischen sehr leicht selbst Beiträge im Internet veröffentlichen: zum Beispiel als *Weblog* – einem Tagebuch im Netz – oder als Beteiligter an einer *Foto- oder Video-Community* wie etwa YouTube oder in Sozialen Netzwerken wie Facebook und Twitter.

Das Interesse der Internet-Nutzer, sich am „Mitmach-Internet" zu beteiligen, wächst, wenn auch die Zahl der aktiven Nutzer, die selbst Inhalte beisteuern, im Verhältnis zu den passiven Konsumenten relativ klein bleibt. 74 Prozent der Online-Nutzer haben schon in der „Wikipedia" gelesen, 60 Prozent Videos aus Community-Portalen wie „YouTube" gesehen und 16 Prozent in Weblogs gesurft. Vier Prozent dieser „Wikipedia"-Nutzer haben dort selbst schon einen Beitrag geschrieben und elf Prozent der Videoportal-Nutzer eigene Videos

---

[7]Siegfried Weischenberg/Maja Malik/Armin Scholl, Die Souffleure der Mediengesellschaft. Report über die Journalisten in Deutschland (Konstanz: UVK, 2006), S. 258.
[8]Vgl. die ARD/ZDF-Online-Studie, Media Perspektiven 9 (2015): S. 366–377.

2.3 Online Medien

eingestellt.[9] Das sind hochgerechnet auf ca. 56 Millionen Online-Nutzer in Deutschland immerhin 1,6 Millionen aktive Wikipedianer und 3,7 Millionen Videoproduzenten.

Der Anteil der aktiven Nutzer in den großen sozialen Netzwerken ist dagegen noch höher. Die Netzwerke bieten immer mehr Möglichkeiten: Die Nutzer können Fotoalben erstellen, Nachrichten posten und die Nachrichten anderer kommentieren, bewerten und weiterleiten. Auch journalistische Beiträge können auf diese Weise mehr Nutzer finden, wenn sie durch Freunde in Sozialen Netzwerken empfohlen werden.

Auch am Internet-Journalismus außerhalb sozialer Netzwerke können sich die Nutzer beteiligen. Sie reagieren auf journalistische Beiträge, indem sie sie kommentieren oder bewerten. Oder sie reichen selbst Textbeiträge, Foto-Schnappschüsse oder kurze Videosequenzen ein.

Wer für Internet-Magazine arbeiten will, muss neben Kenntnissen der alten und neuen journalistischen Möglichkeiten auch technisches Verständnis für Computer und Produktionssoftware sowie Erfahrung mit der Recherche im Internet mitbringen. Es gibt Volontariate, Aus- und Weiterbildungsseminare und Studiengänge, die speziell auf die Arbeit als Online-Journalist vorbereiten.

Teletext: Nicht auf dem Computer-, sondern auf dem Fernsehbildschirm erscheint der Video- oder Teletext, der als Teil des Fernsehprogramms in der sogenannten Austastlücke ausgestrahlt wird. 99,5 Prozent der Haushalte in Deutschland besitzen einen Fernseher mit Videotext. Jeder größere Fernsehsender hat eine eigene *Teletext-Redaktion*, oft wird mit freien Mitarbeitern zusammengearbeitet. In vielen Sendern sind inzwischen Online-Redaktion und Teletext-Redaktion zusammengelegt – man arbeitet dann crossmedial (siehe den folgenden Beitrag).

Die Journalisten müssen kurz, knapp und unter Zeitdruck formulieren. Eine Teletextseite hat nur Platz für etwa 650 bis höchstens 750 Zeichen.[10]

Weiterführende Literatur
Gabriele Hooffacker, Online-Journalismus. Texten und Konzipieren für das Internet. Ein Handbuch für Ausbildung und Praxis (Journalistische Praxis, Wiesbaden: Springer VS, 4. Aufl. 2016).
Nea Matzen, Onlinejournalismus (Konstanz: UVK, 3. Aufl. 2014).

---

[9] Vgl. ARD/ZDF-Online-Studie 2013.
[10] Rainer Haase, Seitenweise teletexten. Medium Magazin 11 (1998), S. 72–77.

Weiterführende Webseiten
Magazin zum Thema: www.onlinejournalismus.de

2.4 Crossmediales Arbeiten

gehört für immer mehr Journalisten – vor allem für Online-Journalisten – zum Tagesgeschäft. Meist haben diese Journalisten ein *Schwerpunktmedium* und arbeiten mindestens einem anderen Medium zu. So schreibt ein Zeitungsjournalist zum Beispiel aktuelle Kurzfassungen seiner Print-Beiträge fürs Internet. Oder ein Online-Journalist, der sich überwiegend um den Internet-Auftritt eines Radiosenders kümmert, ist auch für die Computersendung im Radioprogramm zuständig. Diese Journalisten arbeiten dann *bi- oder trimedial.*

Crossmediale Redaktionen müssen die verschiedenen Medien – man sagt auch: *Plattformen* oder *Ausspielkanäle* – in ihre Arbeitsabläufe integrieren, also zum Beispiel weit vor dem Andruck der Zeitung an das Internet oder die mobile Kommunikation oder an eine Veröffentlichung in Sozialen Netzwerken denken.

Die Zentrale von crossmedialen Redaktionen ist immer häufiger ein *Newsdesk* oder *Newsroom* (mehr dazu im Beitrag „Organisieren und Planen"). Am Newsdesk wird entschieden, welches Thema wann und wie für welches Medium aufbereitet wird. Die journalistischen Produkte – Texte, Fotos, Töne und Videos – werden in Rohform in Datenbanken gespeichert und können für verschiedene Plattformen aufbereitet werden.

Mehr als die Hälfte der Zeitungsredaktionen in Deutschland arbeitet inzwischen mit Newsdesk- oder Newsroom-Modellen, in denen Print- und Online-Produktion miteinander verknüpft sind. Ein Beispiel ist der Axel-Springer-Verlag, der in Berlin einen Newsroom mit mehr als 400 Arbeitsplätzen eingerichtet hat. Dort wird zunächst für die digitalen Produkte gearbeitet, erst später am Tag entstehen die Zeitungsausgaben.

Auch bei Radio und Fernsehen kommen crossmediale Redaktionsmodelle immer mehr in Mode. Der Bayerische Rundfunk zum Beispiel befindet sich seit einigen Jahren auf dem Weg zur „Trimedialität": Zuvor getrennte Redaktionen von Radio, Fernsehen und Internet werden zusammengelegt; auf dem BR-Gelände in Freimann wird ein neues Gebäude als „trimediales Aktualitätenzentrum" gebaut.

Diese gemeinsame journalistische Produktion verlangt von Journalisten, dass sie nicht nur *ein* Medium beherrschen, sondern in mindestens zwei Medien gleichzeitig denken können. Crossmediale Konzepte müssen dafür sorgen, dass die Plattformen einer Medienmarke *zusammenpassen*: www.sueddeutsche.de muss dann beispielsweise die Erwartungen erfüllen, die Leser der „Süddeutschen Zeitung" haben, wenn sie im Internet unterwegs sind. Oder www.tagesschau.de muss rund um die Uhr aktuelle Nachrichten im Internet bieten: in Text, Bild, Ton und Video – nach Möglichkeit schneller und ausführlicher, aber genauso seriös wie die „Tagesschau" im Fernsehen.

Weiterführende Literatur
Christian Jakubetz, Crossmedia (Konstanz: UVK, 2. Aufl. 2011).
Klaus Meier, Crossmedialität. In: Klaus Meier/Christoph Neuberger (Hrsg.): Journalismusforschung. Stand und Perspektiven (Baden-Baden: Nomos, 2. Aufl. 2016).

2.5 Nachrichtenagenturen und Informationsdienste

beschäftigen eine erhebliche Zahl von Journalisten haupt- oder nebenberuflich, *„am Ort"* (beim Recherchieren der Meldungen) und *„am Tisch"* (beim Redigieren).

Die Deutsche Presse-Agentur (dpa) ist die in Deutschland größte Nachrichtenagentur. Für sie arbeiten im In- und Ausland rund 1300 Wort- und Bildjournalisten weltweit. In Deutschland beliefert dpa ihre Kunden mit einem *Basisdienst* (Meldungen und Berichte aus dem In- und Ausland über Politik, Wirtschaft, Sport und Modernes Leben; dazu gehört Vermischtes, Kultur, Wissenschaft und Medien), betreibt zwölf *Landesdienste* (regionale Nachrichten) und bietet verschiedene andere Dienste an, darunter auch *Hörfunk-, Video-* und *Online-Dienste* sowie seit 2007 einen *Kindernachrichtendienst*.

Außer der Zentrale in Hamburg und dem Bundesbüro in Berlin unterhält dpa noch rund 60 *Regional-* und *Landesbüros* in Deutschland. Im Ausland ist die dpa mit Büros und Korrespondentenplätzen in circa 100 Ländern vertreten.

Wer bei dpa als Redakteur oder Volontär angestellt werden möchte oder eine Hospitanz sucht, muss sich an die Chefredaktion in Berlin wenden. Die Zahl der Bewerbungen übersteigt „um ein Vielfaches" die Zahl der Vakanzen. Über freie Mitarbeit wird in den jeweiligen Landesbüros entschieden. Der größte Bedarf besteht auf dem „flachen Land". Grundsätzlich hängt die Möglichkeit zur Mitarbeit von dem vorhandenen Mitarbeiternetz und eventuellen Spezialkenntnissen des Anbieters ab *(www.dpa.de)*.

Auch die anderen Nachrichtenagenturen, die für deutsche Bezieher aus Deutschland berichten, haben Mitarbeiter in den größeren Städten der Bundesrepublik. Es sind dies:

- *Agence France Presse (AFP), Berlin (www.afp.com/de)*
- *Reuters, Berlin (de.reuters.com)*

Spezialisierte Dienste ergänzen die allgemeinen Agenturen, die alle Themenbereiche abdecken. Sie liefern Nachrichten, Hintergrundgeschichten und Kommentare aus *bestimmten gesellschaftlichen Gebieten*, z. B. Sport-Informations-Dienst (sid), Evangelischer Pressedienst (epd) und Katholische Nachrichten-Agentur (KNA).

Kleinere Informationsdienste, ebenfalls zu Fachgebieten (z. B. Tourismus, Technik), erscheinen täglich, wöchentlich oder monatlich. Ihre Zahl wird auf weit über 600 geschätzt. Diese gegen Bezugsgebühr oder Abdruckhonorar gelieferten Informationsdienste dürfen nicht mit der Unzahl jener *Pressedienste* verwechselt werden, die von Pressestellen im Interesse ihrer Auftraggeber kostenlos zur Verwendung angeboten werden (vgl. den Beitrag „Presse- und Öffentlichkeitsarbeit").

Weitere Informationen unter dem Stichwort „Nachrichtenagenturen" im Beitrag „Die Quellen".

Weiterführende Literatur
Peter Zschunke, Agenturjournalismus. Nachrichtenschreiben im Sekundentakt (Konstanz: UVK, 2. Aufl. 2000).

2.6 Presse- und Öffentlichkeitsarbeit

Wer in einem Unternehmen oder einer Institution in einer Pressestelle oder Presseabteilung, also „auf der anderen Seite des Schreibtischs", arbeitet, hat – wie Journalisten – ebenfalls als Aufgabe das Recherchieren, Auswählen, Aufbereiten und Präsentieren von Informationen. Das kann in unternehmenseigenen Medien geschehen (Corporate Media) oder als direkte an die Kolleginnen und Kollegen in den Redaktionen adressierte Information über Pressemitteilungen (Media Relations) oder Social-Media-Kontakte, immer bestimmt durch die Interessen des Arbeitgebers bzw. Auftraggebers.

Die Bezeichnung Pressestelle nennt nur einen Teil der Adressaten; denn die Informationen werden nicht nur für die Presse, sondern auch für Radio, Fernsehen und Internet aufbereitet und geliefert. Entsprechende Abteilungen heißen in großen internationalen Konzernen deshalb immer öfter *Media Relations*. Die größte „Presseabteilung" in Deutschland ist das Presse- und Informationsamt der Bundesregierung. Wenn es auch unter der Leitung eines Staatssekretärs knapp 500 Mitarbeiter

2.6 Presse und Öffentlichkeitsarbeit

in Berlin und Bonn hat, seine beiden Hauptaufgaben sind dieselben wie die jeder Ein-Mann-Pressestelle: nach innen und nach außen zu informieren.

Information nach innen: Der Presse- oder PR-Referent beispielsweise eines Unternehmens wird für die Geschäftsführung verfolgen, was in der Öffentlichkeit über das Unternehmen geäußert wird: vor allem natürlich in den Medien, aber auch die Stimmungen und Meinungen der Bevölkerung. Das reicht von der Beobachtung oder Beauftragung von Bevölkerungsumfragen bis zum Monitoring von Sozialen Netzwerken. Er ist also eine Art Barometer, das die Geschäftsleitung vor Konflikten mit der Öffentlichkeit rechtzeitig warnen soll und darauf hinwirkt, dass riskante Entscheidungen vermieden werden, dass gesellschaftlicher Wandel und künftige Trends in die Unternehmenspolitik einbezogen werden. Mittel dieser *internen* Öffentlichkeitsarbeit sind neben persönlichen Gesprächen, Kontakten und Konferenzen auch Online-Kontakte, Mitarbeiterzeitschriften, Intranet und Firmen-TV.

Information nach außen: Die Mitarbeiter einer Presseabteilung beantworten Fragen von Journalisten, die über die Aktivitäten eines Unternehmens oder eines Verbandes recherchieren. Sie informieren, gestützt auf strategische Planung, von sich aus, wenn etwas für die Öffentlichkeit Wichtiges und Interessantes passiert: Sie veranstalten *Pressekonferenzen* und *Hintergrundgespräche*, versenden *Pressemitteilungen* oder geben einen regelmäßigen *Pressedienst* heraus. Mitunter werden auch *Kundenzeitschriften* (von Unternehmen) oder *Mitgliederzeitschriften* (von Vereinen und Verbänden) in der Presseabteilung produziert, das alles zunehmend online.

Durch ein dichtes Netz von Kontakten pflegen Pressereferenten ein gutes Verhältnis zu Journalisten, die im betreffenden Fachgebiet arbeiten. Voraussetzung für diesen Beruf sind deshalb diplomatisches Geschick und Kontaktfreudigkeit. Wer in der PR arbeitet, vertritt die Interessen seines Arbeitgebers.

Der Erfolg der PR-Arbeit hängt davon ab, wie viel Vertrauen in die Zuverlässigkeit der gegebenen Auskünfte die Pressestelle bei den Journalisten erwerben konnte. Falsch-Informationen sind verpönt. Auch das Verschweigen wichtiger Geschehnisse bringt ein Unternehmen eher in Misskredit. Für alle in der PR Tätigen stellt der Deutsche Rat für Public Relations den Deutschen Kommunikationskodex zur Verfügung *(www.drpr-online.de)*.

Weitere Zielgruppen der PR: Public Relations, kurz PR, auch als Öffentlichkeitsarbeit bezeichnet, umfasst *mehr als Pressearbeit:* Neben die Journalisten in Presse, Rundfunk, Internet und Nachrichtenagenturen treten weitere Zielgruppen, darunter Kunden, Interessenten, Shareholder oder Mitglieder, Verbandsvertreter und Lobbyisten, Multiplikatoren im öffentlichen Dienst, in der Politik Aktive, weitere Bürgerinnen und Bürger.

An sie richten sich jeweils eigene PR-Aktivitäten, beispielsweise unter den Namen *Customer Relations, Investor Relations* oder *Public Affairs*. Die PR kann sich auf ein konkretes Produkt beziehen *(Produkt-PR)* oder auf das Unternehmen *(Corporate Communication)*, auf unternehmensbezogene Themen *(Issue Management)*, auf die langfristige Wirkung in der Öffentlichkeit *(Image)* oder auf das über das Unternehmensziel hinausgehende Engagement des Auftraggebers *(Sponsoring)*.

Gute PR kommt nie „aus dem Bauch heraus": Grundlage ist eine langfristige Kommunikationsstrategie, die die Zielsetzungen und Interessen einer Organisation erst einmal festlegt und dann an die Öffentlichkeit vermittelt.

Die PR ist ein Berufsfeld mit einem eigenen Berufsbild, wobei der Bedarf an Mitarbeitern weiter wächst. Sie bildet mit der Marktkommunikation und der Organisationskommunikation die Unternehmenskommunikation.[11] Manchmal werden die Bezeichnungen Public Relations und Unternehmenskommunikation auch synonym verwendet.

PR-Fachleute arbeiten nicht nur als Angestellte ihrer unmittelbaren Auftraggeber, sondern auch in *PR-Agenturen*, die sozusagen außer Haus für ihre Auftraggeber Öffentlichkeitsarbeit machen. Außerdem gibt es *selbständige PR-Berater*.

Organisiert sind die PR-Leute in der *Deutschen Public Relations Gesellschaft e. V. (www.dprg.de)* oder in der *Gesellschaft Public Relations Agenturen e. V. (www.gpra.de)*. Eine wissenschaftliche Fachgruppe „PR und Organisationskommunikation" gibt es bei der *Deutschen Gesellschaft für Publizistik- und Kommunikationswissenschaft (www.dgpuk.de)*. Der Deutsche Journalisten-Verband e. V. hat einen Fachausschuss „Presse- und Öffentlichkeitsarbeit" *(www.djv.de)*. Diese Verbände geben auf ihren Webseiten Auskunft über Berufsbild, Aus- und Weiterbildungswege oder weiterführende Literatur.

Freiberufler arbeiten oft gleichzeitig in Journalismus und PR. Sie müssen, um als Journalisten glaubwürdig zu bleiben, transparent machen, für welchen Auftraggeber sie gerade arbeiten: für die Lokalzeitung, für die sie gerade berichten, oder für die politische Partei, bei der sie mitarbeiten? Für das örtliche Reisebüro,

---

[11] Otfried Jarren und Ulrike Röttger, Public Relations aus kommunikationswissenschaftlicher Sicht, in: Romy Fröhlich, Peter Szyszka, Günter Bentele (Hrsg.), Handbuch der Public Relations (Wiesbaden: Springer VS, 3. Aufl. 2016) S. 35.

2.6 Presse- und Öffentlichkeitsarbeit

in dessen Auftrag sie Pressemitteilungen verfassen, oder für den Lokalsender, bei dem sie moderieren? Bezahlung von beiden Seiten anzunehmen führt zur Interessenkollision und verstößt gegen den Pressekodex *(www.presserat.de)*.

Ausbildung: Während man früher oft nach einer journalistischen Tätigkeit ins Fach Öffentlichkeitsarbeit wechselte, führen heute viele Wege zum *direkten* Einstieg in den Beruf. Das kann ein Volontariat sein oder ein Studium mit entsprechenden Praktika, ein Fachstudium mit einer Zusatzqualifikation für die PR, ein berufsbegleitender oder Aufbaustudiengang (Master) oder eine Kombination davon.

Das Volontariat in der Öffentlichkeitsarbeit ist bislang nicht so gut geregelt wie im Journalismus. Zwar werden zunehmend Volontärs- und Trainee-Stellen mit einer Laufzeit von ein bis zwei Jahren angeboten, die Ausbildung beschränkt sich dabei aber in vielen Fällen auf ein „learning by doing" – mit einer relativ niedrigen Entlohnung. Tipp: Orientieren Sie sich an den Regelungen für das Volontariat im Journalismus (vgl. Kapitel *Das Volontariat* in diesem Buch).

Studienmöglichkeiten für künftige PR-Berater werden immer zahlreicher, wenn auch noch selten Public Relations als Hauptfach im Vollstudium belegt werden kann. Die Universität Leipzig bietet jeweils zum Sommersemester einen eigenständigen Studiengang „PR" mit einem BA-Abschluss nach sechs Semestern an.

Nach Angaben der DPRG gibt es etwa 20 Universitäten im deutschsprachigen Raum, die einen Studienschwerpunkt PR integrieren – meist im Rahmen eines kommunikationswissenschaftlichen Gesamtangebots. Eine eindeutige fachliche Orientierung Richtung PR bieten zum Beispiel die Universitäten in Berlin, Lüneburg, Mainz und – wie oben erwähnt – Leipzig.

Die Fachhochschulen in Stuttgart, Gelsenkirchen, Hannover und Osnabrück (Standort Lingen) haben eigenständige PR-Studiengänge. Onlinekommunikation kann man an der Hochschule Darmstadt studieren. Manchmal findet sich der Schwerpunkt „Kommunikationsmanagement" auch in betriebswirtschaftlichen FH-Studiengängen, etwa in Berlin (FHTW), Bielefeld (FHM), Calw, Mainz, Nürtingen und Pforzheim sowie an privaten Fachhochschulen. An ein Fachstudium kann man einen berufsbegleitenden Master anschließen, beispielsweise an der Leipzig School of Media.

Auf medienstudienfuehrer.de sind auch nichtuniversitäre Aus- und Weiterbildungen in Akademien, Seminaren und Instituten gelistet.

Weiterführende Literatur
Romy Fröhlich/Peter Szyszka/Günter Bentele (Hrsg.), Handbuch der Public Relations (Wiesbaden: Springer VS, 3. Aufl. 2016).

Gabriele Hooffacker/Peter Lokk: Pressearbeit praktisch. Ein Handbuch für Ausbildung und Praxis (Journalistische Praxis, Berlin/Wiesbaden: Springer VS, 2011).
Claudia Mast/Simone Huck-Sandhu, Unternehmenskommunikation: Ein Leitfaden (Konstanz: UVK, 6. Aufl. 2016).
Ansgar Zerfaß/Thomas Pleil (Hrsg.), Handbuch Online-PR: Strategische Kommunikation in Internet und Social Web. (Konstanz/München: UVK, 2. Aufl. 2015).

2.7 Die Ressorts

Politik, Kultur, Lokales, Wirtschaft und Sport sind gewissermaßen klassische Ressorts in den Zeitungen; in den Funkhäusern finden sich diese Bereiche der Berichterstattung und Kommentierung natürlich genauso. Ressort meint zweierlei:

1. das Sachgebiet (Wirtschaft, Innenpolitik usw.),
2. die Organisationsform: eine selbständige Einheit von Fachzuständigkeiten und Mitarbeitern, deren Leiter in der Regel auch als Verantwortlicher im Sinne des Pressegesetzes für dieses Ressort im Impressum genannt wird.

Von der Größe und von den Organisationswünschen einer Zeitung oder Rundfunkanstalt hängt es ab, welche journalistischen Sachgebiete jeweils in einem Ressort vereinigt werden, ob zum Beispiel die gesamte Politik von einem Ressort betreut wird oder man sie auf mehrere kleinere Ressorts aufteilt: für Außenpolitik, für Innenpolitik, für Landespolitik, für Sozialpolitik usw. Die Nachrichtenredaktion ist, obwohl sie es mit unterschiedlichsten Fachgebieten zu tun hat, meist ein selbständiges Ressort.

In Ressorts bearbeitete Fachgebiete: Lokales, Regionales, Land, Bund, Europa, West, Ost, Vereinte Nationen (Sie sehen, da lässt sich immer weiter spezialisieren, und große Redaktionen bemühen sich auch darum, für jedes wichtige Problem unserer Zeit und unserer Gesellschaft wenigstens einen zuständigen Journalisten zu haben); Wirtschaft, Soziales, Recht und Justiz; Kultur mit allen denkbaren Spezialgebieten wie Musik, Ballett, Schauspiel, Film, Literatur, Bildende Kunst, Architektur und Städtebau usw.; Sport; Vermischte Nachrichten à la „Buntes aus aller Welt".

Sondergebiete herkömmlicher Art: Mode, Kinder, Jugend, Bergsteigen (in Süddeutschland ein wichtiges Thema), Auto und Motor, Reise und Urlaub, das Radio- und Fernsehprogramm; zur Unterhaltung Rätsel, Schach und sonstige Hobbybeiträge; Fortsetzungsromane, Geschichten und Witze.

2.7 Die Ressorts

Sondergebiete eher neuerer Thematik: Medien, Schule und Hochschule, Gesundheit, Wissenschaft, Technik (auch: „Computer und Internet"), Service und Ratgeber-Journalismus.

Ressortübergreifende Teamarbeit wird in vielen Redaktionen immer wichtiger: Man versucht, vom „Ghetto-Prinzip" und vom „Kästchendenken" (jedes Ressort arbeitet nur für sich selbst) wegzukommen, um vielfältige Querschnittsthemen besser behandeln zu können. *Projektredaktionen* werden entweder kurzfristig für aktuelle Themen zusammengesetzt oder dauerhaft als Recherche- oder Reportergruppen – ohne bestimmte Ressortzugehörigkeit – fest installiert. Neuere Redaktionsmodelle sehen gar die Auflösung der Ressortgrenzen – etwa zwischen Politik und Wirtschaft – vor.

Welches Ressort ist das angesehenste? fragte mich einmal eine Studentin, als wir die ganze lange Ressort-Liste durchgegangen waren. Meine Antwort: Sport kann man nicht vergleichen mit Innenpolitik und Kultur; jedes Fachgebiet sollte in den aktuellen Medien vertreten sein, weil das Publikum ein breitgestreutes Angebot erwartet.

Unter Journalisten sind nicht selten die Ressorts angesehener, die sich mit der „großen Politik" oder mit der Wirtschaft befassen, Lokalredakteure landen in der kolleginternen Ansehensskala weiter unten. Ganz anders sieht allerdings das Interesse des Publikums aus: Nach Daten des Bundesverbandes Deutscher Zeitungsverleger beachten 86 Prozent aller Zeitungsleser im Allgemeinen immer den Lokalteil, weit abgeschlagen landet an zweiter Stelle die Innenpolitik mit 67 Prozent, den Kulturteil lesen gar nur 38 Prozent, auch für die Wirtschaft interessieren sich nur 34 Prozent regelmäßig.[12]

Weiterführende Literatur
Udo Branahl, Justizberichterstattung. Eine Einführung (Wiesbaden: Springer VS, 2005).
Lutz Frühbrodt, Wirtschaftsjournalismus. Ein Handbuch für Ausbildung und Praxis (Berlin: Econ Journalistische Praxis, 2007).
Winfried Göpfert (Hrsg.), Wissenschaftsjournalismus. Ein Handbuch für Ausbildung und Praxis (Berlin: Econ Journalistische Praxis, 5. Aufl. 2006).
Dieter Golombek/Erwin Lutz (Hrsg.), Rezepte für die Redaktion. Das Beste aus 25 Jahren Lokaljournalistenpreis. (Salzburg/Bonn: Verlag Johann Oberauer, 2005). – mit in der Regel jährlichen Ergänzungsbänden (vgl. z. B. Dieter Golombek (Hrsg.), Rezepte für die Redaktion. 10. Ergänzungsband (Salzburg: Medienfachverlag Oberauer, 2015).
Markus Kaiser (Hrsg.), Special Interest (Berlin: Journalistische Praxis, 2012).

---

[12]Daten nach: Bundesverband Deutscher Zeitungsverleger (bdzv.de).

Klaus Meier, Ressort, Sparte, Team. Wahrnehmungsstrukturen und Redaktionsorganisation im Zeitungsjournalismus (Konstanz: UVK, 2002).
Peter Overbeck (Hrsg.), Musikjournalismus (Konstanz: UVK, 2005).
Gunter Reus, Ressort: Feuilleton. Kulturjournalismus für Massenmedien (Konstanz: UVK, 2. Aufl. 1999).

2.8 Vom freien Mitarbeiter zum Chefredakteur

Das ist kein Erfolgsrezept nach dem amerikanischen Motto „Vom Liftboy zum Konzernherrn", sondern soll andeuten, dass in diesem Beitrag von den Menschen die Rede ist, die in unterschiedlichen journalistischen Funktionen zu den redaktionellen Produkten beitragen.

Man kann, wie wir gesehen haben, die Journalisten nach ganz verschiedenen Gesichtspunkten gruppieren:

- nach ihren *Medien* bzw. *Arbeitgebern* (Zeitungs-, Radio-, Fernseh-, Online- oder Agenturjournalisten; Öffentlichkeitsarbeiter),
- nach ihren hauptsächlichen *Tätigkeiten* (Berichten, Redigieren, Kommentieren usw.),
- nach ihren *Fachgebieten* (Wirtschaftsjournalisten, Sportjournalisten, Feuilletonjournalisten usw.)

Schließlich kann man, und das soll in diesem Beitrag geschehen,

- nach dem *arbeitsrechtlichen Verhältnis* und
- der *Stellung innerhalb der Redaktion* differenzieren.

Dem fest angestellten steht der freie Mitarbeiter gegenüber, dem *hauptberuflichen* der *nebenberuflich* tätige.

Auf freie Mitarbeiter kann, wenn auch in unterschiedlichem Umfang, keine Zeitung, keine Zeitschrift, kein Radio- und kein Fernsehprogramm verzichten.

Unter den hauptberuflichen Journalisten ist nur mehr jeder Vierte (früher jeder Dritte) ein freier Mitarbeiter. Immer weniger freie Journalisten können hauptberuflich vom Journalismus leben; sie verdienen ihr Geld in der Öffentlichkeitsarbeit oder in anderen Berufen.[13]

---

[13] Siegfried Weischenberg/Maja Malik/Armin Scholl, Die Souffleure der Mediengesellschaft. Report über die Journalisten in Deutschland (Konstanz: UVK, 2006).

Ein wichtiger Lieferant ist der „Freie" zum Beispiel für *Lokal-* und *Regionalzeitungen*, weil die Sitzung des Gemeinderats in A-Dorf oder das Handballspiel A-Dorf gegen B-Dorf nur selten von einem festangestellten Redakteur aus der Kreisstadt „wahrgenommen" werden kann, wie das in der Fachsprache heißt. Zwar bekommt die Redaktion viele Berichte honorarfrei von Schriftführern und sonstigen Vereinsvorständen, also journalistischen Laien, aber für den Profi bleibt trotzdem oder gerade deswegen noch viel zu tun.

Freie Mitarbeiter braucht eine Redaktion auch für *Fachbeiträge*.

Freie Mitarbeiter, die den Betrieb einer bestimmten Redaktion kennen und sich darin bewährt haben, können nicht selten später auf dem Platz eines ausscheidenden Redakteurs landen.

Honorare: Das *Zeilenhonorar* ist bei der Presse überall übliches Abrechnungssystem für die Beiträge des freien Mitarbeiters. Hat er 20 Zeilen, kriegt er 10 Euro, wenn das Zeilenhonorar 50 Cent beträgt; hat er 50 Zeilen, kriegt er eben 25 Euro. Ergänzt wird diese simple Zeilenaddition mancherorts durch bestimmte *Pauschalsätze*, beginnend mit einem Mindestsatz (von – sagen wir – 10 Euro, auch wenn die Meldung ganz kurz ist) bis zu einem Seitenhonorar für eine ganz von dem Mitarbeiter gefüllte Seite. Buchbesprechungen und Kino- oder Musikkritiken haben oft ihren Pauschalpreis, aber die Zeilenzahl hat sich als Berechnungsgrundlage (wovon das „Zeilenschinden" kommt) bis heute gehalten. Nur in seltenen und besonderen Fällen berechnet sich das Honorar nach der aufgewendeten *Arbeitszeit* in Stunden oder Tagen.

Was bei der Presse die Zeile als Berechnungseinheit, ist beim Radio die *Minute* oder (z. B. als Tagessatz für Moderatoren) die *Schicht*.

Wie viel bezahlt wird, hängt ab von der Größe und Leistungsfähigkeit des Verlages oder des Rundfunksenders, oft auch vom Ressort (z. B. Feuilleton mehr als Lokalteil) und manchmal von der Wichtigkeit oder Prominenz des Mitarbeiters. Beim Hörfunk gilt das Gleiche; hier kann der freie Mitarbeiter schon froh sein, wenn ein kleinerer Lokalsender ihm pro Schicht 150 Euro bezahlt.

Der gelegentliche freie Mitarbeiter liefert nur ab und zu einen Beitrag, wogegen der *ständige* freie Mitarbeiter ein bestimmtes Berichtsgebiet (die Orte A- und B-Dorf, die Polizeimeldungen o. ä.) mehr oder weniger ausschließlich betreut. Je enger er mit seiner regelmäßigen Arbeit an die Redaktion gebunden ist (und die Redaktion an ihn), um so eher kann es passieren, dass er ein Pauschal- oder Garantiehonorar erhält.

Pauschalhonorar: ein fester monatlicher Betrag, der ungefähr dem Durchschnittshonorar eines Monats entspricht. Es wird ohne Rücksicht darauf bezahlt, ob der Mitarbeiter im jeweiligen Monat mit der Summe der eigentlich anfallenden Einzelhonorare unter oder über dem Pauschalhonorar liegt. *Garantiehonorar:* Die Monatspauschale ist Mindestzahlung; bringt der Mitarbeiter mehr, als mit der Pauschale abgegolten ist, so hat er Anspruch auf das überschießende Honorar.

Der hauptberuflich tätige freie Mitarbeiter gilt als *arbeitnehmerähnlicher freier Journalist*, wenn er im Durchschnitt der letzten sechs Monate mehr als ein Drittel seiner gesamten journalistischen Berufseinkünfte bei einem Zeitungsverlag bezogen hat. Für diese Berufsgruppe wurde ein Tarifvertrag abgeschlossen, der verbindlich *Mindesthonorare* festlegt. Seit 2012 beträgt das Zeilenhonorar entsprechend der Auflage bei Erstabdrucken für Nachrichten und Berichte 57 bis 102 Cent, für Reportagen, Glossen usw. 71 bis 142 Cent.

Als *Normalzeile* gilt die Druckzeile mit 34 bis 40 Buchstaben.

Als Honorar für Freie, die nicht arbeitnehmerähnlich arbeiten, also sozusagen die *eigentlichen* Freien, gibt es die sogenannten „Vergütungsregeln". Darin sind angemessene Honorare und Vertragsbedingungen festgelegt. Sie nennen folgende Sätze pro Zeile (Stand 2013):

für Nachrichten und Berichte zwischen 73 bis 79 Cent (bis 10000 Expl. Auflage) und 94 bis 103 Cent (über 200.000),

für Reportagen, Glossen usw. nach derselben Auflagenstaffel zwischen 94 und 132 Cent.

Eine weit gespannte Übersicht über Honorare (als grobe Orientierung) geben die für freie Journalisten zuständigen Abteilungen der Gewerkschaften DJV (www.djv.de/freie) und dju (https://dju.verdi.de/freie/freie-journalisten).

Die Zeitungsredaktion: Der (fest angestellte) *Redakteur* ist, falls die Redaktion für eine Gliederung groß genug ist, gewöhnlich einem Ressort (z. B. der Lokalredaktion) fest zugeteilt. In Betrieben, die viele Redakteure beschäftigen, beginnt jetzt die Hierarchie: Die Redakteure haben als Chef den *Ressortleiter*. An der Spitze der gesamten Redaktion steht der *Chefredakteur*. Er organisiert die Redaktion und vertritt diese innerhalb des Verlags, hat die Entscheidungsbefugnis über den zu veröffentlichenden Stoff, repräsentiert die Zeitung nach außen und stellt – in Absprache mit dem Verleger – neue Redakteure und Volontäre ein.

Wichtigste Stütze des Chefredakteurs, vor allem bei der Bewältigung des technisch-redaktionellen Tagesbetriebs, ist der *Chef vom Dienst*. Er informiert sich bei der Anzeigenabteilung, wie viele Anzeigen mit welcher Platzierung gebracht werden müssen, und verteilt den redaktionellen Raum auf die Ressorts. In Zusammenarbeit mit der Technik (den Computerexperten, die das Redaktionssystem betreuen, und der Druckerei) sorgt er dafür, dass die einzelnen Seiten und dann die ganze Zeitung rechtzeitig fertig gestellt werden. Es gibt Chefs vom Dienst, die sind Mädchen für alles, in manchen Häusern auch für die Vergabe von Hospitanzen und Volontariaten.

Die Gehälter werden zwischen dem Verlegerverband und den Gewerkschaften ausgehandelt und im Tarifvertrag festgelegt; sie staffeln sich nach Berufsjahren und nach der Stellung in der Redaktionshierarchie. Ein Redakteur verdient nach dem derzeit geltenden Tarifvertrag für Tageszeitungen zu Beginn 3202 Euro brutto im Monat. Die Staffelung reicht bis zu Redakteuren ab dem 11. Berufsjahr, sie erhalten 4718 Euro brutto im Monat. Die Gehälter der Ressortleiter und Chefredakteure werden individuell vereinbart und liegen natürlich darüber. Die aktuellen Tarifverträge für feste und freie Journalisten werden von den Berufsverbänden und den Verlegerorganisationen im Internet zum Download angeboten (z. B. unter www.djv.de).

Bei den Rundfunkanstalten entspricht dem Ressort die *Abteilung* (Kultur, Sport usw.) mit einem Abteilungsleiter an der Spitze. Die journalistischen Abteilungen sind in ein oder zwei, manchmal auch drei *Hauptabteilungen* zusammengefasst. Es gibt dann z. B. eine mehr aktuell-politisch orientierte Hauptabteilung (Nachrichten, Zeitfunk, Politik, Wirtschaft, Sozialpolitik, Sport, Regionales) und eine eher bildend-kulturell orientierte (mit Kirchenfunk, Schulfunk, Jugendfunk usw.). Der Hauptabteilungsleiter des aktuell-politischen Bereichs trägt mancherorts den Titel Chefredakteur.

Der Rundfunk ist nicht nur akustische Zeitung, sondern auch Musikbox, Theater und Konzertsaal; deshalb gibt es neben den journalistischen Hauptabteilungen noch andere (z. B. für Musik und für Unterhaltung).

Die einzelnen *Hörfunkprogramme* verselbständigen sich zunehmend, bilden eigene Redaktionen und haben jeweils eigene Programmchefs, mancherorts auch Wellenchefs genannt. Wellenchefs und Hauptabteilungsleiter unterstehen, je nachdem, ob es sich um Fernsehen oder Hörfunk handelt, dem *Hörfunk- bzw. Fernsehdirektor*.

Die Endverantwortung für das Programm (natürlich gestützt auf die innerhalb der Hierarchie nach unten delegierte Verantwortung) trägt der *Intendant*; er vertritt die Anstalt gegenüber ihren Aufsichtsorganen Rundfunkrat und Verwaltungsrat.

Bei den Privaten ist die Redaktionsstruktur im Prinzip ähnlich – abhängig von Sendergröße und Programm. Und statt des Intendanten ist ein den Eigentümern verantwortlicher Geschäftsführer oberster Chef.

Zurück zu den Machern: Presse und Rundfunk haben neben den im Haus und in den Außenredaktionen oder Landes- und Regionalstudios tätigen festangestellten Redakteuren und Reportern auch noch Korrespondenten – als festangestellte oder freie Mitarbeiter.

Korrespondent sein kann man nicht nur im Ausland. Jede große Zeitung und jede Rundfunkanstalt hat ihre Berliner Redaktion, die eigentlich Korrespondentenbüro heißen müsste, weil dort ja nichts redigiert wird, sondern die „Redaktion" alle Berichte und Kommentare an die Zentralredaktion leitet. Keine Zeitung hat Korrespondenten in allen deutschen Landeshauptstädten; mehrere Bundesländer lassen sich auch von einem Platz aus beobachten, etwa der Südwesten von Stuttgart oder Mainz aus, der Norden von Hamburg oder Hannover, der Osten von Dresden, Leipzig oder Berlin.

Nur wenige Zeitungen leisten sich exklusiv für sie arbeitende *Auslandskorrespondenten*; auch die Rundfunkanstalten bedienen sich für weite Teile der Welt der gemeinsamen Nutzung von Korrespondenten im Verbund der ARD. Der politische Korrespondent wird an wirtschaftlich wichtigen Plätzen durch einen Wirtschaftskorrespondenten, an kulturell bedeutenden durch einen Kulturberichterstatter ergänzt.

Die meisten Privatradios stützen sich für die Berichterstattung über Ereignisse außerhalb des eigenen Sendegebiets auf die Inlands- und Auslandskorrespondenten von Radiodiensten.

Bildjournalisten sind für die Presse heute noch wichtiger als vor Einführung des Fernsehens. Das Publikum ist optisch verwöhnt und anspruchsvoll geworden; es erwartet auch bei der Lektüre Zusatzinformationen und Auflockerung durch gute Bilder.

Die Gehaltstarifverträge für Redakteure an Zeitungen und an Zeitschriften gelten auch für den Bild-Redakteur. Dieser kann seinen Job auch dadurch ausüben, dass er „mit eigenen Bildbeiträgen zur Berichterstattung und Kommentierung in der Zeitung beiträgt" – im Übrigen gilt auch als Redakteur, wer mit Audio- oder Video-Material zur Berichterstattung der Zeitung in digitalen Kanälen beiträgt.[14]

Meine „Einführung in den praktischen Journalismus" ist für Bild-Journalisten insoweit einschlägig, als auch der Fotoreporter recherchieren und texten muss, z. B. die Facts für die an Stelle eines Berichts festgelegte erweiterte Bildunterschrift bzw. die Bildunterschrift selbst. Die speziellen Tipps für die Berufspraxis

---

[14]Gehaltstarifvertrag für Redakteure an Tageszeitungen, Ziffer 2 der Protokollnotiz zu § 1.

des Bildjournalisten stehen im Handbuch „Bildjournalismus heute" der „gelben Reihe" Journalistische Praxis.

Weiterführende Literatur
Deutscher Fachjournalisten-Verband (Hrsg.), Fachjournalismus. Expertenwissen professionell vermitteln (Konstanz: UVK, 2. Aufl. 2010).
Deutscher Journalisten-Verband (Hrsg.), Tipps für Freie (zu bestellen unter djv.de (Service)).
Deutscher Journalisten-Verband (Hrsg.), Vertragsbedingungen und Honorare (zu bestellen unter djv.de (Service)).
Rolf Sachsse, Bildjournalismus heute. Beruf, Ausbildung, Praxis (München: List Journalistische Praxis, 2003).
Martin Wagner, Auslandskorrespondent/in für Presse, Radio, Fernsehen und Nachrichtenagenturen (München: List Journalistische Praxis, 2001).

Weiterführende Webseiten
www.mediafon.net

Wie der Journalist zu seiner Story kommt

3

> **Zusammenfassung**
>
> Wie entsteht eine Themenidee, wie wird sie weiter entwickelt? Journalismus stützt sich auf Quellen und Recherche und braucht technische Hilfsmittel sowie Kenntnisse der journalistischen Arbeitsmethoden. Das Kapitel beschreibt die grundlegenden Methoden.

> **Schlüsselwörter**
>
> Idee · Kreativität · Themenfindung · Themenentwicklung · Quelle · Recherche · Arbeitsmethode

Jeder Beitrag, der irgendwo erscheint oder gesendet wird, ist in mindestens drei Etappen entstanden: Zuerst war da eine *Idee*, ein Anlass für ein Thema; dann ist der Journalist *dem Thema nachgegangen* (indem er recherchierte, die Pressekonferenz, den Kongress besuchte usw.), und erst am Schluss hat er den *Beitrag* geschrieben bzw. aus Ton- oder Bildaufzeichnungen montiert.

3.1 Quellen

Das kann auf der Treppe passieren. Ein Freund, den Sie lange nicht gesehen haben, hat stark abgenommen. „Wie hast du das denn gemacht?" „Ich ernähre mich seit einem halben Jahr nach der Steinzeit-Diät!" „Steinzeit-Diät? Was ist das denn?" Der Freund lobt die Ernährungsform und seine sportlichen Übungen in den höchsten Tönen. Eine Journalistin, die das hört (ob im Treppenhaus, in der Kantine oder bei der Geburtstagsfeier, egal wo), wird sofort überlegen: Stimmt das, was der

Mann erzählt? Ob das gesund ist? Vielleicht weiß der einschlägige Verband mehr. Oder die Verbraucherzentralen. Oder die Suchmaschine, gezielt befragt: Gibt es eine Studie oder Statistik, die aktuelle Ernährungsgewohnheiten in Deutschland erforscht? Und wer steckt hinter der Studie? Dabei stellt sich heraus, dass immer mehr Menschen an Allergien leiden und eine Diät einhalten. Andere schwören auf diese oder jene Ernährungslehre. Die Essensgewohnheiten haben sich verändert. Ein Thema ist entdeckt.

Wer viel mit Leuten spricht oder mit Fahrrad, Bus oder Bahn fährt, wird mehr und berührendere Themen finden, als wer die Welt vor allem durch die Windschutzscheibe und aus dem Internet kennt.

Auch was über die Sozialen Netzwerke oder per Pressemeldung hereinkommt, steckt meist voller weiterführender Fragen, die neue Themen liefern (vgl. Beitrag „Aktualität"). Da taucht etwa die Pressemitteilung einer Borreliose-Selbsthilfegruppe auf. Spannender als die Selbsthilfegruppe selbst sind eine Fallgeschichte, die im Text angesprochen wird, und die praktischen Tipps zum Vorbeugen gegen die von Zecken übertragenen Krankheiten. Wie sieht es in diesem Sommer in A-Stadt mit Zecken aus? Was raten Experten?

„Gibt's bei Ihnen was Neues?" Wer ein Fachgebiet oder Berichtsgebiet bearbeitet, kommt auch dadurch auf neue Themen, dass er mit seinen Informanten regelmäßig in Kontakt steht – zum einen per Social Media, zum anderen durch Gespräche bei Branchentreffen oder am Telefon. „Gibt's bei Ihnen was Neues?" – auf diese Frage würde wohl keinem von uns rasch etwas Berichtenswertes einfallen. Aber so fragt ein guter Journalist ja auch nicht. Er wird vielmehr den städtischen Baudirektor zum Beispiel darauf ansprechen, ob sich hinsichtlich der Baugenehmigung für den Kaufhausbau am Altmarkt etwas getan habe. Der Baudirektor wird entweder zu dieser Frage den neuesten Sachstand mitteilen oder er wird sagen: „Nein, da gibt's nichts Neues. Der Antrag liegt immer noch beim Denkmalamt, aber (und beim Stichwort Denkmalpflege ist es ihm eingefallen) die Johanniskirche soll renoviert werden."

Herzlichen Dank für den Hinweis!

Anregungen von außen: Bei der Redaktion laufen die *Vorschläge der Mitarbeiter* ein. Dazu kommen *Online-Kommentare, Anrufe* und *Mails* von Lesern, Hörern, Zuschauern, die von ihren Sorgen berichten und auf tatsächliche oder vermeintliche Missstände aufmerksam machen. Veranstalter von Kongressen, Konzerten, Vereinsabenden möchten ihre *Termine* berücksichtigt sehen, andere Interessenten laden zu *Pressekonferenzen* (oder Richtfesten oder Geschäftseröffnungen) ein oder schicken *Pressedienste* und *Newsletters*. Aktuelle Aufhänger ergeben sich auch aus Jubiläen, auf die eigene *Gedenktage-Kalender* (jährlich oder monatlich im Voraus) hinweisen. Auch *Veranstaltungsvorschau-Dienste* kann die Redaktion beziehen.

Gelegentlich bittet der Chefredakteur einen Politiker oder sonstigen *Aus-erster-Hand-Informanten* in die Redaktionskonferenz, und ein im Gespräch achtlos hingeworfener Nebensatz des Gastes ist es dann vielleicht, der das Thema liefert.

Seltsam wäre es, wenn Journalisten nicht auch andere *Medien* als Anregungen und Quellen nutzen würden. Auch bei der eigenen Meinungsbildung über Wichtig und Richtig spielt eine wesentliche Rolle, was die Redakteure lesen, hören und schauen. Dass man selbst recherchiert, bevor man sich an ein Thema von irgendwelchen Menschen in sozialen Netzwerken oder der Konkurrenz einfach dranhängt, sollte selbstverständlich sein; dass man im Zweifelsfall seine Quelle nennt, dient auch der eigenen Absicherung („Wie der Spiegel in seiner Ausgabe vom Montag berichtet ... ").

Online finden alle, die sich in bestimmten Themengebieten auf dem Laufenden halten wollen, zahlreiche Möglichkeiten, zum Beispiel über Nachrichten-Aggregatoren, Mikroblogging- oder Instant-Messaging-Dienste wie Twitter oder WhatsApp, Foto- und Video-Communitys wie Instagram oder Snapchat, per *E-Mail-Newsletter* oder personalisiertem *E-Mail-Alert*.

Per Smartphone oder PC lassen sich Nachrichten in ausgewählter Zusammenstellung als Newsfeed abonnieren. Ständig kommen neue Techniken und Plattformen hinzu. *Twitter* beispielsweise kann man gezielt als Informationsquelle nutzen und darüber selbst Informationen verbreiten. Ausgewählte Beiträge aus Blogs kann man sich etwa über *RSS-Feeds* zusammenstellen lassen.

Per Newsletter verschicken viele Informationsanbieter ihre Neuigkeiten. Wer zum Beispiel regelmäßig über ein bestimmtes Wissenschaftsgebiet berichtet, sollte den Newsletter des Informationsdiensts Wissenschaft unter *idw-online.de* abonnieren – dort werden zentral alle Pressemitteilungen deutschsprachiger Hochschulen und Forschungseinrichtungen nach Themengebieten sortiert verwaltet.

News-Alerts per E-Mail bietet die Suchmaschine Google an: Man abonniert unter *news.google.de* den kostenlosen Dienst für ein bestimmtes Stichwort und erhält dann immer automatisch eine E-Mail, wenn das Stichwort in einer Nachrichten-Website auftaucht. Die Suchmaschine wertet mehrere hundert deutsche und mehrere tausend internationale Nachrichtenangebote aus.

Nachrichtenagenturen: Ein großer Teil dessen, was Online-Medien und Zeitungen bringen, Hörfunk und Fernsehen ausstrahlen, stammt nicht aus eigenen Quellen, sondern von Nachrichtenagenturen. Solche Meldungen, Features und Korrespondentenberichte lassen sich auch als Tipps verwenden für Themen, denen man dann selber recherchierend nachgehen kann.

Welche allgemeinen Nachrichtenagenturen als *deutschsprachige Dienste* in der Bundesrepublik hauptsächlich verwendet werden, habe ich im Beitrag „Nachrichtenagenturen und Informationsdienste" dargestellt; dort erfährt man auch etwas über *Spezialagenturen* sowie *Presse- und Informationsdienste*.

Eine Agenturmeldung, und wie man sie liest. Für den äußeren Aufbau einer Agenturmeldung (Meldungsformat) gelten international einheitlich empfohlene Regeln. Alle Angaben sollen gleich gut vom Menschen wie vom Computer erkannt werden können.

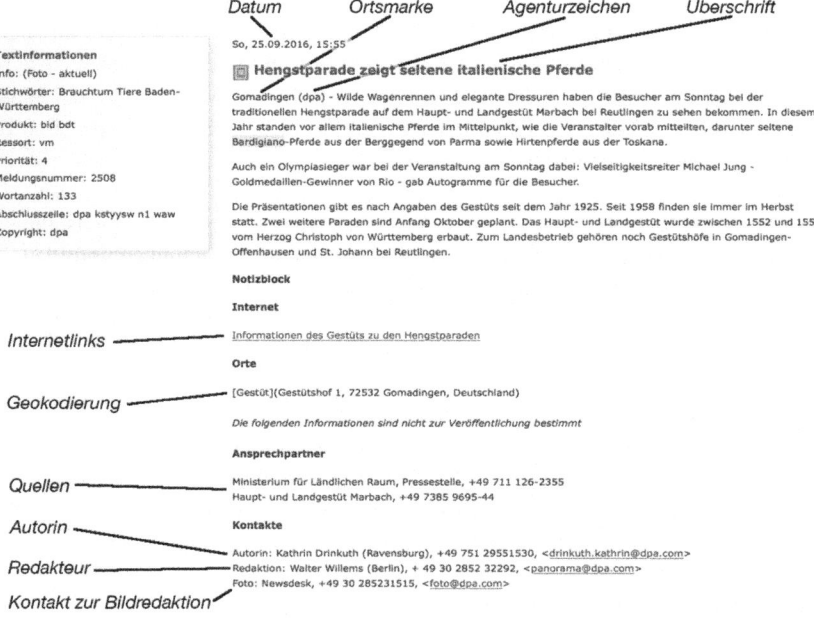

Für Fotos, die von Bildagenturen kommen, und weiteren digitalen Agentur-Content gibt es vergleichbare Standards, die Quellen und die Autorenrechte nennen.

3.2 Recherche

Erinnern wir uns an die Erzählung auf der Treppe über die positiven Wirkungen der Steinzeit-Diät. Wer über dieses Thema einen Beitrag schreiben will, muss recherchieren.

Erste Frage: Ist überhaupt etwas dran? Stimmt die Vermutung der Journalistin, die Ernährungsgewohnheiten der Menschen hätten sich verändert und ausdifferenziert? Wer etwas erfahren will, muss schon etwas *wissen*. Also wird die Journalistin für ihre Recherche zunächst alles heranziehen, was in der Redaktion und in deren Archiv zum Thema Ernährung (insbesondere statistische Daten) erreichbar ist. Eine schnelle Vorab-Recherche per Internet liefert ebenfalls erste Hinweise (mehr zum Thema Online-Recherche im Beitrag „Die Hilfsmittel").

Besser mit Problemkenntnis ausgerüstet recherchiert sie gezielt nach einschlägigen Experten. Gibt es seriöse Tests und Studien über solche Diätmethoden? Wer hat so etwas durchgeführt, wo findet man die Kontaktdaten? Hier hilft die Online-Recherche meist schnell weiter. Per Mail ist schnell der Kontakt hergestellt, mit etwas Glück hat sie den Experten bald am Telefon. Aufgrund der gewonnenen Informationen wird die recherchierende Journalistin entscheiden können, ob „etwas dran" ist oder nicht. Es gilt der Grundsatz: Bestätigung durch *mindestens eine zweite Quelle*.

Wenn sie das Ergebnis für ein *Thema* hält, das zu behandeln sich lohnt, wird sie es ihrem Redakteur vorschlagen, und sagt dieser ja, gehen die Recherchen weiter. Aber jetzt hat die Reporterin im Sinn, dass ihre Erkundigungen zu einem *Beitrag* führen.

Zweite Frage: Was fehlt noch? Die Journalistin wird jetzt ihr Material hieb- und stichfest machen, indem sie Fakten und Zahlen festhält, fürs Zitieren geeignete Aussagen wörtlich aufschreibt und insgesamt zum Aspekt der *Richtigkeit* den der *Lesbarkeit* beziehungsweise *Sendbarkeit* des Beitrags als Recherche-Ziel hinzunimmt. (Mehr darüber im Buchteil über die informierenden Darstellungsformen.)

Die andere Seite hören. Jedes Problem hat (mindestens) zwei Seiten, und ein kluger Lateinerspruch lautet: Audiatur et altera pars, man soll auch die andere Seite hören. Blöd werde ich sein und mir die schöne Story verderben, wenn ich da noch weiter rumhöre! Solch ein Gedanke schießt nicht nur bedenkenlosen Sensationsreportern bei Gelegenheit durch den Kopf. Wohl jeder von uns war schon einmal in Versuchung und hat sich gedacht: Wenn ich heute bloß die Beschuldigung gegen den Bürgermeister bringe, habe ich erst einmal den Knalleffekt. Morgen kann ich

dann ja die Erwiderung des Betroffenen bringen, dann habe ich noch einmal einen Knüller.
Es muss bei der Versuchung bleiben.

Und danach gibt es drei Möglichkeiten:

1. Der Betroffene lehnt eine Stellungnahme ab. Kann man nichts machen, ist seine Sache. Wir teilen das in unserem Beitrag mit.
2. Der Betroffene stellt die Dinge aus seiner (anderen) Sicht dar, die Beschuldigung ist jetzt zwar strittig, aber immer noch glaubhaft. Wir teilen die Stellungnahme in unserem Beitrag mit.
3. Der Betroffene räumt in seiner Stellungnahme jeden Zweifel daran aus, dass an der Beschuldigung, an dem Vorwurf, an dem Verdacht auch nur das Geringste wahr und richtig ist. Wir erwägen das und werfen den ganzen Beitrag in den Papierkorb.

In unserem Beispiel der Steinzeit-Diät als Beispiel für neue Ernährungsgewohnheiten (unterstellt, die Recherche habe die Richtigkeit dieser Beobachtung bestätigt) gibt es keine direkt Betroffenen, keine andere Seite. Natürlich kann man sagen, diese andere Seite seien Einzelhandelsunternehmen, die ihr Angebot an Lebensmitteln umstellen. Deshalb würde ich in diesem Fall den Beitrag schon dann für rund halten, wenn neben der Stiftung Warentest und ihren Tests diverser Diäten auch noch Einkäufer für die eine oder andere Supermarkt- oder Discounterkette mit ihren Feststellungen vertreten sind, dazu weitere Personen (solche, die spezielle Diäten einhalten, und solche, die es lieber haben bleiben lassen) sowie vielleicht ein Arzt oder wer der Journalistin sonst noch als Farbe liefernder Informant einfällt.

Ergebnisse mediengemäß darstellen: Nicht alle Rechercheergebnisse müssen in einen einzigen langen Beitrag gepackt werden. Sicher lassen sich einzelne Themen erkennen, die mehrmedial umgesetzt werden: ein Video-Interview mit dem Mann, der so stark abgenommen hat. Ernährungstipps von einem Experten. Ein Vergleich gängiger Diät-Methoden als Service-Beitrag. Eine Online-Animation zur Statistik: die häufigsten Diäten und ihre Verbreitung in Deutschland. Ein Online-Selbsttest fürs Publikum: Welcher Ernährungstyp bin ich?

Von außen nach innen recherchieren. Das Beispiel deutete bereits an, was bei schwierigen Recherchen mit direkt Betroffenen – Unternehmen, Behörden oder Privatpersonen – unumgänglich ist: Eine gute Recherche beginnt bei neutralen und weitgehend unbeteiligten Menschen sowie im Umfeld der direkt Betroffenen. Online-Quellen wie Zeitungs- und Zeitschriftenarchive, andere Datenbanken, Bücher und Bibliotheken, Sachverständige und Experten, unabhängige Augenzeugen und Beobachter werden kontaktiert.

Erst wenn der Journalist über einen Themenbereich oder ein Konfliktfeld weitgehend Bescheid weiß, die Konfliktparteien thematisieren und Hypothesen über Motive, Interessenlagen und Zusammenhänge bilden kann, – erst dann bewegt sich die Recherche zum Zentrum: Interviews mit Beteiligten, Verantwortlichen und Betroffenen stehen auf dem Plan.

Nur wenn der Journalist gut vorbereitet in die Kerninterviews geht, wird er die zwangsläufig parteiischen Aussagen einordnen, Vertuschungen und Entstellungen aufdecken können. Lehnt ein Betroffener eine Stellungnahme ab oder streitet die Vorwürfe pauschal ab, dann wird man ihn mit den bislang gesammelten Fakten konfrontieren und damit den Strick immer enger ziehen.

Und noch eine Grundregel: Handelt es sich um einen Zwei-Parteien-Konflikt, kann der Rechercheur zwischen den Kontrahenten pendeln und der einen Seite die Sicht der anderen Seite vorhalten. Manche Kontrahenten haben durchaus harte Fakten über ihre Gegner recherchiert. Natürlich gilt bei alledem: sich nie endgültig auf eine Seite ziehen lassen, immer *Distanz* bewahren.

Für den Umgang mit den zu Befragenden gilt online wie offline das, was auch sonst für den Umgang unter Menschen gilt:

- Man stellt sich vor (Name, Zeitung oder Sender)
- und sagt, was man will.

Dieses Gebot der *Offenheit* gegenüber dem Partner sollte nur in jenen Ausnahmefällen durchbrochen werden, in denen die Schwere des aufzuklärenden Verdachts oder die besonderen Umstände des Milieus zu einem beschränkten Verzicht auf Offenheit zwingen.

Der Reporter ist kein Ersatz-Staatsanwalt, aber auch kein Bittsteller. Er wird weder arrogant (wozu Angst und Unsicherheit verleiten) noch unterwürfig auftreten, sondern höflich und sachlich seinen Auftrag erledigen, der da heißt: auf Fragen eine möglichst klare, ehrliche, umfassende Antwort zu erhalten.

Das Bemühen um eine genaue Recherche kann auf den Befragten zuweilen penetrant wirken, aber letztlich sollte es auch in seinem Interesse liegen, dass der recherchierende Journalist alles richtig verstanden hat. „Man frage. Man frage wieder, und man frage ein drittes Mal", rät der deutsch-englische Journalist Egon Jameson[1] voll Freude an der Übertreibung und formuliert ein Beispiel: „,Sie sagten, dass Sie 24 Jahre alt waren, als Sie die Doppelleitung erfanden?' Und dann wieder: ‚War es vor 24 Jahren oder waren Sie 24 Jahre alt? Ach, es war 1924!'"

Die Fragetechnik: Der Rechercheur muss versuchen, eine Atmosphäre zu schaffen, in der ein Gespräch (und sei es noch so kurz und am Telefon) möglich ist. Wenn die Art der Recherche es erlaubt, sollte der Reporter zunächst eine etwas allgemeinere *Eingangsfrage* stellen, auf die der Befragte breit und zusammenhängend antworten kann. Aus dieser Antwort ergeben sich die Punkte, an denen der Reporter mit den folgenden *Detailfragen* einhaken kann.

Hat der Befragte so allgemein und gewunden geantwortet, dass sich überhaupt keine Anhaltspunkte ergeben haben, dann weiß der Reporter jetzt wenigstens mehr darüber, was für einen Partner er vor sich hat, und dass er ihn durch möglichst engmaschige Fragen einfangen muss. Das Vorgeplänkel (und die Gelegenheit für den Befragten, eine Erklärung abzugeben) hat jedenfalls die Atmosphäre entspannt und eine erste Beziehung zwischen dem Reporter und seinem Partner hergestellt.

Wichtige Recherchefragen schreibt man auf mit der gedachten Überschrift: *„Diese Fragen darf ich auf keinen Fall vergessen".* Sonst erfährt man im Laufe eines Gesprächs zwar vielleicht allerhand zusätzlich Wissenswertes, lässt sich durch jede Antwort zu neuen Fragen anregen und stellt erst auf dem Rückweg in die Redaktion oder nach dem Beenden des Telefongesprächs fest, dass man einige zentrale Auskünfte einzuholen versäumt hat. Je schwerer der Informant zu erreichen ist, um so wichtiger ist der Fragenzettel.

Bluffen ist erlaubt: Wer so tut, als wisse er eigentlich schon eine ganze Menge (und der mit diesem Bluff konfrontierte Befragte nimmt es ihm ab), handelt nicht unehrenhaft. Man muss sich nur vorher klarmachen, dass man bei einem solchen Ritt über den Bodensee auch baden gehen kann. Dann ist eine Quelle versiegt, die vielleicht einem weniger hochstaplerisch Auftretenden die eine oder andere Information geliefert hätte.

Siegel der Vertraulichkeit. Manche Gesprächspartner versehen ihre Mitteilungen mit unterschiedlich gewichtigen Siegeln der Vertraulichkeit. Ein Journalist,

---

[1]Egon Jameson, Der Zeitungsreporter (Garmisch-Partenkirchen: Delos, 1958), S. 26.

3.2 Recherche

der diesen Wunsch nicht respektiert, muss damit rechnen, dass sein Partner ihm nächstes Mal nichts mehr erzählt. Aber der Journalist wird versuchen, diesem Dilemma (entweder künftig nichts zu erfahren oder jetzt wenig zu veröffentlichen) zu entgehen.

Er wird sich bemühen, seinen Informanten mit sachlichen Gründen davon zu überzeugen, dass alle oder einige der mitgeteilten Punkte keineswegs so geheimhaltungsbedürftig sind. Er wird je nach Sachlage das *öffentliche Interesse* herausstellen oder das *Eigeninteresse* des Informanten, dass eine Geschichte besser gleich aus seiner Sicht und mit seinen Argumenten bekannt wird als von anderswoher.

„Unter drei", so heißt nach einer alten Nummerierung der dickste Verschluss auf einer Information. Ihr Gewährsmann gibt sie überhaupt nicht zur Veröffentlichung frei, sondern nur als *Hintergrundinformation* für den Journalisten, damit er die Sache kompetent beurteilt und „richtig liegt". (Auch hier kann das Interesse des Gewährsmannes die Information einfärben.)

„Unter zwei": Der Informant hat zwar gar nichts dagegen, wenn seine Information veröffentlicht wird (vielleicht wünscht er es sogar) – nur, sein *Name* soll nicht als Quelle genannt werden. Da helfen die sattsam bekannten Schutzfloskeln
„in Parlamentskreisen ... "
(wenn es ein Abgeordneter ist),
„in der Stadtverwaltung fragt man sich ... "
(wenn ein städtischer Beamter oder Angestellter den Reporter auf das Problem aufmerksam gemacht hat),
„aus Kreisen der örtlichen Bauwirtschaft ist zu erfahren ... "
(wenn es ein ortsansässiger Bauunternehmer gesagt hat).

Schwächstes Siegel: Es soll *nicht wörtlich* zitiert werden (weil die Formulierung dem Gesprächspartner zu entschieden, zu scharf, zu wenig geglückt erscheint), die zugrunde liegenden Fakten oder Urteile aber sind für die Veröffentlichung frei.

Was die „Kreise" betrifft, die manchmal auch als „gut informierte Kreise" in Erscheinung treten, so gilt die geometrische Regel: Je weiter die „Kreise" gezogen sind, um so leichter kann sich ein Reporter auf sie zurückziehen. Will sagen: Ein redlicher Journalist nennt, wann es immer geht, seine Quelle. Die *Schutzfloskel* „Kreise" dient dem Schutz eines Informanten, der nicht genannt sein will, nicht aber eines Reporters, der nicht recherchieren will. In Berichten soll schon auf „politische Beobachter" Bezug genommen worden sein, die nichts weiter waren als die Reporterkollegen an der Bar.

Manchmal ist es zum Verzweifeln. Die Empfehlung „Recherchieren Sie sorgfältig" wäre unvollständig ohne den Nachsatz „auch wenn es manchmal aussichtslos scheint". Ein Polizeireporter versichert mir, es sei nicht übertrieben: Fünf und sechs Stunden habe er schon am Computer und am Telefon gehangen, fünfzig Telefongespräche geführt und am Schluss immer noch nicht gewusst, ob das unter Kollegen gehandelte Gerücht nun stimmt oder nicht. Da mailt man eine Auskunftsperson an, aber sie antwortet nicht. Man ruft an, aber ihr Telefon gibt dauernd das Besetzt-Zeichen, weil bei einem wichtigen Fall ja auch die Kollegen dort anrufen. Oder die Auskunftsperson ist am Apparat, weiß aber nichts. Oder sie weiß etwas, darf aber nichts sagen. „Manchmal ist es zum Verzweifeln", stöhnt der Polizeireporter und ist mit dieser Klage nicht allein.

Recherchen bei Behörden: Für alle öffentlichen Stellen des Bundes gilt seit 2006 ein allgemeines Informationszugangsrecht. Nach dem *Informationsfreiheitsgesetz (IFG)* kann jeder Bürger Einsicht in Akten nehmen oder Kopien dieser Unterlagen beantragen. Ausnahmeklauseln schützen personenbezogene Daten, geistiges Eigentum, Betriebs- und Geschäftsgeheimnisse. Auch Bundeswehr und weitere Sicherheitsbereiche, Regulierungsbehörden (z. B. für Post und Telekommunikation) sowie Informationen über „fiskalische Interessen des Bundes" sind ausgenommen. Das Gesetz sieht die Erhebung von Gebühren vor. Wird ein Antrag abgelehnt, fallen keine Gebühren an.

Das IFG gilt nur für Bundesbehörden. Die Länder sollen entsprechende Landesgesetze verabschieden; das haben aber bisher nicht alle getan.

Besondere Auskunftsrechte für Journalisten: „Die Behörden sind verpflichtet, den Vertretern der Presse und des Rundfunks die der Erfüllung ihrer öffentlichen Aufgabe dienenden Auskünfte zu erteilen." Dieser Satz steht so in den *Pressegesetzen* der meisten Länder; das Bayerische Pressegesetz z. B. gewährt der Presse ein *„Recht auf Auskunft"*.

Auskünfte kann die Behörde nach dem in den meisten Ländern geltenden gesetzlichen Katalog (nur) verweigern, soweit

„1. durch ihre Erteilung die sachgemäße Durchführung eines schwebenden Verfahrens vereitelt, erschwert, verzögert oder gefährdet werden könnte oder
2. Vorschriften über die Geheimhaltung entgegenstehen oder
3. ein überwiegendes öffentliches oder schutzwürdiges privates Interesse verletzt würde".

Eine Pressestelle haben Behörden und Unternehmen nicht zuletzt deshalb, weil die damit bewirkte Kanalisation am ehesten verhindert, dass ein unmittelbar mit

3.2 Recherche

der Sache befasster Referent aus Objektivität, Naivität oder Ehrgeiz Dinge ausplaudert, die nicht (oder noch nicht oder so nicht) an die Öffentlichkeit gelangen sollen. Das bayerische Pressegesetz dekretiert sogar: „Das Recht auf Auskunft kann nur gegenüber dem Behördenleiter und den von ihm Beauftragten geltend gemacht werden."

Aber verboten ist es natürlich nicht, sich zunächst direkt an den *Sachbearbeiter* zu wenden; er kennt die Materie am besten und unmittelbarsten, kann mehr Details und Anschauliches berichten als ein weiter entfernt Sitzender. Wenn man im Zuge der Recherche noch nicht weiß, wer bei einer Behörde für das zu recherchierende Problem zuständig ist, fragt man in der Telefonzentrale. Von Organisationen, mit denen der Journalist häufiger zu tun hat, besitzt er einen *Organisationsplan*. Manche Organisationen veröffentlichen so etwas auch online. Das erleichtert die Orientierung und das Auffinden des richtigen Ansprechpartners. Hält sich der Sachbearbeiter mit Auskünften zurück, kann man es immer noch bei der Pressestelle versuchen – wenn man nicht sowieso wegen ergänzender Auskünfte bei ihr anruft.

Für die sozialen Netzwerke wie Facebook oder Snapchat haben die meisten Organisationen Richtlinien, sogenannte *Social-Media-Guidelines*, für ihre Mitarbeiter geschaffen. Es kann also durchaus erfolgversprechend sein, dort gezielt nach Mitarbeitern zu suchen: Vielleicht führt die Tierpflegerin im Zoo einen Blog, in dem sie Fotos des neugeborenen Elefantenkalbs zeigt, oder sie postet sie auf Facebook. Langweilig und auch rechtlich nicht in Ordnung wäre es jetzt, Text und Fotos einfach zu verwenden. Aber zur Kontaktaufnahme eignet sich das soziale Netzwerk allemal.

Verzicht auf Recherchen in Sonderfällen: Als 1971 der Aldi-Unternehmer Albrecht von Lösegeld-Erpressern entführt wurde, meldete die „Süddeutsche Zeitung" damals an einem der Tage zwischen Entführung und Freilassung:
„Offen bleibt, ob der katholische Ruhr-Bischof Franz Hengsbach der Mittelsmann ist … Da inzwischen auch der Wohnsitz des Bischofs von Reportern ständig beobachtet wird, meinte Polizeipräsident Kirchhoff resigniert, falls Hengsbach der Mittelsmann sei, sei eine ungestörte Kontaktaufnahme mit den Entführern kaum noch möglich."
Und der Deutsche Presserat bekräftigt: „Bei Unglücksfällen und Katastrophen beachtet die Presse, dass Rettungsmaßnahmen für Opfer und Gefährdete Vorrang vor dem Informationsanspruch der Öffentlichkeit haben."[2]

---
[2]Deutscher Presserat, Richtlinie 4.1 (Grundsätze der Recherche), vgl. Kapitel „Publizistische Grundsätze".

Weiterführende Literatur
Markus Kaiser, Recherchieren: Klassisch – Online – Crossmedial (Journalistische Praxis, Wiesbaden: Springer VS, 2015).
Volker Lilienthal, Recherchieren (Konstanz/München: UVK, 2014).
Peter Welchering, Informantenschutz: Ethische, rechtliche und technische Praxis in Journalismus und Organisationskommunikation (Journalistische Praxis, Wiesbaden: Springer VS, 2017).

Weiterführende Webseiten
www.netzwerkrecherche.de

3.3 Hilfsmittel

Ohne *Mobiltelefon, PC und Online-Verbindung* geht es nicht. Journalisten brauchen mobile wie stationäre Online-Technik zum Recherchieren, Schreiben, Bearbeiten und Archivieren, vor allem aber zur Kommunikation. Ersetzt oder ergänzt wird die Ausstattung durch weitere onlinefähige Geräte für die Aufnahme von Audio und Video einerseits, fürs Bearbeiten und Übermitteln andererseits, vom *Notebook* bis zum *Tablet*.

Auch wenn sich viele Hilfsmittel inzwischen online *in der Cloud* befinden, sollten mobile Reporter immer noch eine Ersatzlösung dabei haben. Das reicht vom Ersatz-Akku übers Ladekabel bis zum Notizblock – der funktioniert immer.

Elektronische Terminkalender im PC oder Smartphone liefern Tages-, Wochen- und Monatsübersichten und erinnern an wichtige Termine. Per Redaktions-Netzwerk oder online pflegt man nicht nur den eigenen Kalender, sondern verwaltet auch Termine mit Arbeitskollegen und Projektteams. Tageszeitungen und Nachrichtensender verwenden daneben auch noch klassische *Monats-Terminmappen*, deren Seiten von 1 bis 31 durchnummeriert sind, so dass man alles Material, das sich auf einen Termin bezieht, für den jeweiligen Tag dort hineinlegen kann.

Die Kontakte verwaltet man so, dass sie unterwegs per Smartphone und stationär am Arbeitsplatz zur Verfügung stehen. Redaktionen verwalten die Kontakte in einer gut verschlagworteten und durchsuchbaren Datenbank: nach Sachgebieten, nach Orten, nach dem Alphabet oder ganz anders. Wer wie Walther von La Roche dem Rat des Reporters Egon Jameson folgt, der den jungen Kollegen predigte: „Lerne täglich drei neue Leute kennen", ist mit einer ausbaufähigen Datenbank gut beraten.

Archiv: Journalisten führen ein durchsuchbares digitales *Handarchiv* eigener Beiträge, Rechercheergebnisse, Fotos, Audio- und Videodateien. Ein allgemeines

3.3 Hilfsmittel

digitales Archiv *(Redaktionsarchiv)* ist ebenfalls unerlässlich. Die Beiträge sind unter ihrem Titel, Schlagworten (Polizei, Berlin, Aids usw.) und per Volltextsuche erschließbar gespeichert. Gegen Gebühr können auch Leser und andere Betriebsfremde die meisten Zeitungsarchive online nutzen.

Ein digitales *Bild-Archiv* ergänzt das Wort-Archiv. Auch Radio und Fernsehen archivieren ihre Produktionen und Dokumentenbestände digital.

Je nach den Aufgaben des Archivs werden zusätzlich *Zeitungen, Zeitschriften* und Informationsdienste von Behörden und Unternehmen gesammelt, elektronisch archiviert oder als Datenbank-Zugang abonniert wie das Interpress- und das Munzinger-Archiv. Über Ereignisse eines bestimmten Tages im Lauf der Geschichte informiert *www.kalenderblatt.de*, ein Dienst der Deutschen Welle.

Hauseigenes Archiv und *hauseigene Bibliothek* nehmen gelegentlich die Hilfe großer *öffentlicher* oder *spezialisierter Bibliotheken und Archive* in Anspruch; der Journalist kann sich selbstverständlich auch unmittelbar dorthin wenden. Viele Archive sind online kostenfrei zu nutzen.

Gute kostenlose Archive bieten „Spiegel" *(www.spiegel.de)*, „Focus" *(www.focus.de/magazin/archiv/)*, die „Welt" *(www.welt.de)* oder der „Tagesspiegel" *(www.tagesspiegel.de/suche)*. Ein Hilfsmittel bei der Suche nach tagesaktuellen Informationen aus Zeitungen und Zeitschriften ist *news.google.de*. Nicht nur Medien öffnen Archive und Datenbestände. Vom Virtuellen Katalog Karlsruhe *(www.ubka.uni-karlsruhe.de/kvk.html)* bis zum „World Factbook" des amerikanischen Geheimdienstes CIA *(https://www.cia.gov/library/publications/the-world-factbook/)* stehen unzählige Archive und Datenbanken zur Faktenrecherche kostenlos übers Internet zur Verfügung. Viele Universitätsbibliotheken stellen umfassende Archivsammlungen von Zeitungen und Zeitschriften zur Verfügung.

Nachschlagewerke: Online bietet zwar Wikipedia einen ersten Einstieg in viele Gebiete *(de.wikipedia.org)* – diese Quelle nutzen aber die Leser und Zuschauer auch. Hilfreich sind vor allem die weiterführenden Links zu externen Quellen, die ein Einstieg in die weiterführende Recherche sein können. Grundsätzlich sollte man wie immer die Information aus weiteren Quellen überprüfen.

Wo keine hauseigene Bibliothek vorhanden ist, sollte ein größeres Lexikon, gedruckt oder auf CD-ROM, greifbar sein, z. B. *Meyers Großes Taschenlexikon* in 26 Bänden oder online der *Brockhaus (www.brockhaus.de)*.

Ein biografisches Archiv von deutschen Persönlichkeiten des öffentlichen Lebens bietet in Buchform *Wer ist wer?*. Kontaktadressen recherchiert man im Internet oder im „Oeckl" *(Taschenbuch des öffentlichen Lebens, auch als Datenbank online)*. Zahlen liefern das *Statistische Bundesamt* und die Statistischen

Landesämter *(www.statistik-portal.de)*, auf kommunaler Ebene oft das jeweilige Stadtportal, europaweit *Eurostat* von der Europäischen Union *(epp.eurostat.ec.europa.eu/portal/page/portal/eurostat/home)* oder das Unternehmen Statista *(de.statista.com)*. Die Regeln und Institutionen unserer Staats- und Rechtsordnung beschreibt das *Staatsbürger-Taschenbuch* von Model/Creifelds/Lichtenberger. Online hilfreich ist *www.politische-bildung.de*.

Unter den jahresaktuellen Nachschlagewerken wählen Sie nach eigenem Geschmack: *Fischer Weltalmanach* oder doch Wikipedia.

Internet und Online-Recherche: Zu allen Themen vermittelt das Internet Zugriff auf spezielle *Online-Datenbanken* sowie auf Texte aller Art. Zuverlässig findet man Informationen zu Personen, Unternehmen und Institutionen – entweder direkt von den Gesuchten selbst oder durch Berichte in anderen Medien. Kontaktdaten wie Telefonnummern und E-Mail-Adressen, aber auch die aktuellen Pressemitteilungen lassen sich auf diesem Weg bequem recherchieren. Allerdings oft nur Positives: Personen und Unternehmen beschäftigen manchmal sogar spezielle Dienste zum Aufpolieren ihres Online-Images.

Unerfahrenen Internet-Rechercheuren droht ein Abenteuer mit ungewissem Ausgang. Im Web existiert keine inhaltliche Ordnung. Wie die Information zu bewerten ist, muss der Recherchierende entscheiden. Und trotz der scheinbar grenzenlosen Datenflut gibt es manche Informationen, die online einfach nicht zu finden sind.

Bei der Auswahl helfen *Suchmaschinen* wie *www.google.de* und *Meta-Suchmaschinen*, die mehrere Suchmaschinen und Kataloge durchsuchen, wie *www.metager.de*. Die Suchmaschine duckduckgo.com versteht sich bewusst als Gegenmittel zum Quasi-Monopolisten Google, indiziert aber bislang vor allem englischsprachige Seiten.

Professionelle Datenbanken wie zum Beispiel die Wirtschaftsdatenbank GBI-Genios *(www.genios.de)* oder die „WTI Frankfurt" *(www.wti-frankfurt.de)* kosten in der Regel Geld: Grundgebühren werden zwar keine oder nur geringe erhoben, meist auf dem Weg einer Mindestnutzung, dafür kommen Kosten pro heruntergeladenem Dokument hinzu (die billigsten für 50 Cent, die teuersten für mehr als 100 Euro).

Kostenlos dagegen ist ein Service, der via Internet ausschließlich für Journalisten organisiert wird: *Maklersysteme* wie das US-amerikanische ProfNet *(www.profnet.com)* oder der deutschsprachige Experten-Makler *(idw-online.de)* vermitteln wissenschaftliche Experten an recherchierende Journalisten.

3.3 Hilfsmittel

Rechercheportale und *Communitys* speziell für Journalisten wie *www.journalismus.com* helfen beim Auffinden einschlägiger Informationen.

Blogs und Soziale Netzwerke vermitteln vor allem Kontakte: vom Experten für Katzenkrankheiten bis zur Stadtverwaltung. Spezielle Communitys helfen dabei, Ansprechpartner für Themen wie Online-Games, Mittelalter-Märkte oder junge Mode zu finden.

Dem Rechercheur sollte bewusst sein, dass natürlich nicht das ganze Weltwissen im Internet schlummert und nur darauf wartet entdeckt zu werden. Es sind ganz bestimmte Informationen, hinter denen Menschen mit ganz bestimmten Interessen stecken. Zu den Hauptanbietern gehören vor allem: Unternehmen, Universitäten und Forschungseinrichtungen, gemeinnützige Organisationen, Behörden, Vereine und Verbände, Privatpersonen und natürlich die Medien.

Wer hinter einem Online-Angebot steckt, kann man über die Whois-Datenbanken von *www.denic.de* bzw. *www.nic.com* herausfinden. Jede in Deutschland betriebene Site hat außerdem ein *Impressum* – das verlangt zumindest das Gesetz.

Es muss auch gewarnt werden – vor Witzbolden, Scharlatanen, Wichtigtuern und Fälschern. Eine Quelle im Internet zu manipulieren oder einen Rechercheur hinters Licht zu führen, ist technisch relativ leicht. Besonders deutlich wird das bei Bildmanipulation.

Der *Gegencheck* bei mindestens einer zweiten Quelle gehört zu den Grundtugenden eines journalistischen Rechercheurs, also auch und gerade im Internet. Nebeneinander findet man online Gerüchte, Kettenbriefe mit suspektem Inhalt und Verschwörungstheorien – und gleichzeitig Aufklärung und Hintergrundwissen (z. B. auf *www.hoax-info.de*, *www.mimikama.at* oder *www.gwup.org*). Im Zweifel sollte man fragwürdige und zweifelhafte Informationen gegenprüfen, ob etwa ein Fake vorliegt. Ideal wäre, dies *außerhalb des Internets* zu prüfen – am besten von Mensch zu Mensch.

E-Mails und soziale Netzwerke sind nützliche Recherche-Instrumente: Man erhält auf diesem Weg zwar viel, aber kaum vertrauliche oder exklusive Informationen. E-Mails eignen sich gut zur Kontaktaufnahme, wenn man die Mailadresse denn recherchieren konnte. Mit einem *Messenger*-Dienst (früher auch: *ICQ*, gesprochen: I seek you, oder IM, Instant Messaging) feststellen, ob die betreffende Person online ist. Ich kenne Journalisten, die ihr Informanten-Netzwerk mithilfe dieses Live-Kontakts nutzen und pflegen. Von der Vertraulichkeit und vom Datenschutz her sind all diese Methoden freilich mit Vorsicht zu genießen.

Wenn es eilt, ist oft der Griff zum Telefon oder zu *Skype* sinnvoll. Bei mittelfristigen Recherchen – eventuell auch über Länder- und Kontinentgrenzen hinweg – kann eine solche Online-Kontaktaufnahme Zeit und Geld sparen. Auch hier dran denken, dass solche Kontakte im Zweifel nachverfolgt werden können.

Pressemitteilungen und *Newsletters* per E-Mail gibt es viele, und meist kostenlos: Man lässt sich in den Verteiler der entsprechenden Behörde, Organisation oder des Unternehmens aufnehmen und bleibt damit immer auf dem Laufenden. Vorsicht vor dem „information overflow"! Wer zu viele Newsletter abonniert hat, wird schließlich keinen mehr lesen.

Zwei Recherche-Beispiele verdeutlichen die Bandbreite des Recherchemittels Internet: Ein Lokaljournalist möchte eine Geschichte über eine neue Trinkwasserverordnung mit neuen Grenzwerten und über die Auswirkungen auf seine Gemeinde recherchieren. Natürlich muss er den Bürgermeister interviewen, sollte mit Landwirten sprechen und die Perspektive von Naturschützern vor Ort einbeziehen. Aber: Was liegt näher, als sich erst einmal den neuen Verordnungstext aus dem Internet zu besorgen? Oder nach statistischem Material über die Trinkwasserbelastung in verschiedenen Regionen zu fahnden? Vielleicht gibt es ja auch überregionale Stellungnahmen von Umweltschutzverbänden oder Wissenschaftlern zur neuen Verordnung.

Ein zweites Beispiel: Zu einem Feature über einen neuartigen Grippevirus, der Schulen und öffentliche Verwaltungen lahm legt, sollte der Journalist beim Arzt um die Ecke recherchieren, Patienten befragen, Apotheken besuchen. Das alles findet er nicht im Internet. Was er sich im Netz jedoch sehr schnell besorgen kann, sind Pressemitteilungen des Gesundheitsministeriums oder aktuelle Forschungsergebnisse oder die Adresse eines Wissenschaftlers, der die Gefahr einschätzen und Ratschläge zur Vorbeugung geben kann.

In so manchem *Weblog*, so mancher *Social-Media-Plattform* oder *Mailingliste* wird vielleicht auch über den neuen Virus diskutiert – eine Art „Forum für Betroffene". Weblogs enthalten chronologische, oft meinungsgefärbte Kurzeinträge mit Links zu weiterführenden Online-Informationen.

Sprachbücher: Auf dem Schreibtisch jedes Journalisten steht (oder sollte stehen) der *Duden* (Band 1 *Rechtschreibung*). Falls nicht, hilft *www.duden.de*. Zweifelsfälle der deutschen Sprache klärt der Duden Band 9, *Richtiges und gutes Deutsch*. Für gutes Deutsch ist ein brauchbares Hilfsmittel das *Stilwörterbuch* (Duden Band 2); es enthält mehr als 100.000 Satzbeispiele, Wendungen, Redensarten und Sprichwörter..

Nützlich sind *Lexika der sinnverwandten Wörter* (Synonyme), wenn man nach dem richtigen Begriff sucht, der die Sache am besten bezeichnet. Das treffende Wort zu finden ist der Zweck solcher Bücher, nicht aber, die selbe Sache in jedem neuen Satz mit einem neuen Wort zu bezeichnen; denn die „Wh!"-Randbemerkung unserer Deutschlehrer gilt für die informierende Sprache nur sehr eingeschränkt. Also: keine Angst vor Wiederholung des zutreffenden Worts. Nahezu jede größere Taschenbuchreihe enthält ein solches Synonyme-Lexikon. In fast jeder Textverarbeitungs-Software finden Sie ein Lexikon sinnverwandter Wörter *(Thesaurus).*

Wenn man zwar vor Augen hat, welchen Gegenstand man meint, aber nicht weiß, wie er heißt, kann man im *Bildwörterbuch* nachschauen (Duden Band 3) und findet dann Zeichnungen aus allen Lebensbereichen; die Nummern führen zum richtigen Wort, z. B. ist die Wand mit der Ziffer 17 in der Zeichnung „Bäder II (Freizeitzentrum)" ein „Sichtschutzzaun".

Zwei besonders empfehlenswerte große Wörterbücher sind der *Duden* („Deutsches Universalwörterbuch") und der *Wahrig* („Deutsches Wörterbuch").

Weiterführende Literatur
Peter Welchering, Informantenschutz: Ethische, rechtliche und technische Praxis in Journalismus und Organisationskommunikation (Journalistische Praxis, Wiesbaden: Springer VS, 2017).

Weiterführende Webseiten
www.journalismus.com
www.journalistenlinks.de
www.top-info.com
www.suchfibel.de

Die journalistischen Darstellungsformen 4

> **Zusammenfassung**
>
> Journalisten informieren und kommentieren. Dazu stehen ihnen Darstellungsformen wie Bericht, Reportage oder Kommentar zur Verfügung. Das Kapitel gibt einen Überblick über alle journalistischen Darstellungsformen und stellt die nachrichtlichen Formen mit ihrem Streben nach Objektivität vor.

> **Schlüsselwörter**
>
> Journalistische Darstellungsform · Meldung · Nachricht · Lead · Nachrichtenaufbau · umgekehrte Pyramide · Nachrichtenfaktoren · Nachrichtenauswahl · Verständlichkeit · Objektivität

Selbst unter Kollegen sind manche Begriffe ungeklärt. „Über die Kundgebung machen wir sechzig Zeilen Reportage", sagt der Redakteur zu seinem Mitarbeiter und erwartet einen *Bericht*. Auch die Frage, ob man erläuternde, leicht subjektiv gefärbte Beiträge bereits als Kommentar bezeichnen darf, wird nicht nur unter Praktikern, sondern auch in Lexikon-Definitionen verschieden beantwortet.

Wir werden uns in den nächsten Kapiteln mit den journalistischen Darstellungsformen Nachricht, Bericht, Reportage, Feature, Interview und Umfrage, Korrespondentenbericht und analysierender Beitrag befassen, sodann mit Kommentar, Glosse und Rezension. Dabei besteht unser Ehrgeiz nicht darin, neue Definitionen oder Begriffe zu den bereits vorhandenen hinzuzuerfinden, sondern – nachdem wir jeweils knapp beschrieben haben, welche Darstellungsform wir meinen – vor allem über das „Wie macht man's?" zu reden.

© Springer Fachmedien Wiesbaden GmbH 2017
G. Hooffacker, K. Meier, *La Roches Einführung in den praktischen Journalismus*,
Journalistische Praxis, DOI 10.1007/978-3-658-16658-8_4

Es handelt sich dabei um die Grundformen journalistischen Mitteilens. Auf Spezialformen wie das Porträt, die Newsstory, das erläuternde Stichwort oder den Ratgeberbeitrag einzugehen (um nur ganz wenige Beispiele zu nennen), würde den Rahmen eines Einführungsbuchs sprengen. Wer die Grundformen kennt und so gut wie möglich beherrscht, braucht vor Spezialformen keine Sorge zu haben. Oft sind sie eine *Kombination mehrerer Grundformen*; das Porträt z. B. kann, je nach Anlass und Medium, Elemente des Interviews, des Berichts, der Reportage und des analysierenden Beitrags enthalten.

Der Nachricht räumen wir den meisten Platz ein, weil sich an ihr am deutlichsten jene Grundsätze und Handwerksregeln herausarbeiten und üben lassen, die für den Journalismus insgesamt gelten. Bei den anderen Darstellungsformen brauchen wir dann nur noch auf deren jeweilige Besonderheiten einzugehen.

Comment is free, but facts are sacred. Dieser berühmt gewordene Satz von C. P. Scott, einstmals Chefredakteur des Manchester Guardian, beschreibt die für den angelsächsischen Journalismus charakteristische *Trennung von Information und Meinungsäußerung*. Nach dem Krieg haben vor allem Tageszeitungen und Rundfunk der Bundesrepublik den Grundsatz übernommen und zu praktizieren sich bemüht, wenn auch mit unterschiedlicher Intensität. Boulevardblätter etwa vermengen zuweilen Information und Meinungsäußerung so ungeniert, dass bereits die Schlagzeile Lob oder Tadel verteilt und noch mit einem Ausrufezeichen bekräftigt.

Ob es möglich und überhaupt sinnvoll sei, eine Trennungslinie einzuhalten, dieser Zweifel wurde nie ganz ausgeräumt. Mit der Frage, inwieweit der Objektivitätsanspruch in den informierenden Darstellungsformen überhaupt zu erfüllen ist, beschäftigen wir uns im Nachrichten-Kapitel im Beitrag „Objektivität".

In diesem stark handwerklich ausgerichteten Buch folge ich der gängigen Einteilung der Darstellungsformen in zwei Gruppen:

informierende Darstellungsformen

meinungsäußernde/kommentierende Darstellungsformen.

Natürlich enthält der Beitrag z. B. eines Korrespondenten (im Gegensatz zum Agenturbericht) auch dessen Sicht der Dinge. Aber die Information überwiegt in einem solchen Maß, dass sich die Bedenken in Grenzen halten, wenn wir den Korrespondentenbericht den informierenden Darstellungsformen zuordnen. Umgekehrt enthält eine Theaterkritik oft fast ebensoviel Information wie Meinung und wird doch unbeanstandet den meinungsäußernden Darstellungsformen zugeordnet.

4.1 Die Nachricht

Was ist eine Nachricht? John B. Bogart, Lokalredakteur der amerikanischen Zeitung „Sun", soll es gewesen sein, der im Jahre 1880 die inzwischen klassisch gewordene Definition gab: „When a dog bites a man, that's not news, but when a man bites a dog, that's news." In amerikanischen Journalistenschulen spricht man von der Man-bites-dog-Formel.

Bogarts Definition läuft zwar nach der vielgelästerten Konstruktion: „Eine Nachricht ist, wenn … ", aber sie stellt auf das Wichtigste ab, was eine Nachricht erst zur Nachricht macht: Das zu Berichtende muss sich vom Alltäglichen unterscheiden, muss in irgendeiner Hinsicht ungewöhnlich oder neu sein. „News is what's different", lautet deshalb eine andere treffende Definition der Amerikaner, die sich über journalistische Praxis viel mehr und viel früher Gedanken gemacht haben als wir in Europa: *Nachricht ist, was sich unterscheidet*.

Die Elemente der Nachricht. Wenn die Kinder der Gemeinden A-, B- und C-Dorf seit langer Zeit nach D-Dorf mit dem Schulbus zum Unterricht fahren, dann ist das Alltag, Gewohnheit.

Auch heute wieder fuhren die Kinder von A-, B- und C-Dorf mit dem Schulbus nach D-Dorf zum Unterricht.

Niemand würde eine solche Meldung bringen. Durch irgendeine Veränderung in der Routine könnte dieser Schulbustransport plötzlich aktuell werden. Die *Aktualität* könnte z. B. durch eines der folgenden Ereignisse entstehen:

Der nicht mehr ansehnliche Schulbus erhält einen bunten Anstrich mit Blümchenmuster.

Der alte Schulbus wird durch einen größeren, bequemeren, *ersetzt*.

Der Schulbus hat einen *Unfall*; den Kindern passiert nichts, weil es bei der leeren Rückfahrt war; der Fahrer wird leicht verletzt.

Der Schulbusbetrieb wird *eingestellt*, weil der öffentliche Geldgeber sparen will.

Wen interessiert das schon? Die Frage ist berechtigt, man muss sie stellen. Denn nur eine Meldung, die auf *allgemeines Interesse* rechnen kann, hat Nachrichtenwert. Überprüfen wir darauf das Beispiel *Einstellung* des Schulbusbetriebes.

Die Schulbus-Meldung interessiert auf jeden Fall die Eltern der Schulkinder. Sie haben von der Schulbus-Einstellung vielleicht schon durch ein Rundschreiben erfahren, aber es erfüllt sie mit Genugtuung, dass die Zeitung jetzt auch „die Leute" der Umgebung auf dieses Ärgernis aufmerksam macht. Für „die Leute" ist die Nachricht ebenfalls von Interesse; der eine wird sich ärgern, ein anderer vielleicht freuen, dass nicht mehr so viel Geld fürs In-die-Schule-Fahren „hinausgeworfen" wird.

Weil sich hier ein grundsätzliches Problem an einem konkreten Vorfall aktualisiert, könnte die Nachricht vielleicht sogar von Interesse für überregionale Zeitungen sein. Kein Interesse erweckt die bloße Meldung jenseits der Grenzen; denn die Belgier, Franzosen und Österreicher müssten dazu erst noch gesagt bekommen, wie dieses Schulbus-System entstanden ist und wie es funktioniert. Außerdem haben die Leute dort ihre eigenen Probleme.

Was halten Sie von der folgenden Nachricht? Sie erschien 1914 nach dem Attentat von Sarajewo in der Vossischen Zeitung[1] Berlin, war aktuell, von allgemeinem Interesse und wie folgt formuliert:

„Sarajewo, 28. Juni (Telegramm unseres Korrespondenten)
Als der Erzherzog-Thronfolger Franz Ferdinand und seine Gattin, die Herzogin von Hohenberg, sich heute vormittag zum Empfange in das hiesige Rathaus begaben, wurde gegen das erzherzogliche Automobil eine Bombe geschleudert, die jedoch explodierte, als das Automobil des Thronfolgers die Stelle bereits passiert hatte. In dem darauffolgenden Wagen wurden der Major Graf Boos-Waldeck von der Militärkanzlei des Thronfolgers und Oberstleutnant Merizzi, der Personaladjutant des Landeshauptmanns von Bosnien, erheblich verwundet. Sechs Personen aus dem Publikum wurden schwer verletzt. Die Bombe war von einem Typographen namens Cabrinowitsch geschleudert worden. Der Täter wurde sofort verhaftet.
Nach dem festlichen Empfang im Rathause setzte das Thronfolgerpaar die Rundfahrt durch die Straßen der Stadt fort. Unweit des Regierungsgebäudes schoß ein Gymnasiast der achten Klasse (Primaner) namens Princip aus Grabow aus einem Browning mehrere Schüsse gegen das Thronfolgerpaar ab. Der Erzherzog wurde im Gesicht, die Herzogin im Unterleib getroffen.

---

[1]Um der Wahrheit, auf die ich erst bei der Vorbereitung der 6. Auflage stieß, die Ehre zu geben: Der eigentliche Korrespondentenbericht beginnt zwar so; das Extra-Blatt der Vossischen Zeitung hatte aber natürlich eine Schlagzeile („Der österreichische Thronfolger und seine Gattin ermordet") sowie einen redaktionellen Vorspann, der das Wichtigste enthält. Er lautet: „Einer grauenvollen Bluttat sind der Erzherzog-Thronfolger Franz Ferdinand von Österreich-Ungarn und seine Gattin, die Herzogin von Hohenburg, zum Opfer gefallen. Durch Schüsse serbischer Fanatiker wurden sie ermordet, nachdem sie einem Bombenattentat, durch das einige Offiziere aus ihrem Gefolge und einige Personen aus dem Publikum verwundet wurden, entgangen waren. Über das furchtbare Ereignis wird uns telegraphiert: … ". Der Sarajewo-Text ist trotzdem zu einem Lernklassiker geworden, so Walther von La Roche.

Beide verschieden, kurz nachdem sie in den Regierungskonak gebracht worden waren, an den erlittenen Wunden. Auch der zweite Attentäter wurde verhaftet. Die erbitterte Menge hat die beiden Attentäter nahezu gelyncht."
Erst im neunten Satz erfährt der Leser das Wichtigste: Der Thronfolger der österreichisch-ungarischen Doppelmonarchie lebt nicht mehr. Nach unserem heutigen Verständnis ist die Nachricht falsch aufgebaut; denn wir wollen bei jeder Nachricht zunächst den Kern, das Wichtigste erfahren.

Der *Aufbau* ist also ebenfalls ein Element, auf das wir achten müssen, wenn wir es mit dem Schreiben oder Bearbeiten von Nachrichten zu tun haben.

Fassen wir zusammen, was wir bisher an Elementen für eine Definition der Nachricht gefunden haben: Die Nachricht beschäftigt sich mit aktuellen Sachverhalten von allgemeinem Interesse in einem bestimmten formalen Aufbau.

Was mir an dieser vorläufigen Definition nicht gefällt, ist der Ausdruck „beschäftigt sich". Die Nachricht beschäftigt sich nicht (das tun der Kommentar und die Analyse), die Nachricht *teilt mit*, was tatsächlich, wirklich „objektiv" geschehen ist.

Wer etwas mitteilt, gibt es so weiter, dass der Empfänger der Mitteilung daran teilhaben kann. Auch im Wort Kommunikation steckt in der lateinischen Wurzel communis = gemeinsam etwas von dieser Beteiligung. An einem mir zugedachten gedanklichen Inhalt habe ich dann teil, wenn ich ihn *verstanden* habe.

„Es gibt keine Objektivität der Presse, wenn der Leser nicht versteht, was er liest.[2]" Dieser Satz bestätigt nur, dass eine Nachricht, sei ihr Inhalt noch so bedeutsam, ihr Stil noch so brillant, erst dann ihren Zweck erfüllt, wenn die Mitteilung gelingt; wenn der Leser, Hörer, Zuschauer ohne Schwierigkeiten den Wörtern und Sätzen jenen Sinn entnehmen kann, den ihnen der Redakteur geben wollte. Mitteilung (Verständlichkeit) ist das vierte Element unserer Nachrichtendefinition.

Was schließlich die Objektivität betrifft, so wird uns die Klärung, welche Art und welches Maß von Objektivität erreichbar sind, die meisten Schwierigkeiten bereiten.

---

[2]Report of the Commission on Freedom of the Press, Robert Hutchins u. a., A Free and Responsible Press, Chicago, 1947, bereits 1956 (!) zitiert und übersetzt von Heinz Bäuerlein, Die Problematik der Objektivität in der Presse-Berichterstattung (Dissertation am Institut für Zeitungswissenschaft der Universität München, 1956) auf Seite 105.

> **Nun haben wir alle Elemente beisammen**
> , die eine Nachricht ausmachen:
> - Aktualität
> - Allgemeines Interesse
> - Aufbau
> - Mitteilung (Verständlichkeit)
> - Objektivität

Definition der Nachricht: Eine Nachricht ist also die um Objektivität bemühte Mitteilung eines allgemein interessierenden, aktuellen Sachverhalts in einem bestimmten formalen Aufbau.[3]

Meldung: Niemand sagt: „Ich habe eine gute Meldung für Dich. Wir haben noch Karten gekriegt." Nein: Er hat eine gute Nachricht. Meldung ist der formalisiertere Begriff.

Die Nachrichtenagenturen und Nachrichtenredaktionen sprechen gern von Meldungen, machen aber letztlich keinen Unterschied zwischen Nachricht und Meldung. Sogar das Lehrbuch „Agenturjournalismus" trägt als Untertitel: „Nachrichtenschreiben im Sekundentakt".

Jede Meldung ist auch eine Nachricht. Wir verwenden Nachricht als den allgemeineren Begriff.

Das Wort Nachricht wird mit zweierlei Bedeutung verwendet.
Inhaltlich: als die Mitteilung, die Information schlechthin.
Formal: als eine ganz bestimmte journalistische Darstellungsform, eben die Nachricht.

Sie ist in der Regel nicht länger als 15 bis 20 Zeilen oder etwas über eine Sendeminute. Was länger ist, heißt *Bericht*.

Für das Nachrichtenkapitel hat die Bis-zu-zwanzig-Zeilen-Nachricht als Modell gedient, aber wenigstens drei Viertel des zur Nachricht Gesagten gelten auch für die weiteren informierenden Darstellungsformen (die ich im nächsten Kapitel vorstelle).

---

[3]Vgl. Schwiesau/Ohler; Nachrichten (2016). Die Autoren definieren die Nachricht ähnlich: „Die Nachricht ist eine direkte, kompakte und möglichst objektive Mitteilung über ein neues Ereignis, das für die Öffentlichkeit wichtig und interessant ist."

Weiterführende Literatur
Wolf Schneider/Detlef Esslinger, Die Überschrift: Sachzwänge, Fallstricke, Versuchungen, Rezepte (Journalistische Praxis, Wiesbaden: Springer VS, 5. Aufl. 2015).
Dietz Schwiesau/Josef Ohler, Nachrichten: klassisch und multimedial (Journalistische Praxis, Wiesbaden: Springer VS, 2016).

4.2 Aktualität

Herr A und Herr B treffen sich auf der Straße. Ihre erste Frage lautet: „Wie geht's?", ihre zweite:

„Was gibt's Neues?" Nun ja, was gibt es Neues? Die Frau von Herrn A, die schon so lange unter Schmerzen im Knie leidet, hat jetzt einen Heilpraktiker gefunden – der hat geholfen. Herr B weiß auch Erfreuliches: Der Sohn hat die Aufnahmeprüfung bestanden, obwohl 30 Prozent der Mitbewerber durchgefallen sind. Die beiden reden noch lange, aber wir können schon wieder zur Theorie zurückkehren:

Die Entdeckung des Heilpraktikers und die bestandene Auf-nahmeprüfung sind *Aktualitäten*; denn als sich die Männer das letzte Mal trafen, kannte Frau A den Heilpraktiker noch nicht, und Sohn B hatte die Prüfung noch vor sich. Jetzt ist in beiden Fällen etwas anders geworden – *news is what's different*. Die beiden Bekannten treffen sich nicht jeden Tag, das Erzählte liegt also schon ein bisschen zurück; macht nichts.

Die Zeiträume, in denen etwas noch aktuell ist, sind umso kürzer, je öfter die Gelegenheit besteht, auf die Frage „Was gibt's Neues?" zu antworten. Eine täglich erscheinende Zeitung wird eine Meldung, die am Dienstag wegen Platzmangels nicht mehr „mitgenommen" werden konnte, in aller Regel am Mittwoch nicht mehr in der ursprünglichen Fassung bringen können; denn jetzt ist sie nicht mehr aktuell.

Für den Hörfunk, der stündlich Nachrichtensendungen ausstrahlt, schrumpft der Zeitraum der Aktualität noch enger zusammen. Dasselbe Prinzip (mit den entsprechenden Konsequenzen) gilt natürlich für Fernseh- und Online-Nahrichten.

Aktualisieren lässt sich die Meldung u. a.
durch den *Fortgang* des Geschehens selbst (z. B. Übergreifen eines Aufstands auf weitere Städte),

inzwischen bekannt gewordene *Einzelheiten* des Geschehens (z. B. Zahl der Toten oder Ursache eines Unglücks),
Stellungnahmen zum Geschehen (z. B. Antwort der Opposition auf einen Vorschlag der Regierung).

Zeitliche Unmittelbarkeit: Grundsätzlich kann man also davon ausgehen, dass ein Ereignis unmittelbar nach dem Zeitpunkt als Nachricht gebracht wird, zu dem es geschehen ist: Die Rede des Oppositionsführers im Bundestag, die er um 16.45 Uhr beendete, ist Stoff für die 17.00 Uhr-Nachrichten des Hörfunks und die Frühabend-Sendungen des Fernsehens sowie für die Morgenzeitungen des nächsten Tages. Während im Internet der Beitrag über die Debatte im Bundestag immer wieder aktualisiert und ergänzt wird, fasst die Tageszeitung am Abend alles zusammen.

Im Mai 1972 lief folgende Meldung über die Fernschreiber:

Washington (AFP/ddp) – Der chinesische Parteichef Mao Tse-tung soll noch im Jahre 1946 entschlossen gewesen sein, in China die freie Marktwirtschaft und eine Demokratie nach amerikanischem Vorbild einzuführen. Das hat am 31. Januar 1946 der jetzige chinesische Ministerpräsident Tschou En-lai dem Vorsitzenden der amerikanischen Schlichtungskommission, General George Marshall, berichtet, der zwischen Kommunisten und Nationalisten in China vermitteln sollte ...

Reichlich lange her, finden Sie nicht auch? Aber schon damals, 1972, kam diese Nachricht genau 26 Jahre und vier Monate zu spät, war also gar keine Nachricht mehr. Oder doch? Der Text geht weiter:

Die Aufzeichnungen über dieses Gespräch sind am Mittwoch in Washington vom amerikanischen Außenministerium veröffentlicht worden.

Und da liegt die Aktualität. Damals erst – durch die Veröffentlichung des Außenministeriums – wusste man etwas, was man vorher gar nicht wissen konnte; denn General Marshall hatte 1946 der Öffentlichkeit über Maos Liebäugeln mit der Marktwirtschaft nichts mitgeteilt.

Dass sich die Aktualität nicht an den Zeitpunkt des *Geschehens*, sondern an den Zeitpunkt des *Offenkundigwerdens* knüpft, kommt übrigens gar nicht so selten vor.

Solche und ähnlich strukturierte Nachrichten lesen und hören wir doch oft:

Ein raffinierter Subventionsbetrüger schädigte viele Jahre die Staatskassen. Zwei Jahre, nachdem er sich im Tessin zur Ruhe gesetzt hat, kommt ihm die Steuerfahndung auf die Schliche.

Hier setzt die Aktualität ein, nicht nur in Bezug auf den Fortgang des Ermittlungsverfahrens, sondern auch und gerade für die jetzt erst bekannt gewordenen Betrügereien von einst.

4.2 Aktualität

Selbstgeschaffene Aktualität: In 99 von 100 aller Fälle warten die Nachrichtenmittler (Agenturen, Presse, Funk, Fernsehen, Internet), bis etwas geschieht, etwas aktuell wird. Journalisten können aber auch selbst Aktualität schaffen. Wenn im Falle des Subventionsschwindlers nicht die Steuerfahndung, sondern ein hartnäckiger Reporter die Beweise zusammengetragen und veröffentlicht hätte, dann wäre das eine selbstgeschaffene, völlig legitime Aktualität.

Neben dieser durch eigene *Recherchen* geschaffenen Aktualität gibt es die *geplante* Aktualität:

Wer hat in O-Stadt den längsten Bart? – Freiflug ins X-Tal für Preisausschreibengewinner – Kaum Wadenkrampf beim Cz-Frühjahrsmarsch

und so weiter und so weiter. Solche geplanten, Aktualität schaffenden Aktionen eines publizistischen Organs brauchen nicht immer nach Public Relations und Vertriebswerbung zu schmecken. Zumindest fällt es sehr schwer, den PR-Anteil einer weihnachtlichen Hilfsaktion („Adventskalender") oder einer langfristig arbeitenden Aktion zur Verkehrserziehung („Kavalier der Straße") zu bestimmen.

Eine Reporterin, die sich ein Kissen unters Kleid bindet und als hochschwangere Frau in der übervollen Straßenbahn darauf wartet, dass ihr jemand einen Sitzplatz anbietet, schafft Aktualität, wenn sie das Ergebnis ihrer Aktion in die Mitteilung zusammenfasst:

Nur einer von 30 machte mir Platz.

Dass es so schwach um die Hilfsbereitschaft der Trambahnfahrgäste in P-Stadt bestellt ist, weiß man konkret erst seit dem Test der Reporterin; darin liegt die Aktualität.

Erweiterte Aktualität: Man kann auch Aktualitäten verlängern und sogar verstärken. Die Schulbus-Affäre (aus dem Eingangskapitel) zum Beispiel ist ja mit der Nachricht von der Einstellung der Busfahrten nicht zu Ende, sondern beginnt (für einen aktiven und interessierten Journalisten) erst richtig:

- Was sagt das Landratsamt, die Schulbehörde, was sagen die drei Bürgermeister und der örtliche Landtagsabgeordnete dazu? Was die Eltern, die Lehrer, die Kinder, der Busunternehmer und der Fahrer?
- Welche Ersatzlösungen für den Transport zum Schulort werden angeboten, welche kommen in Frage?
- Wie ist überhaupt die Rechtslage bei der Schulbusfinanzierung?
- Ist das die einzige Sparmaßnahme der Gemeinde; welche weiteren (und in welcher Größe) sind vorgesehen?

Nachrichten über Nachrichten, die einen Vorfall davor bewahren, nur deshalb rasch vergessen zu werden, weil die erste Aktualität (die Einstellung des

Schulbusverkehrs) verbraucht ist. Nach einem halben oder ganzen Jahr wird der Journalist in einem Rückblick die an der Schulbus-Entscheidung Beteiligten fragen, wie sie die Sache heute sehen.

Aktualität = Gegenwärtige Aufgeschlossenheit: Aktualität ist nicht nur die einzelne Veränderung, sondern auch, was in der Öffentlichkeit als Thema *gerade wichtig erscheint*, wofür gerade *Aufgeschlossenheit* beim Publikum besteht. Das Wort „aktuell" leitet sich her vom lateinischen actualis = wirksam.

Hausbesitzer lässt sechs Wohnungen verkommen.

Wenn das gerade bekannt geworden ist, ist es aktuell (denn vorher kannte man diesen Fall noch nicht).

Zur Zeit ist die Nachricht auch noch in dem weiteren Sinn aktuell, dass sie auf eine *Bewusstseinslage* trifft, die das „Entmieten" von Wohnungen, also das Hinausekeln von Mietern durch grobe Schikanen, als Provokation empfindet.

Es spielt eine große Rolle, für welche Themen die Öffentlichkeit gerade sensibilisiert ist.

Fassen wir zusammen: *Aktualität im engeren Sinn* meint den Unterschied vom Heute zum Gestern, meint die Veränderung, die innerhalb des Berichtszeitraumes (wenige Stunden bei Radio- und Internet-Nachrichten, 24 Stunden bei Tageszeitungen, sieben Tage bei Wochenzeitungen) eingetreten ist.

Aktualität im weiteren Sinn meint die Aufnahmebereitschaft des Publikums oder einer Teilöffentlichkeit für bestimmte Themen und Probleme, die sie (länger als die kurzen Berichtszeiträume dauernd) als wichtig und sie betreffend empfindet (Einzelheiten hierzu im folgenden Beitrag „Allgemeines Interesse"). Eine Nachricht ist also im doppelten Sinn aktuell, wenn sie neu ist und einen Nerv trifft.

In bestimmten Fällen kann das Interesse der Öffentlichkeit an einem Sachverhalt so groß sein, dass selbst die Meldung, es habe sich an dem Sachverhalt nichts geändert, als aktuell empfunden wird.

Zehn Tage nach der Entführung von Nico S. hat die Polizei noch keine Spur. Ein Sprecher teilte in Dresden mit, die Polizei wisse nicht, ob der dreijährige Junge am Leben sei. Es gebe noch keinen Kontakt zu den Entführern ...

4.3 Allgemeines Interesse

Genug Leute interessieren sich nicht für Fußball, selbst bei Weltmeisterschaften nicht. Trotzdem bringen alle Medien Fußball, und nicht zu wenig. Verstoßen sie

4.3 Allgemeines Interesse

damit gegen unsere Erkenntnis, dass nur solche Mitteilungen den Namen Nachricht verdienen, die von *allgemeinem* Interesse sind? Natürlich nicht.

Allgemeines Interesse ist kein Universalinteresse, ist nicht *jedermanns Interesse*. Ein Lokalereignis, das in Dortmund auf allgemeines, vielleicht sogar jedermanns Interesse stößt, lässt die Leser und Hörer in München oder Bremen völlig kalt. Eine Erfindung, die für Sportangler von allgemeinem Interesse ist, bedeutet dem Hobbytaucher überhaupt nichts.

Der von mir verwendete Allgemeinheitsbegriff bezieht sich also jeweils nur auf jenes Publikum, das mit dem einzelnen Beitrag, der einzelnen Sendung, der einzelnen Zeitungsseite, der einzelnen Zeitschrift angesprochen werden soll. Der Inhalt einer Tages- oder Wochenzeitung, das Programm eines Hörfunk- oder Fernsehsenders beruht also auf der *Addition partikularer Allgemeininteressen* (vom Lokalteil bis zum Bergsteiger-Ressort), und der Lokalteil mit seinen verschiedenartigen Themen ist wieder eine Addition solch partikularer Allgemeininteressen für die Leser in den einzelnen Stadtteilen, aus unterschiedlichen sozialen Schichten, aus verschiedenen Altersgruppen usw. Man spricht deshalb auch gerne vom „Omnibusmedium" Tageszeitung, weil sie alle mitnimmt, alle einsteigen lässt.

Was erzeugt Interesse? Es gibt für die journalistische Praxis einen Katalog von Faktoren, die Interesse erzeugen. Je mehr davon in einer Nachricht vorkommen, um so besser. Ich habe eine Story gemixt, in der ich Ihnen diese sogenannten *Nachrichtenfaktoren* (bis auf einen, den Faktor Nutzen) vorstellen kann:
Der Industrielle Robert Müller (Prominenz)
aus unserer Stadt (Nähe)
übergibt auf dem Sterbebett (Gefühl)
seiner Geliebten (Sex)
die Konstruktionspläne (Fortschritt)
einer Wunderwaffe (Folgenschwere, Wichtigkeit), die er trotz wiederholter verlockender Angebote und Erpressungsversuche (Konflikt, Kampf)
und trotz eines Einbruchs in seinen Safe (Dramatik)
bis heute sorgsam verwahrt hat (Gefühl);
jetzt aber taugen sie, weil überholt, nur noch zum Bau von Kinderspielzeug (Kuriosität, ungewöhnlicher Ablauf).

Prominenz, Nähe, Gefühl, Sex, Fortschritt, Folgenschwere, Konflikt, Kampf, Dramatik, Kuriosität – da haben wir wahllos, aber ziemlich vollständig auf einem Haufen jene Elemente, die dazu anreizen, eine Information zur Kenntnis zu nehmen. Es ist eine Bestandsaufnahme menschlicher Neugierden und Interessen.

Dass für den Nachrichtenverbraucher eine Meldung dann besonders interessant ist, wenn deren Kenntnis für ihn einen praktischen *Nutzen* hat, wird erst in jüngster Zeit gebührend berücksichtigt. Allerdings greift die jetzt vielfach anzutreffende Beschränkung der Nachrichtenfaktoren auf „Nähe–Nutzen–Neuigkeit" dann doch zu kurz.

Die Faktoren zu kennen heißt nicht, sie unterschieds- und bedenkenlos anzuwenden, etwa nach dem Motto: Ob Folgenschwere und Fortschritt oder Prominenz und Gefühl, ist mir egal, Hauptsache, die Meldung enthält zwei Nachrichtenfaktoren.

Auch wer die Aufgabe des Journalisten nicht vornehmlich in der Verbreitung von Klatsch, sondern in *Orientierung und Information* sieht, muss sich ständig fragen, ob das, was er für wichtig und berichtenswert hält, auch von seinem Publikum als wichtig und berichtenswert anerkannt wird. Ob er also die Bedeutung eines Ereignisses oder aktuellen Sachverhalts so herausgearbeitet hat, dass das Interesse der Rezipienten (Leser, Hörer, Zuschauer, Internet-Nutzer) geweckt ist. *Abstrakte Wichtigkeit macht noch keine Nachricht.*

Was der Katalog über die Kriterien sagt, die der Rezipient bei der Auswahl der von ihm zur Kenntnis zu nehmenden Nachrichten anlegt, gilt letzlich auch für den *Redakteur*. Auch er wird aus dem täglichen Nachrichtenangebot, erlaubt er sich nur genug Spontaneität, jene Nachrichten auswählen, die seinen Interessen zwischen Nähe und Folgenschwere, Dramatik und Prominenz entsprechen.

Die Kenntnis des Kriterien-Katalogs sollte dem Redakteur Unbewusstes bewusst machen und ihn so in die Lage versetzen, bewusst seinem Geschmack zu folgen oder ihn zu korrigieren. Natürlich gilt das genau so für den *Reporter* bei der Auswahl seiner Beobachtungen und Recherchen und später beim Schreiben der Nachricht. Die Ausahlkriterien werden als *Nachrichtenfaktoren* erforscht und in Lehrbüchern zur *Nachrichtenwerttheorie* beschrieben.[4]

Ergänzt werden die Auswahlkriterien des Journalisten durch das *Profil* der Zeitung, des Radioprogramms, des Fernsehsenders oder des Internetangebotes. Profil (die Fernseh- und Radioleute sprechen von *Format*) bedeutet: Mit klar definierten Inhalten und einer besonderen Gestaltung soll ein bestimmtes Publikum erreicht werden: In der Medienfachsprache nennt man dieses Publikum *Zielgruppe*.

---

[4]Michaela Maier/Karin Stengel/Joachim Marschall, Nachrichtenwerttheorie (Baden-Baden: Nomos, 2010).

4.3 Allgemeines Interesse

Dietz Schwiesau[5] zieht daraus den Schluss: „Wer Nachrichten auswählt, muss sich also auch die Frage stellen: Welches Publikum will ich erreichen? Er muss wissen: Was ist wichtig für meine Leser, Hörer oder Zuschauer? Was interessiert sie besonders? Wer jeden Tag das ‚Handelsblatt' kauft, interessiert sich eher für Wirtschaft und Politik als der Leser der Zeitschrift ‚Bunte'. Wer lieber MDR 1 Radio Sachsen-Anhalt hört als den Deutschlandfunk, möchte mehr über das erfahren, was in seiner Region passiert."

Einige Anmerkungen und Beispiele zu den genannten Nachrichtenfaktoren:

Folgenschwere, Wichtigkeit: Professor Friedrich Schäfer, ehemaliger Vorsitzender des Bundestags-Innenausschusses, sagte auf einer Tagung in Trier sinngemäß Folgendes:

„Weil über das Immissionsschutzgesetz Einmütigkeit im Parlament herrschte und es auch ohne Konflikt durch den Bundesrat ging, wurde über dieses für den Umweltschutz so wichtige Gesetz ungenügend berichtet." Wenn Professor Schäfer mit seiner Klage Recht hat, dann haben die Nachrichtenmedien zu wenig berücksichtigt, dass der Katalog der Interesse-Kriterien neben Kampf und Konflikt auch Wichtigkeit und Folgenschwere nennt, also *Bedeutsamkeit* und *Betroffenheit*.

Nutzen: Je direkter und praktischer die Auswirkung auf den Bürger ist, je unmittelbarer seine Betroffenheit, je größer der Vorteil oder Schaden, eine um so stärkere Chance hat das Ereignis, als Nachricht zu kommen:

Heizölpreise gesunken
Christbäume werden knapp
Neues System für Kfz-Steuer
Wochenend-Notarzt-Netz komplett

Wenn ein Ereignis (z. B. der Erlass eines Gesetzes) sich nicht unmittelbar auswirkt, sondern nur *mittelbare* und *langfristige* Folgen für den Einzelnen hat, ist der Journalist gefordert, diese Folgen herauszuarbeiten und anschaulich zu machen.

Nähe:
Peru: 500 Tote bei Erdbeben
Hamburg: Gasrohr explodiert – zwei Tote

---

[5] Dietz Schwiesau, Wortchef beim MDR Sachsen-Anhalt, Co-Autor des Lehrbuchs „Nachrichten" (2016).

Beides sind erfundene Meldungen. Bei der zweiten, über das explodierte Gasrohr, setzen Sie bitte (falls Sie nicht Hamburger sind) den Namen Ihres Wohnortes ein. Und jetzt entscheiden Sie, welche der beiden Meldungen Sie zuerst lesen würden.

Wenn die Explosion in Ihrem Stadtviertel oder gar in Ihrer Straße gewesen wäre, dann würden Sie sicher – getrieben von Ihrer journalistischen Neugier – sogar selbst nachsehen. Je näher einem der Ort des Ereignisses oder aktuellen Sachverhalts liegt, um so höher der Grad des Interesses. Die Nachricht über zwei Tote bei der Explosion erregt auch deshalb mehr Anteilnahme, weil hier über das *Individual*schicksal zweier Personen berichtet wird, in der Nachricht aus Peru dagegen über eine mehr oder minder *anonyme* Massenkatastrophe.

Auch wenn die Nähe für den Leser (oder Hörer oder Zuschauer) so dicht ist, dass er das Ereignis *selbst* wahrnehmen konnte, erwartet er doch von den Nachrichtenmedien, dass auch sie es registrieren; das gehört zu ihrer *Chronistenpflicht*. Außerdem erhält das, was der Rezipient selbst erlebt hat, durch die Berichterstattung der Medien eine zusätzliche Bedeutung:

Der erste Schnee in diesem Jahr
Im Stadtpark blühen die Krokusse
An der Kreuzung XY wird seit gestern ein Kreisel gebaut.

Aber nicht nur geographisch-örtliche Nähe ist gemeint, sondern z. B. auch *soziale* Nähe:

Las Palmas – Vor den Kanarischen Inseln ist ein Segelschiff mit drei Frauen gesunken. Die Yacht war während eines Unwetters in Seenot geraten

Wer, wie ich, selbst segelt, wird dieser Meldung mehr Interesse entgegenbringen als ein anderer, der diesen Sport nicht betreibt.

Es gibt neben der geographischen und sozialen auch eine Nähe, die abhängt von *Geschichte, Kultur, außenpolitischen oder Wirtschafts-Beziehungen* oder anderen Zusammenhängen. Ein klassisches, wenn auch brutales, Beispiel scheint mir die Terrorherrschaft des durch einen Putsch an die Macht gekommenen ugandischen Staatschefs Idi Amin und die Berichterstattung darüber zu sein. Amin war in den 70er Jahren einer der berüchtigtsten Diktatoren Afrikas. Dazu gehörte auch die menschenverachtende Art, wie er mit den, damals in Uganda einflussreichen, Indern umsprang.

Uganda weist Asiaten aus

Eine solche Nachricht über die Konsequenzen von Amins gewaltsamer Afrikanisierungspolitik dürfte in Großbritannien wesentlich mehr Anteilnahme erweckt haben als bei uns; denn Uganda war 68 Jahre lang englische Kolonie und gehört noch heute, wie auch Indien, zum britischen Commonwealth.

4.3 Allgemeines Interesse

Geographische Entfernungen werden verkürzt, wenn Ereignisse hinzutreten, die einen *hohen allgemeinen Interessantheitsgrad* haben: Als die Fußballweltmeisterschaft in Südafrika ausgetragen wurde, bewirkte die Teilnahme der Mannschaft aus Deutschland, dass sich die Öffentlichkeit auch für die allgemeinen Lebensumstände und die politische Lage in diesem Staat zu interessieren begann.

Fortschritt: „Erfolge im Labor, am Fernrohr, in der Industrie, am Konferenztisch" nennt Carl Warren[6] als Fortschrittsthemen; gesellschaftlichen Fortschritt lässt er aus. Was als Fortschritt zu betrachten ist, kann total strittig sein: Praktisch jede Meldung über Gentechnik (beginnend beim Maisfeld) oder Stammzellen-Forschung kann erbitterte Kontroversen auslösen. Und schon die beiden folgenden Meldungen dürfte nicht jeder Nachrichtenkonsument als Fortschritt ansehen:
  Erstmals Kulturprogramm zur Fußball-WM
  Untersuchung bestätigt: PC-Nutzer erzielen bessere Schulnoten
Als wir im BR einmal meldeten, in Baden-Württemberg habe letztes Jahr die Zahl der Museumsbesucher um soundso viel Prozent zugenommen, kommentierte das der stellvertretende Chef entsetzt: „Das soll ein Fortschritt sein!? Dann wird's ja noch enger, wenn ich Bilder anschauen will."

Wir sehen am Beispiel des Stichworts Fortschritt, dass die meisten dieser Nachrichtenfaktoren ausfüllungsbedürftig sind.

Konflikt, Kampf:
- zwischen zwei Kandidaten
- zwischen Bürger und Behörde
- zwischen Bürgerinitiative und Stadtverwaltung
- zwischen den Vertretern verschiedener Lösungsvorschläge, Lehrmeinungen usw.
- zwischen Verteidiger und Staatsanwalt
- zwischen dem FC Bayern und Borussia Dortmund.

Dramatik: Innere und äußere Spannung, die aus einem Geschehensablauf herrührt.
  Minister gibt zu: Der BND hat deutsche Politiker bespitzelt
  Hallendach stürzt ein – 66 Menschen sterben
  Deutscher Forscher von Raubfischen zerrissen

---

[6]Carl Warren, ABC des Reporters (München: Süddeutscher Verlag, 1966), S. 25.

Familie saß in der Küche – plötzlich donnerte ein Panzer durch die Wand
Angestellte jagten die Bankräuber – 30 Minuten später festgenommen

Prominenz:
Steuerzahler Schulze mit Frau Klara und Kindern Dorothee und Heiner gingen ins neu eröffnete Wellenbad.
Oberbürgermeister Mayer schwamm einige Runden im neu eröffneten Wellenbad.
Der Unterschied ist klar.

Liebe und Sex:
Weiße Forscherin war dem Häuptling zu leidenschaftlich
Rheinland-Pfälzer sind aktivste Liebhaber
Jede zweite Frau liebäugelt mit Seitensprung

Kuriosität, ungewöhnlicher Ablauf:
Holzbein rettet Ertrinkenden
Bettler findet Perlenkollier
Baby verschluckt Goldstück
Toter erscheint beim eigenen Begräbnis[7]
Rettungsschwimmerin ertrank in Badewanne

Gerade dieses letzte Beispiel macht deutlich, dass Kuriosität nicht Komik und Lächerlichkeit bedeutet; sie kann auch sehr ernste Vorfälle bezeichnen, wenn sie eine *außergewöhnliche Wendung* nehmen. Das gilt auch für den folgenden Vorfall, über den eine Münchner Boulevardzeitung als Aufmacher auf Seite 1 mit der Schlagzeile berichtete:

Millionär von seinem Hund erschossen

Wir mussten, als wir das lasen, an die Mann-beißt-Hund-Formel denken. Was war geschehen?

Das Unglück ereignete sich, als der Hobby-Jäger sich neben seinem Mercedes gerade die schmutzigen Gummistiefel ausziehen wollte. Er hatte die geladene Drillingsflinte ungesichert auf den Rücksitz seines Wagens gelegt, und als sein junger Jagdhund in das Auto springen wollte, verfing sich die Leine am Abzug der Flinte. Ein sich lösender Schrotschuss traf den Millionär aus kürzester Entfernung direkt ins Herz.

---

[7]Diese vier Überschriften entnehme ich dem Buch von Carl Warren, ABC des Reporters (München: Süddeutscher Verlag, 1966), S. 21.

Gefühl: Da können wir gleich die Unfall-Meldung weiter lesen:
Wimmernd wachte der Hund mehr als zwölf Stunden neben der Leiche seines Herrn, bis der Tote von seiner Frau Ilse und einem Jagdaufseher gefunden wurde.
Andere Beispiele:
Gorilla-Baby im Zoo geboren
Von seiner Ehe blieb nur ein Foto
16jährige starb aus Liebeskummer

Ein junger Mann, so geht die Sage, bekam einmal den Auftrag, über die Einweihung einer Kirche durch den Bischof zu berichten und die Meldung bis gegen zwei Uhr telefonisch der Redaktion durchzugeben. Als um vier immer noch keine Nachricht vorlag, rief die Redaktion bei dem Volontär an. Auf die Frage, wo denn der Beitrag bleibe, antwortete der: „Es gibt leider nichts zu berichten, denn noch bevor der Bischof an den Altar ging, ist er tot umgefallen."

4.4 Aufbau

Erinnern Sie sich noch von weiter vorn, wie die „Vossische Zeitung" ihren Bericht über den Tod des österreichischen Thronfolgers begann:
Als der Erzherzog-Thronfolger Franz Ferdinand und seine Gattin, die Herzogin von Hohenberg, sich heute vormittag zum Empfange in das hiesige Rathaus begaben, wurde gegen das erzherzogliche Automobil eine Bombe geschleudert, die jedoch explodierte, als das Automobil des Thronfolgers die Stelle bereits passiert hatte.
Sieben Zeilen Nachricht, ohne dass der Leser bisher das Wichtigste erfahren hat.
Den gleichen Vorfall meldete die New York Times[8] vierspaltig auf Seite 1, und sie begann ihren Text so:
Archduke Francis Ferdinand, heir to the throne of Austria-Hungary, and his wife, the Duchess of Hohenberg, were shot and killed by a Bosnian student here today. The fatal shooting was the second attempt upon the lives of the couple during the day, and is believed to have been the result of a political conspiracy.
Gleiche Zeilenzahl, aber wir wissen nun sogar schon mehr als bloß den Kern des Ereignisses.

---

[8] Zitiert nach: Herbert Bruckner, Communication is Power (New York, 1973), S. 13.

Das Wichtigste gehört an den Anfang. Das ist im europäischen Journalismus anerkannt und in dieser Grundsätzlichkeit auch nicht strittig. Karl W. Mekiska, ehemaliger Nachrichtenchef der Süddeutschen Zeitung, hat mir geschrieben, wie er die Meldung begonnen hätte:

> Der österreichische Thronfolger, Erzherzog Franz Ferdinand, und seine Frau, die Herzogin von Hohenberg, fielen am Sonntag in Sarajewo einem Revolveranschlag serbischer Nationalisten[9] zum Opfer. Ein Gymnasiast aus Grabow, Princip, hatte unweit des Regierungsgebäudes die tödlichen Schüsse aus einem Browning auf das vorüberfahrende Thronfolgerpaar abgegeben.

Legen wir nun das Geschichtsbuch beiseite und schlagen wir eine Lokalzeitung von heute auf.

> A-Stadt. – Die Bürger des Luftkurortes und seine Besucher sollen sich in A-Stadt besser zurechtfinden. Der Stadtrat beschloss deshalb vor zwei Jahren, dass im Stadtkern einheitliche Hinweisschilder zur Post, zum Busbahnhof, zum Bahnhof, zu den Polizeistationen und anderen öffentlichen Stellen angebracht werden. Privatbetriebe sagten zu, sich an dieser Aktion zu beteiligen. Die Aufstellung der Schilder wurde bisher durch verschiedene Straßenbaumaßnahmen verzögert, doch in den ersten Julitagen wird die Aktion beginnen. An fast allen Straßenabzweigungen werden dann die Fremden erfahren, wo sich das von ihnen gesuchte Amt oder die gesuchte sonstige öffentliche Einrichtung befindet. Auch die Wegweiser zum Schwimmbad ...

Und jetzt teilt der Artikel sehr genau mit, wo die Wegweiser aufgestellt werden, wie lang und wie breit und aus welchem Material sie sind, dass die zu öffentlichen

---

[9]Woher denn Karl W. Mekiska wisse, dass die Attentäter „serbische Nationalisten" waren, fragte mich Berthold Seewald, der am Institut für Publizistik der FU Berlin den Beitrag der Vossischen Zeitung für die Übung im Nachrichtenschreiben verwendete. Kollege Mekiska antwortete nach Berlin: „Die Frage, ob der Auslandskorrespondent damals die Urheberschaft der serbischen ‚Schwarzen Hand', eines auch von Rußland geförderten Geheimbundes, am Attentat von Sarajewo hätte kennen müssen, lässt sich heute natürlich nicht mehr mit Sicherheit beantworten. Der Wiener Publizistik waren die großserbischen und anti-österreichischen Bestrebungen Belgrads und St. Petersburgs durchaus bekannt. So hatte z. B. der serbische Gesandte in Wien den Thronfolger vor Antritt der Balkanreise ausdrücklich vor möglichen Anschlägen auf seine Person gewarnt. Franz Ferdinand nahm diese Gefährdung bewusst in Kauf, weil in seiner Vorstellung ein Krieg die Völker Österreichs nur enger an den Thron der Habsburger binden konnte. Dass der Bericht der ‚Vossischen' neben dem falschen Aufbau auch noch andere Unzulänglichkeiten aufweist, macht ihn ja zum Lehrbeispiel."

4.4 Aufbau

Stellen weisenden Schilder grüne Schrift auf weißem Grund tragen, die zu den Privatbetrieben weiße Schrift auf grünem Grund.

Eine wichtige, sorgfältig recherchierte und anschaulich formulierte Nachricht – bloß falsch aufgebaut ist sie. Denn ihr ganzer erster Abschnitt bringt nur Vorgeschichte, und noch die ersten zwei Zeilen des zweiten Absatzes lassen die aktuelle Katze nicht aus dem Sack: Wird die vor zwei Jahren vom Stadtrat beschlossene Aktion jetzt endgültig begraben, macht man neue Pläne oder geht man gar daran, die ursprünglichen Pläne jetzt in die Tat umzusetzen?

Das Wichtigste ist hier also die Antwort auf die Frage: Was geschieht mit dem alten Beschluss? Antwort: Anfang Juli beginnt A-Stadt damit, ihn zu verwirklichen. Damit haben wir den Anfang unserer Nachricht:
> Anfang Juli wird A-Stadt damit beginnen, an fast allen Straßenabzweigungen im Stadtkern einheitliche Wegweiser zu Ämtern und öffentlichen Einrichtungen anzubringen.

Das Wichtigste gehört an die Spitze. Einen so konstruierten Nachrichtenanfang nennen die Amerikaner Lead. Wir Europäer haben diesen Namen mit dem Rezept übernommen. Überprüfen Sie selbst: Alle Nachrichten, die unsere Agenturen liefern, fassen das Wichtigste im Anfang zusammen.

Der Lead gibt Antwort auf die Frage, die das Publikum vermutlich als erste zu dem jeweiligen Thema stellen würde. Bei der Hinweisschilder-Nachricht haben wir gesehen, dass die Leute als Erstes nach dem Fortgang fragen, nicht nach dem Stadtratsbeschluss von vor zwei Jahren.

Stellen wir zusammen, welche Mitteilungen auf jeden Fall nicht den Kern für den Lead bilden:

1. Vorgeschichte taugt nicht als Lead (hatten wir gerade)

2. Allgemeines taugt nicht als Lead:
> D-Brunn. – Vor kurzem trat der Gemeinderat im Sitzungssaal des Gemeindehauses zusammen.
> Zunächst befasste er sich …

Das ist keine Nachricht. Seit Menschengedenken tritt – auch in D-Brunn – der Gemeinderat im Sitzungssaal zusammen. Eine Nachricht könnte abgeben, was er beschlossen und diskutiert hat.

Auch das folgende schlimme Beispiel stammt aus der Praxis:

Der Fremdenverkehrsverein E-Burg-F-Dorf hielt kürzlich in der Pension „Dreischlösserkreis" in F-Dorf seine zehnte Mitgliederversammlung ab.

3. Chronologisches taugt nicht als Lead:
In einer Sitzung der Vorstandschaft der Z-Jugend im Jugendheim wurden zunächst vereinsinterne Angelegenheiten besprochen. Dann ging man daran ...

Der Lead-Stil ist das Gegenteil von Chronologie. Mag die Sitzung noch so viele Tagesordnungspunkte gehabt und noch so lange gedauert haben, der Lead bringt das Wichtigste und nimmt keine Rücksicht darauf, ob es in Punkt 2 oder Punkt 17 der Tagesordnung oder vielleicht in der Zusammenfassung beider Punkte steckt.

4. Protokollarisches taugt nicht als Lead:
Im Wolfingerkeller fand eine Innungsversammlung des Schreinerhandwerks statt, zu der Obermeister Theo Trotter auch Oberstudienrat Johann Flößl von der Kreisberufsschule M-Felden und Betriebsberater Heinrich Fogertshuber im Kreise zahlreicher Mitglieder begrüßte. Trotter gedachte der verstorbenen Kollegen Benedikt Schuster, N-Dorf, und Ludwig Holz, O-Burg. Die Innung hatte ihnen das letzte Geleit gegeben und einen Kranz niedergelegt. Zum Zeichen ehrenden Gedenkens erhoben sich die Mitglieder von den Plätzen.

Ganz egal, was die Schreiner, die manch anderswo Tischler heißen, auf ihrer Versammlung beredet und beschlossen haben, die Begrüßung der Ehrengäste und das Totengedenken sind schon deswegen kein brauchbarer Anfang, weil die meisten Vereins- und Verbandsversammlungen mit diesen beiden Punkten anfangen. News is what's different; verschieden nicht nur gegenüber gestern, sondern auch gegenüber dem Üblichen, Gewöhnlichen.

Die Nachricht muss also das Besondere herausarbeiten, hier das Besondere dieser Innungsversammlung des Schreinerhandwerks in diesem Landkreis.

Damit sind wir vom Negativen (nicht: Vorgeschichte, Allgemeines, Chronologisches, Protokollarisches) zum Positiven gelangt: Das Besondere herausarbeiten und aus dem Wichtigsten den Lead bauen.

Wie lang ist ein Lead? Ein Lead ist so lang, wie er sein muss, um eine sinnvolle Information zu ergeben. Anders betrachtet: Auch wenn man nur den Lead drucken oder senden würde, müsste das eine (knappste) Nachricht sein. Also, wie lang ist ein Lead? Ein bis drei Sätze, länger nicht.

4.4 Aufbau

Der österreichische Thronfolger, Erzherzog Franz Ferdinand, und seine Frau, die Herzogin von Hohenberg, fielen am Sonntag in Sarajewo dem Revolveranschlag eines serbischen Nationalisten zum Opfer.

Das Wichtigste ist gesagt. Natürlich, die meisten Leser werden mehr wissen wollen, aber die zentrale Aussage ist vollständig; alles Folgende sind Ergänzungen.

Anfang Juli wird A-Stadt damit beginnen, an fast allen Straßenabzweigungen im Stadtkern einheitliche Wegweiser zu Ämtern und öffentlichen Einrichtungen anzubringen.

Auch wenn nur dieser eine Lead-Satz abgedruckt würde (zum Beispiel im Lokalblatt eines Nachbarlandkreises), hätten wir damit eine vollständige Kurz-(Kürzest-)Nachricht.

Das Wichtigste gehört in den Lead. Geht diese Regel so weiter, dass innerhalb des Lead das wichtigste oder das attraktivste Wort an den Anfang des Lead-Satzes gehört?

Wie man den Lead-Satz beginnt. Diese Frage muss uns noch beschäftigen; denn zum Beispiel unsere Wegweiser-Nachricht hätten wir nicht so anzufangen brauchen:
    Anfang Juli wird A-Stadt damit beginnen ...
Wir hätten ja auch formulieren können:
    Einheitliche Wegweiser zu allen öffentlichen Ämtern und Einrichtungen will A-Stadt ab Anfang Juli ...
Oder:
    A-Stadt wird Anfang Juli damit beginnen ...

Welcher Anfang gefällt Ihnen am besten? Haben Sie auch überlegt, wo die von Ihnen bevorzugte Einleitung erscheinen soll?
    Der Anfang
    A-Stadt wird Anfang Juli ...
wäre in der A-Städter Zeitung unsinnig; denn das meiste, was dieses Blatt in seinem Lokalteil meldet, handelt von A-Stadt (dem Anfang fehlte also das Besondere). Die Lokalzeitung des Nachbarkreises könnte aber eine Umschau-Spalte („Aus der Nachbarschaft") haben, in der jede Nachricht mit dem fett oder gesperrt gedruckten Ortsnamen beginnt. Da hätte der A-Stadt-Anfang seinen Sinn. Der zeitliche Anfang
    Anfang Juli wird A-Stadt
ist nur für die A-Städter interessant; er orientiert sie (wenn die Meldung Ende Juni erscheint) darüber, dass der Beginn der Schilderaktion unmittelbar bevorsteht.
    Einheitliche Wegweiser ...

dieser Anfang ist für die A-Städter Zeitung genauso brauchbar (weil er ein in A-Stadt schon diskutiertes Stichwort aufnimmt) wie für Zeitungen der Umgebung; denn der Anfang bringt eine gute Idee für Fremdenverkehrsgemeinden und regt zum Vergleich an: A-Stadt macht es so, wie macht es unsere Gemeinde?

Jeder der drei ausprobierten Lead-Anfänge gibt Antwort auf eine andere Frage:

Wer?	A-Stadt wird
Wann?	Anfang Juli wird
Was?	Einheitliche Wegweiser

Sicher haben Sie schon einmal von den sechs Ws gehört. Manche sprechen von sieben Ws, ich werde das auch tun.

Wir haben den Untersuchungsgegenstand Nachricht jetzt so ins Detail zerlegt, dass wir seine Bestandteile nach den einzelnen Ws sortieren können.

Die sieben Ws sind Abkürzungen für wichtige Fragen, die eine Nachricht beantworten muss:

- Wer?
- Was?
- Wo?
- Wann?
- Wie?
- Warum?
- Woher?

Schauen wir uns die Wegweiser-Nachricht daraufhin an. Das ist ihr Lead:

Wann?	Anfang Juli
Wer?	wird A-Stadt
Was?	damit beginnen, ... einheitliche Wegweiser zu Ämtern und öffentlichen Einrichtungen anzubringen
Wo?	an fast allen Straßenabzweigungen im Stadtkern
Wie?	Wie wird A-Stadt die Aktion beginnen? Wie wird es die Schilder anbringen? Diese Frage stellt in dem Zusammenhang niemand, zumindest nicht so vorrangig; also ist das Wie bei diesem Lead nicht gefragt.
Warum?	Die Antwort könnte im folgenden Satz kommen, der nicht mehr zum Lead gehört: Es verwirklicht damit einen vor zwei Jahren gefassten Stadtratsbeschluss.

4.4 Aufbau

Woher? Wir können nur annehmen, dass der Reporter unserer (Welche Kreiszeitung, der wir die Nachricht entnahmen, die Quelle?) Neuigkeit bei der Stadtverwaltung oder beim Fremdenverkehrsverein erfahren hat. Im Lead brauchen wir das noch nicht zu wissen, aber später hätten wir doch gern mitgeteilt bekommen, auf welche Quelle(n) sich die Nachricht stützt; denn *Informanten sind Interessenten*. Um eine Nachricht einigermaßen beurteilen zukönnen, muss man in der Regel wissen, aus welcher Quelle sie stammt.

Bereits an diesem Beispiel haben wir gesehen, dass es von der *Eigenart* der einzelnen Nachricht abhängt, *auf welche Ws* sie im Lead eine Antwort gibt.

Die wichtigsten Ws sind meistens das Wer und das Was. Dabei verkörpert das „Wer" in der Regel eine bekannte Person oder Sache, und das „Was" enthält eine Neuigkeit, die sich auf diese Person oder Sache bezieht.

Die Antworten auf die anderen W-Fragen bringen notwendige Ergänzungen, manchmal dienen sie aber auch nur dazu, die Nachricht zu veranschaulichen und zu vervollständigen. Josef Ohler[10] hat mir dafür folgendes Beispiel geliefert:

Wer und Was? Die Krankenhausärzte wollen streiken.

Wann und wo? Die Krankenhausärzte wollen *Mitte Dezember im ganzen Bundesgebiet* streiken.

Warum? Die Krankenhausärzte wollen Mitte Dezember im ganzen Bundesgebiet streiken, *weil ihr Bereitschaftsdienst nicht bezahlt wird.*

Welche Quelle? Die Krankenhausärzte *wollen nach Angaben des „Marburger Bundes"* Mitte Dezember im ganzen Bundesgebiet streiken, weil ihr Bereitschaftsdienst nicht bezahlt wird.

Wie? Die Krankenhausärzte wollen nach Angaben des „Marburger Bundes" Mitte Dezember im ganzen Bundesgebiet *uneingeschränkt* streiken, weil ihr Bereitschaftsdienst nicht bezahlt wird.

Den Lead-Satz nicht überladen. In der letzten Stufe wäre der obige Leadsatz über die Krankenhausärzte überladen.

---

[10]Josef Ohler, ehemaliger Leiter der Nachrichtenredaktion beim Saarländischen Rundfunk, Co-Autor des Lehrbuchs „Nachrichten" (2016).

Als um die Jahrhundertwende in Amerika die fünf Ws (Who, What, Where, When, Why?) etwas wie journalistisches Gesetz wurden (auch ein H kam dazu, How), ging man noch davon aus, dass der Lead auf *alle* diese Fragen eine Antwort geben müsse. Das führte zu vollgestopften Sätzen, deren Informationswert darunter litt, dass der Leser so viel auf einmal gar nicht aufnehmen kann oder will.

Was halten Sie von folgendem Leadsatz, der nicht einmal alle Ws berücksichtigt und doch schon überladen ist?

> Der Ziegelstein, der in der Nacht zum 19. August auf der Frankfurter Autobahn die Windschutzscheibe eines Münchner Autos traf und zwei deutsche Soldaten schwer verletzte, wurde wahrscheinlich von einem Amerikaner geworfen. (dpa)

Nur diejenigen Ws muss der Lead beantworten, die das Wichtigste dieser Nachricht ausmachen. Wenn das in *einem* Satz nicht zu schaffen ist, werden es eben zwei oder drei.

Nicht nur das Wer und das Was – auch jedes andere W kann die bedeutsamste Aussage des Satzes enthalten. Es folgen sieben Leadsätze, in denen jeweils ein anderes W die Hauptrolle spielt.

Der *Informationskern*, also das je nach Meldungsinhalt wichtigste W, steht fast nie am Anfang, sondern (nach dem *Thema-Rhema-Prinzip*[11]) im hinteren Teil des Satzes – egal, ob es sich im grammatischen Sinne um ein Akkusativobjekt oder um eine andere Art von Satzergänzung handelt:

Wer? Unter den Opfern der Tsunami-Flutwelle in Südostasien ist auch *ein Prinz aus dem thailändischen Königshaus.*

Was? Bauarbeiter haben vor dem Brandenburger Tor in Berlin *eine 500-Kilo-Bombe gefunden.*

Wann? Der neue Koalitionsvertrag wird *morgen um die Mittagszeit* unterzeichnet.

---

[11]Das Thema-Rhema-Prinzip ist die Grundregel des deutschen Satzbaus: Zuerst wird das Bekannte genannt (linguistisch: das „Thema"), dann das Neue, das „Hinzugefügte" (linguistisch: das „Rhema"). Das gilt für Mitteilungen aller Art. Nur so kann der Adressat das Mitgeteilte leicht verstehen (vgl. auch Schwiesau/Ohler, „Nachrichten", 2016).

4.4 Aufbau

Wo? Das Kontrollzentrum für das europäische Satellitensystem Galileo wird *in Oberpfaffenhofen bei München* errichtet.

Warum? Der französische Staatspräsident befindet sich nicht wegen einer schweren Erkältung, *sondern wegen eines leichten Schlaganfalls* in einem Pariser Militärkrankenhaus.

Wie? Der Einzelhandel will das flaue Sommergeschäft *mit Rabatten von über 50 Prozent* ankurbeln.

Welche Quelle? Die Freilassung der deutschen Geisel ist vor wenigen Minuten *vom Bundesaußenminister* bestätigt worden.

Die sieben Ws sind nur die nötigsten, wichtigsten. Ein gewiefter Reporter, so stellt Rudolf Flesch[12] fest, sucht noch „Dutzende kleinere Ws – welche Anschrift, welches Stockwerk, welches Alter, welcher Beruf, … welche Größe, welches Gewicht, welcher Brustumfang, welcher Preis, welches Jahreseinkommen, welche Verletzungen, welche Tageszeit, welcher Geburtsort, was zum Essen, was zum Trinken, welche Zigarettenmarke, welcher Spitzname, welche Hobbys, welche Besonderheiten usw."

Mr. Flesch weiß, wovon er redet; denn er hat für die amerikanische Nachrichtenagentur Associated Press deren Lead-Stil untersucht und ausgekämmt. Er hat sich mit Erfolg dafür eingesetzt, dass nicht mehr bei jedem Verkehrsunfall Name, Alter und Straße der Opfer in den Lead müssen. (Das wäre bei uns ohnehin ein schwerer Verstoß gegen die journalistische Berufsethik, s. Pressekodex Richtlinie 8,1.)

Sein Angebot an kleineren Ws meint also gerade nicht, dass man den Lead mit Details vollstopfen soll; Flesch will nur die Augen und Ohren öffnen für die Fülle der Möglichkeiten, zu recherchieren, zu notieren und zu berichten.

Bestimmte Ws können im einen Fall eine notwendige Information bezeichnen, in einem anderen überflüssige Details und sogar ungerechtfertigte Diskriminierung. Welche Partei? Welche Hautfarbe? Wie man mit unpassenden Details Unfug treiben kann, steht bei „Falsche Koppelungen" im Kapitel „Objektivität".

---

[12] Rudolf Flesch, Besser schreiben, sprechen, denken (Düsseldorf: Econ, 1973), S. 170.

Die Ws sollen nur eine Stütze sein, kein Korsett. Wer mehr von ihnen erwartet, sie gar mit philologischer Genauigkeit oder logischem Anspruch bei jedem Satz abhakt, wird wenig Freude und keinen Gewinn haben. Dabei könnten die Ws zweierlei Nutzen bringen, den ich mit folgenden Überschriften charakterisieren will:

Erstens als Checkliste für Vollständigkeit: Wer die sieben Ws als anpassungsfähige Kontrolliste im Kopf hat, wird nicht so leicht eine wichtige Angabe vergessen. Das Wer und das Was, auch das Wann und Wo würde der Reporter auch ohne solche Hilfe bringen, aber Wie? Warum? und Welche Quelle? Vielleicht gibt gerade die Antwort auf eine (oder mehrere) dieser Fragen der Nachricht ihren Wert.

Zweitens als Konstruktionshilfe beim Lead-Aufbau: Was nehme ich in den Lead? Und womit beginne ich den Lead? Die Ws bieten sich da als Kürzel für die zur Auswahl stehenden Fakten an und erleichtern den Überblick.

Ein Extra-W: Welches Zitat?
  Berlin – „Sicherlich wird die Frau ein Stück männlicher, der Mann ein Stück weiblicher werden. Sie können beide gegengeschlechtliche Züge in ihre Persönlichkeit integrieren, ohne die ihnen eigenen Wesenszüge abwehren und überspielen zu müssen." Dies erklärte die Tübinger Ärztin und Psychoanalytikerin Magdalena Hartlich in Berlin vor den Teilnehmerinnen einer internationalen Frauenkonferenz.

Ein Lead mit drei Sätzen, aber kürzer geht es nicht, wenn die Nachricht verständlich bleiben soll. Die ersten zwei Sätze sind ja nur Zitat, ohne dass man bisher weiß, wer es wo gesprochen hat. Zitate sind ein so häufiger und geeigneter Nachrichtenanfang, dass wir dem W *Welches Zitat?* in unserem Katalog der Ws den achten Platz einräumen sollten, noch vor Anschrift, Brustweite und Zigarettenmarke.

Mit einem gut gebauten Lead erschöpft sich die Bauarbeit des Nachrichtenjournalisten nicht. Ws, die im Lead nicht beantwortet werden mussten, stehen jetzt zur Beantwortung an. Welches ist das nächstwichtige W? Dem muss sich der Reporter jetzt zuwenden und danach dem W, das noch ein bisschen weniger wichtig ist als das vorherige, aber wichtiger als alle folgenden.

Nach abnehmender Wichtigkeit wird die Nachricht gegliedert; das gilt bis zum letzten Absatz, ja bis zur letzten Zeile.
  Nehmen wir als Beispiel die Nachricht über die Wegweiseraktion in A-Stadt. Von ihr hatten wir bisher nur den ersten Satz konstruiert:

4.4 Aufbau

Anfang Juli wird A-Stadt damit beginnen, an fast allen Straßenabzweigungen im Stadtkern einheitliche Wegweiser zu Ämtern und öffentlichen Einrichtungen anzubringen.

Bitte blättern Sie zurück zu dem Volltext der Nachricht (abgedruckt im Abschnitt „Das Wichtigste gehört an den Anfang"); denn wir müssen ja entscheiden, was wir als nächstwichtigstes W berücksichtigen.

Zur Wahl haben wir das Warum? (Stadtratsbeschluss von vor zwei Jahren) und ein *erweitertes* Was? (die Ziele der Wegweiser). Wenn wir davon ausgehen, dass die Nachricht vor allem für die Leute von A-Stadt bestimmt ist, werden wir uns für das Was? entscheiden:

Auf dem Schilderprogramm stehen Post, Busbahnhof, Bahnhof und Polizeistationen, ferner Schwimmbad, Minigolfanlage, Ferienpark Buchberg und die Direktion für Tourismus im Rathaus.

Aber jetzt kommen wir nicht mehr am Warum vorbei: Warum hat denn wer dieses Schilderprogramm beschlossen?

Dabei können wir gleich die Hindernisse erwähnen, die daran schuld sind, dass zwei Jahre zwischen Beschluss und Ausführung liegen.

Die Beschilderung hatte der Stadtrat vor zwei Jahren beschlossen, damit sich Bürger und Besucher des Luftkurorts in A-Stadt besser zurechtfinden; bisher hatte sie sich immer wieder durch Straßenbauarbeiten verzögert.

Und jetzt Details:

Noch liegen nicht alle Anbringungsorte fest, jedoch sind die 75 cm langen und 15 cm hohen Tafeln aus emailliertem Blech bereits bestellt. Sie werden auf weißem Grund grüne Schrift und einen grünen Rand tragen. Nur die Schilder der Post geben auf deren Wunsch die Auskunft „Zur Post" in schwarzer Schrift auf postgelbem Grund.

Soviel zur eigentlichen Aktion, die ja das Auffinden öffentlicher Gebäude und Einrichtungen erleichtern soll. Dass einige Privatfirmen sich dieser Aktion mit Eigen-Hinweisen anschließen, kann man zum Schluss bringen (für alle Fälle, wenn noch Platz sein sollte).

Auch etwa fünf Privatbetriebe werden Wegweiser aufstellen, die sich durch weiße Buchstaben auf grünem Grund von den grünweißen öffentlichen Hinweisschildern unterscheiden sollen.

Die Vorteile guten Nachrichtenaufbaus: Setzen Sie in unserer neu gegliederten Wegweiser-Nachricht irgendwo nach dem Lead einen Schlusspunkt und streichen Sie in Gedanken die restlichen Sätze weg. Von wo ab immer Sie auch streichen,

Sie können es in dem beruhigenden Gefühl tun, nichts zu tilgen, was wichtiger sein könnte als das oben Stehengebliebene.

Ein solcher Nachrichtenaufbau hat für Produzenten (Redakteure) wie Konsumenten (Nachrichtenleser und -hörer) Vorteile: Man sieht (bzw. hört) gleich in den ersten Zeilen (bzw. Sekunden), *was in der Nachricht steckt* und braucht sich nicht durch einen Text hindurchzuarbeiten auf der Suche nach dem Nachrichten-Kern.

Das erleichtert dem Redakteur das Sichten und Auswählen von Nachrichten, dem Leser die Entscheidung, ob er weiterlesen, und dem Hörer, ob er dranbleiben soll.

Die nach dem Prinzip abnehmender Wichtigkeit gegliederte Nachricht lässt sich leicht redigieren und (das ist auch im digitalen Zeitalter nützlich geblieben) noch im letzten Moment (vor der Sendung, beim Umbruch) leicht *kürzen*. Man nimmt einfach einen Satz, einen Absatz oder auch mehrere Absätze (von unten nach oben) weg, ohne dass die Hauptaussage der Nachricht dadurch entstellt wird.

Die folgende Nachricht ist scheinbar falsch aufgebaut:

Zürich (dpa) – Ein gewaltiger Schrecken fuhr einem Sporttaucher im Zürichsee in die Glieder: In vier Meter Tiefe sichtete er in Höhe des sogenannten Zürich-Horns ein Krokodil. Der Taucher verständigte die Seepolizei, die sich zunächst bei der Zoo-Direktion erkundigte, ob ein durch Zufall in den See gelangtes Krokodil dort auch tatsächlich weiterleben könne. Das wurde bestätigt. Mit sehr gemischten Gefühlen machten sich daraufhin zwei Froschmänner der Seepolizei ans Werk, das Krokodil einzufangen. Nach 30 Minuten Suche gelang es, das Tier auszumachen, das von beachtlicher Größe war und im Grundschlamm lag. Mit Stock und Messer bewaffnet, schwammen sie das Tier vorsichtig an, um dann festzustellen, dass es sich um ein Spielzeugkrokodil aus Plastik handelte. Wahrscheinlich ist es während der Badesaison einem Kind entwischt und wegen eines Lochs in der Plastikhaut im See versunken.

Hat da ein Anfänger die Nachricht redigieren dürfen? Wir wissen es nicht, aber wenn, war es ein sehr begabter Anfänger. Denn mit dieser netten Belanglosigkeit amüsiert er uns und hält uns fast bis zum Schluss im Ungewissen. Dieses Die-Pointe-für-den-Schluss-Aufheben, dieses Die-Katze-nicht-aus-dem-Sack-Lassen haben wir ein paar Seiten vorher noch kritisiert, aber da sprachen wir von Nachrichten mit Bedeutung, die ernst genommen werden wollen und gerade weil sie auch ernst genommen werden, sofort mit dem Wichtigsten herausrücken müssen.

Hard News – Soft News: Die Amerikaner nennen die ernst zu nehmenden, wirklich wichtigen Nachrichten harte Nachrichten (Hard News); jene sanften Unwichtigkeiten, die mehr der Unterhaltung dienen, nennen sie Soft News. Die beiden

4.4 Aufbau

Ausdrücke sind längst auch in der deutschen Fachsprache heimisch. *Human Interest* – menschliches Interesse – (im Gegensatz zum öffentlichen Interesse) ist ein weiteres Stichwort, das für Soft News einschlägig ist.

Eine „weiche" Nachricht – trotz ihres Ernstes – ist deshalb beispielsweise die folgende, aus der eine Boulevard-Zeitung ihre Schlagzeile für die Seite 1 bildete

Trotz lebenslanger Haft: Ein Doppelmörder klagt auf Sozialhilfe

Auch die folgende Meldung hat eine ernste Dimension, aber der Human Interest überwiegt:

Der britische Popstar Elton John hat mit seinem langjährigen Partner David Furnish den Bund fürs Leben geschlossen. Das Paar heiratete am ersten Tag, an dem Partnerschaften von Schwulen und Lesben auch in England zivilrechtlich anerkannt werden. Nach einer kurzen Zeremonie im Standesamt von Windsor wurden John und Furnish von hunderten jubelnden Fans begrüßt. Viele hatten sich schon früh am Morgen an den Straßenrand gestellt, um einen Blick auf das Paar werfen zu können.

Wirklich rundherum „soft" ist unser letztes Beispiel:

Fußballnationalspieler Philipp Lahm ist zum ersten Mal Vater geworden. Seine Frau Claudia brachte am Mittwoch einen Jungen zur Welt, wie der FC Bayern München auf seiner Homepage mitteilte. Mutter und Sohn seien wohlauf. Nach Angaben des „Münchner Merkurs" heißt der Kleine Julian. Schon kurz nach ihrer Hochzeit hatten Philipp und Claudia Lahm in einem Interview über ihre Familienplanung geplaudert: Sie wünschten sich zwei Kinder, sagten die Lahms, „ganz klassisch, ein Mädchen und einen Jungen". Zumindest einen Punkt können sie nun abhaken.

Gibt es Unterschiede im Aufbau? *Hard News:* Es gilt ausschließlich der Aufbau mit dem Wichtigsten am Anfang und der weiteren Gliederung nach dem Prinzip abnehmender Wichtigkeit. *Soft News:* Der Aufbau ist angemessen, der die Story am besten wiedergibt.

Stellen Sie sich vor, unser Reporter hätte die Aufregung um das Krokodil nicht der Reihe nach (chronologisch) erzählt, sondern im Lead-Stil: Die ganze Luft wäre raus gewesen, nicht nur aus dem Krokodil, sondern auch aus der Geschichte.

Hätten aber Angst und Schrecken vom Sporttaucher und den Männern der Seepolizei übergegriffen auf die Zürichsee-Anwohner, dann hätte die dortige Lokalzeitung das glückliche Ende nicht als Schmunzel-Story, sondern als Hard News gemeldet:

Das Aktuellste und Wichtigste

Das Krokodil, das die Anwohner des Zürichsees in Angst versetzte, ist aus Plastik.

Zwei Froschmänner der Seepolizei identifizierten es gestern als Spielzeugtier von beachtlicher Größe. Man nimmt an, dass es während der Badesaison einem Kind entwischt und wegen eines Lochs in der Plastikhaut im See versunken ist.

Aktuell, aber nur mehr farbiges Detail
Dreißig Minuten mussten die Froschmänner suchen, ehe sie das vermeintliche Tier im Grundschlamm fanden. Mit Stock und Messer bewaffnet, schwammen sie es vorsichtig an.

Vorgeschichte der aktuellen Aktion
Die Seepolizei hatte sich zu der Aktion entschlossen, nachdem die Zoo-Direktion ihre Anfrage, ob ein durch Zufall in den See gelangtes Krokodil dort weiterleben könne, mit Ja beantwortet hatte.

Vorgeschichte der Vorgeschichte
Ausgelöst hatte die Nachforschungen ein Sporttaucher durch seine Anzeige bei der Seepolizei, er habe in vier Meter Tiefe in Höhe des Zürich-Horns ein Krokodil gesehen.

Nachrichtenaufbau und Zeitenfolge. Für den Lead stehen hauptsächlich drei Zeitformen zur Verfügung:

- das *Präsens*,
- das *Futur* und (weitaus am häufigsten)
- das *Perfekt*.

Beginnen wir mit einem Präsens-Leadsatz vom Zürichsee:
Das Krokodil, das die Anwohner des Zürichsees in Angst versetzte, ist aus Plastik.
Es ist aus Plastik! Wenn der Vater vom ersten Besuch in der Entbindungsklinik zu Freunden kommt, ruft er: Es ist ein Junge!

Das Präsens, die Zeitform der Gegenwart, wird im Leadsatz relativ oft verwendet, vor allem wenn der Satz etwas ausdrückt, was allgemein gilt oder zumindest vorläufig von Dauer ist:
Das Unternehmen A&B produziert seine Plastikflaschen ab sofort in Tschechien.
Vorsitzender des Neustädter Gartenbauvereins bleibt Walter Müller.
Zum Endspurt für Weihnachts-Einkäufe verzeichnen die Kaufhäuser bundesweit noch einmal großen Andrang.

4.4 Aufbau

Im Futur steht der Leadsatz, wenn er hervorheben soll, dass etwas *künftig* sein wird:
Das Unternehmen A&B wird seine Plastikflaschen künftig in Tschechien produzieren.
Den Neustädter Gartenbauverein wird auch in den nächsten zwei Jahren Walter Müller leiten.

Häufiger als Präsens und Futur wird das Perfekt verwendet. Es ist im Leadsatz sozusagen der Normalfall – das „natürliche" Tempus. Denn es drückt im Deutschen das aus, was gerade geschehen ist und noch in die Gegenwart hineinreicht, also genau das, was aktuellen Nachrichtenstoff ausmacht. In der modernen Grammatik heißt es deshalb auch *„Präsensperfekt"*, „vollendete Gegenwart" und „Vorgegenwart":
Zwei Froschmänner haben gestern festgestellt, dass das Krokodil im Zürichsee aus Plastik ist.
Das Unternehmen A&B hat beschlossen, seine Plastikflaschen künftig in Tschechien zu produzieren.
Der Angeklagte hat gestanden.
Der Verein hat den Vorsitzenden gewählt.

Auch in der Alltagssprache, ganz und gar in der mündlichen Kommunikation, benutzen wir – mit wenigen Ausnahmen – das Perfekt, wenn wir etwas soeben Geschehenes mitteilen wollen:
Papa, es hat geschneit …
Schau mal, das Flugzeug ist gerade gelandet …
Haben Sie es schon gehört, die Gemeinde hat den Antrag genehmigt …
Noch mehr als bei den Printmedien liegt es daher nahe, im ersten Satz von Radio- und Fernsehnachrichten das Perfekt zu verwenden, denn hier handelt es sich ja um mündliche Vermittlung.

Das Präteritum (früher Imperfekt) wird im *Lead* nur in wenigen Ausnahmefällen verwendet. In unserer Meldung vom Zürichsee könnte der erste Satz vielleicht lauten:
Die Angst der Uferbewohner war unbegründet: Das Krokodil im Zürichsee ist aus Plastik.
Eine große Rolle spielt das Präteritum aber im *weiteren Verlauf* der Meldung, im „Körper", im „Body". Der Leadsatz hat im Perfekt, Präsens oder Futur das Wichtigste ausgedrückt: das, was in die Gegenwart oder sogar in die Zukunft reicht. Im

nachfolgenden Teil der Nachricht geht es nun um das, was wirklich vorbei ist. Der Schreiber benutzt die Zeitform der Vergangenheit, wenn er erzählt:
Zwei Froschmänner der Seepolizei identifizierten es gestern als Spielzeugtier ... Dreißig Minuten mussten die Froschmänner suchen, ehe sie das vermeintliche Tier ... fanden. Mit Stock und Messer bewaffnet, schwammen sie es vorsichtig an.

Eine Erzählung in reinem Perfekt (... haben identifiziert ... haben suchen müssen ... haben gefunden ... sind es angeschwommen ...) ist in der mündlichen Kommunikation nicht ungewöhnlich, besonders in den süddeutschen Dialekten. In der Mediensprache würde sie primitiv wirken.

Wir kommen jetzt zur Vorgeschichte, berichten also das, was vor der Entdeckung des Plastikkrokodils liegt. Dafür gibt es das *Plusquamperfekt* (neuerdings auch *Präteritumperfekt*). Es hilft uns, unterschiedliche Zeitebenen deutlich zu machen
Die Seepolizei hatte sich zu der Aktion entschlossen.
Die Vorgeschichte in der gleichen Zeit wie das Suchmanöver selbst (also weiterhin im Perfekt oder Präteritum) würde den zeitlichen Ablauf unnötig verwischen.

Es genügt aber, das (etwas schwerfällige) Plusquamperfekt *einmal* zu benutzen. Damit ist eindeutig genug ausgedrückt, dass wir jetzt auf einer anderen Zeitebene sind, dass es um die Vorgeschichte geht. Alle folgenden Sätze können wieder im Präteritum stehen:
Die Seepolizei hatte sich zu der Aktion entschlossen, weil die Zoo-Direktion ihre Anfrage, ob ein durch Zufall in den See gelangtes Krokodil dort weiter leben könne, mit Ja beantwortete. Ausgelöst wurden die Nachforschungen durch den Hinweis eines Sporttauchers, er habe in vier Meter Tiefe ... ein Krokodil gesehen.

Zum Schluss eine Aufgabe, mit der Sie das Kapitel Nachrichtenaufbau noch einmal durcharbeiten können.
Sie lautet: Schreiben Sie eine Vorschau-Nachricht fürs Lokalblatt.
Hier das Original:
A-Stadt. – Wie berichtet, beschlossen die Teilnehmer des Seminars für Führungskräfte, das vor kurzem vom Bildungswerk A-Stadt abgehalten wurde, die vier Vortragsabende durch zwei praxisbezogene Veranstaltungen zu vertiefen. Im Mittelpunkt des ersten Abends am morgigen Donnerstag steht das Thema „Erfolgreich delegieren". Am kommenden Dienstag lautet das Thema „Im Gespräch überzeugen". Die beiden Veranstaltungen, die wieder von Peter Stricker als Referenten bestritten werden, finden jeweils um 19.30 im Nebenzimmer des Hotels Eichenbräu statt.

Der Text lässt offen, ob an den beiden „praxisbezogenen Veranstaltungen" nur die Führungskräfte aus dem Seminar teilnehmen können oder jeder, der sich interessiert. Unterstellen wir, da schließlich ein allgemeines Bildungswerk die Abende veranstaltet, es sei jedermann eingeladen.

Und jetzt unterstreichen Sie sich die für den Anfang in Frage kommenden Punkte. Damit haben Sie Stoff für den Lead. Wenn Sie den Lead geschrieben haben, brauchen Sie bloß noch den Rest in eine Reihenfolge zu bringen und zu formulieren.

Mir gefällt folgende Fassung:
A-Stadt. – „Erfolgreich delegieren" heißt das Thema eines Abends, zu dem am morgigen Donnerstag das Bildungswerk A-Stadt einlädt.
Er wurde auf Wunsch der Teilnehmer eines kürzlich gehaltenen Führungskräfteseminars angesetzt, die ihre dort erworbenen Kenntnisse durch zwei praxisbezogene Veranstaltungen vertiefen wollen. Der zweite Abend, zum Thema „Im Gespräch überzeugen", ist für kommenden Dienstag geplant. Referent beider Veranstaltungen ist Peter Stricker. Sie finden jeweils um 19.30 Uhr im Nebenzimmer des Hotels Eichenbräu statt.

Haben Sie verglichen? Wahrscheinlich hat Ihre Nachricht mit der meinen wenig Ähnlichkeit, das macht nichts. Es gibt fast immer mehrere brauchbare Möglichkeiten der Formulierung. Was Sie aber in jedem Fall tun mussten: Die Vorgeschichte

Wie berichtet, beschlossen die Teilnehmer ...
nach hinten schieben und einen aktuellen Anfang suchen.

4.5 Mitteilung (Verständlichkeit)

Bereits im vorigen Beitrag, in dem wir uns Regeln für den Nachrichtenaufbau erarbeitet haben, ging es letzten Endes um Verständlichkeit. Während aber viele dieser Aufbau-Regeln eine Besonderheit von Nachricht und Bericht sind, gelten die folgenden Verständlichkeitsratschläge für alle journalistischen Darstellungsformen.

20 Ratschläge sind es, genau so gut hätten es 17 oder 23 sein können. Wir haben einfach Schwierigkeiten notiert, auf die wir oft gestoßen sind, und die sich aus dem Weg räumen lassen.

Empfehlungen für verständliches und gutes Deutsch gibt Ludwig Reiners in seiner *Stilfibel*. Auch auf die meisten hier genannten Schwierigkeiten geht er ausführlich ein. Wir kennen kein besseres Deutsch-Buch und meinen, jeder Journalist sollte es alle paar Jahre durcharbeiten, um sich sprachlich fit zu halten – auch wenn es schon vor 50 Jahren geschrieben wurde. Wolf Schneider, langjähriger Leiter der

Hamburger Henri-Nannen-Schule, hat ein kritisch-witziges „Handbuch der Journalistensprache" geschrieben, „wie sie ist und wie sie sein könnte" (so der vollständige Untertitel in der Original-Ausgabe). Es heißt *Deutsch für Profis*, schärft das Sprach-Gewissen und verrät, wie man's besser macht.

1. Bringen Sie nur, was Sie selbst verstanden haben.
Hannover (dpa) – Die weltgrößte Computermesse CeBIT öffnet heute für das Publikum. Schwerpunkte sind vor allem das vernetzte „digitale Zuhause", drahtlose Kommunikation über UMTS und WLAN sowie IT-Sicherheit und das Breitband-Internet. Weitere spannende CeBIT-Themen sind das hochauflösende Fernsehen HDTV, das Rennen um die Nachfolge der DVD und die Internet-Telefonie.

UMTS, WLAN, IT, HDTV ... ? Ob der Korrespondent eigentlich eine Ahnung hatte, worüber er geschrieben hat? Wir wissen es nicht! Vielleicht ist er ein Computerexperte und hat nur versäumt, das Fachchinesisch für sein Publikum zu übersetzen. Aber vielleicht kannte er sich mit diesen Abkürzungen selbst nicht so genau aus und hat nur weiter gegeben, was er in der Pressemappe gelesen hat.

Wer über Ereignisse berichtet, muss sich selbst klar machen, worum es geht. Nur dann kann er auch Nachrichten schreiben, die sein Publikum versteht.

2. Berichten Sie anschaulich. In einer kurzen Nachricht kann das nicht heißen, dass Sie liebevoll Einzelheiten schildern und überall Farbtupfer anbringen. Aber Sie können sich der Anschaulichkeit beträchtlich annähern, wenn Sie sich jedenfalls um sozusagen *abstrakte Anschaulichkeit* bemühen:

bedeckt eine Fläche von 7930 qkm	ist mit 7930 qkm gut halb so groß wie Schleswig-Holstein
25 Prozent	ein Viertel

Wo man von Natur aus anschauliche Sachverhalte darzustellen hat, gilt das Gebot *konkreter Anschaulichkeit*. „Wer das, was er schildern will, nicht mit dem treffendsten Ausdruck bezeichnet, sondern sich mit einem Allerweltswort begnügt, wird verschwommen und langweilig schreiben. Ein Stuhl ist zuerst ein Stuhl und dann erst ein Möbelstück" (Carl Warren).[13]

Zwei Beispiele:

Die Gemeinde will die Infrastruktur verbessern	Die Gemeinde will sechs Kilometer Feldweg asphaltieren

---

[13] Carl Warren, ABC des Reporters, (München: Süddeutscher Verlag, 1966), S. 29.

4.5 Mitteilung (Verständlichkeit)

| Nach kurzer Zeit trat ein merklicher Getränkemangel ein | Nach zwanzig Minuten war das Fass leer |

Um allerdings schreiben zu können, wann das Fass beim Feuerwehrball leer war, müssen Sie

1. daran denken, dass das eine typische und einprägsame Beobachtung für den Verlauf des Festes sein könnte,
2. den Schenkkellner fragen und sich seine Auskunft aufschreiben.

3. **Berichten Sie genau.** *Genauigkeit hilft gegen Allgemeinheit.* Die folgende Geschichte darf man nicht wörtlich nehmen, aber leicht nehmen sollte man sie auch nicht. Sie handelt von O. K. Bovard, einem Lokalredakteur, und Charles G. Ross, einem Volontär.

Bovard gab Ross den Auftrag, die Fakten zusammenzuholen für einen Bericht über den Unfall eines Anstreichers, der ganz draußen, im südwestlichen Teil von St. Louis, in einer Fabrik vom Gerüst gefallen war.

Es war heiß und der Weg war lang und die Straßenbahn endete viel zu früh, so musste Ross noch weit zu Fuß laufen. Endlich fand er die Fabrik und sammelte die Informationen: Name, Adresse und Alter des Anstreichers, die Stelle, wo er abgestürzt war, die Ursachen des Unfalls, die Art der Verletzungen usw.

Er marschierte den weiten Weg zurück zur Straßenbahn, fuhr zurück zur Redaktion, setzte sich hin und verfasste eine Nachricht über den Unfall. Stolz zeigte er sie dem Lokalredakteur.

Bovard überflog die wenigen Zeilen und rief dann Ross zu sich: „Wie hoch ist das Gerüst?" Ross konnte es nicht sagen. „Ziemlich hoch", sagte er, „ungefähr soundsoviel Meter." Aber Bovard gab sich damit nicht zufrieden. „Ross", sagte er, „hoch ist ein relativer Begriff. Ich möchte, dass Sie noch einmal hingehen und die genaue Höhe feststellen."

So musste Ross noch einmal den langen, heißen Weg zurück zur Fabrik gehen. Als er endlich wiederkam, war es bereits dunkel, aber er hatte die Höhe des Gerüsts in Metern und Zentimetern.

Eine klassische Geschichte. Sie lehrt uns, dass man auch in der Nachricht, statt von einem hohen Gerüst zu reden, besser angibt, wie hoch es ist – wenn auch gewiss nicht in Zentimetern.

Wer nicht genau ist, kann die Wirklichkeit nicht anschaulich wiedergeben. (Vgl. Beitrag „Reportage".)

4. Nennen Sie Namen. Das ist eigentlich ein Unterabschnitt zu den Ratschlägen Anschaulichkeit und Genauigkeit. Namen geben nicht nur Farbe, Namen geben Identität.

Paris – Tabak schadet der Gesundheit mehr als schmutzige Luft. Dies erklärte ein Wissenschaftler der amerikanischen Umweltschutzbehörde auf einer internationalen Tagung in Paris.

Kam die Nachricht wirklich so von der Agentur? Nein; denn den Namen des Wissenschaftlers hatte sie selbstverständlich erwähnt:

Dies erklärte Professor Love von der amerikanischen Umweltschutzbehörde auf einer internationalen Tagung ...

Namen geben Identität und Farbe. Namen befriedigen die persönliche Eitelkeit. Als wir im Gymnasium eine Schülerzeitung machten, galt für uns der Spruch: Jeder gedruckte Name bedeutet drei verkaufte Exemplare. Der Mensch möchte nicht nur als Geburts- und als Todesanzeige in der Zeitung stehen, sondern möglichst oft in der Zeit dazwischen.

Names make news, sagt man in Amerika, wo keiner vom Fahrrad fällt, ohne dass er am nächsten Tag mit allen biographischen Daten in die Zeitung kommt. Aus Amerika stammt auch die hübsche, sicherlich erfundene Geschichte von dem jungen Reporter, der etwas über einen Brand auf dem Hof von Farmer Brown schreiben soll. „Und vergiss nicht: Namen!" ruft ihm der Redakteur nach. Der Reporter schreibt:

Drei Kühe verloren ihr Leben durch ein Feuer, das gestern Nacht den Stall von John Brown zerstörte. Ihre Namen sind Susie, Mary Jane und Arabella.

Namen befriedigen die persönliche Eitelkeit, Namen befriedigen die Neugier anderer. „Ach, schau mal an, der Müller", sagt Herr Meier und muss die Nachricht gleich seiner Frau vorlesen.

Herr Meier

solche Saloppheit kann ich mir übrigens nur hier beim Geschichtenerzählen leisten, nicht im Journalismus. Dort bleibt der

Herr

weg und kommt in aller Regel der *Vorname* hinzu:

Sigmund Meier

Namen von *Opfern*, auch Namen von *Straftätern*, sind nach unserer journalistischen Berufsethik allerdings in der Regel tabu.

5. Erzählen Sie die Vorgeschichte. Es gibt zweierlei Vorgeschichten:

Die einen waren seinerzeit selbst Nachrichtengegenstand (der Journalist erzählt sie jetzt nur der Vollständigkeit halber noch einmal, weil sie vielleicht inzwischen vergessen worden sind).

4.5 Mitteilung (Verständlichkeit)

Die anderen wurden seinerzeit keiner Erwähnung wert befunden, jetzt aber (durch den Fortgang der Ereignisse) sind sie ein wesentlicher Bestandteil dessen, was man von der Sache wissen muss.

Der erste Fall (über die Vorgeschichte wurde seinerzeit berichtet) ist häufiger; wir hatten zwei Beispiele, als wir uns mit dem Nachrichtenaufbau befassten.

Beispiel 1
Mit der Aufstellung der Wegweiser verwirklicht A-Stadt einen vor zwei Jahren gefassten Stadtratsbeschluss.

Beispiel 2
Die Seepolizei hatte sich zu der Aktion entschlossen, nachdem die Zoo-Direktion ihre Anfrage, ob ein durch Zufall in den See gelangtes Krokodil dort weiterleben könne, mit Ja beantwortet hatte. Ausgelöst hatte die Nachforschungen ein Sporttaucher durch seine Anzeige bei der Seepolizei, er habe in vier Meter Tiefe in Höhe des Zürich-Horns ein Krokodil gesehen.

Die Vorgeschichte erzählen bedeutet nicht selten, eines der sieben Ws beantworten: das *Warum*.

6. Zeigen Sie Zusammenhänge auf. Auch die im vorigen Ratschlag besprochene *Vorgeschichte* ist Teil des Zusammenhangs, den man kennen muss, um ein Ereignis in seiner Bedeutung richtig einschätzen zu können.

Ein anderer Weg, die Zusammenhänge herauszuarbeiten, besteht darin, nach örtlich oder zeitlich *Vergleichbarem* zu fragen. Was dabei herauskommt, sind meistens Komparative und Superlative:

Die größte Windkraftanlage Deutschlands

Die Produktion ist um 15 Prozent höher als im Vorjahr

Manchmal findet sich überhaupt nichts Vergleichbares, und gerade das ist ein mitteilenswerter Zusammenhang für das Geschehen, über das gerade berichtet wird:

Über eine Milliarde Kilometer von der Erde entfernt hat sich heute ein einzigartiges Ereignis vollzogen. Nach einem siebenjährigen Flug durch das All landete eine Raumsonde auf dem Saturnmond Titan. Er ist der einzige Mond in unserem Sonnensystem, der eine Atmosphäre hat.

Je nach der Art des Geschehens und dem bereits vorhandenen Informationsstand beim Publikum sind es *zusätzliche Aspekte*, die das Geschehen in einen größeren Zusammenhang stellen und deshalb mitgeteilt werden müssen.

Als das Bundesverfassungsgericht urteilte, dass für Klagen gegen Numerus-clausus-Entscheidungen der Dortmunder Zentralstelle nicht allein das Verwaltungsgericht Gelsenkirchen zuständig sei, aber offen ließ, nach welchen Gesichtspunkten sich künftig die örtliche Zuständigkeit bestimmen solle, fügte Hanno Kühnert seiner Meldung[14] den erklärenden Satz an:

> Die Frage ist deshalb besonders wichtig, weil eine Klage beim falschen Gericht wegen Unzulässigkeit abgewiesen werden muss und der Kläger in diesem Fall kostbare Zeit und Geld verliert.

Das ist kein Kommentar, sondern eine Information, die den Zusammenhang erhellt. Sie beantwortet die naheliegende Frage, was denn schon groß daran sein soll, ob der Abiturient nun seinen Numerus-clausus-Prozess in Gelsenkirchen anfängt oder irgendwo anders.

Auch der dem Zusammenhang eng verwandte *Hintergrund* „ist kein Anhängsel, auf das der Redakteur zur Not verzichten kann", lehrt der Nachrichtenpraktiker Dietz Schwiesau. „Im Gegenteil: Wer verständliche Nachrichten bieten will, darf am Hintergrund nicht sparen, auch wenn der dann manchmal länger ist als die Neuigkeit selbst."

Zunächst also die *Neuigkeit*:

> Tausende Rübenbauern haben heute in ganz Deutschland gegen drohende Einkommensverluste demonstriert. Sie versammelten sich auf Marktplätzen, blockierten Straßen und entzündeten Mahnfeuer.

Und jetzt der *Hintergrund*, der auch so genannt werden kann:

> Hintergrund der Proteste ist der Plan der Europäischen Union, die Zuckerpreise um 40 Prozent zu senken. Außerdem soll der Markt für Anbieter aus Südamerika, Asien und Australien geöffnet werden. In Europa kostet eine Tonne Zucker 650 Euro, auf dem Weltmarkt nur 250 bis 300 Euro. Der Deutsche Bauernverband erklärte, brasilianischer Zucker zum Beispiel sei so billig, weil er von Sklavenarbeitern auf brandgerodeten Urwaldflächen angebaut werde. Damit könnten deutsche Rübenbauern nicht konkurrieren. Deshalb sei ihre Existenz gefährdet.

7. Wiederholen Sie, wenn Sie befürchten müssen, der Leser, Hörer oder Zuschauer habe bereits ein Detail vergessen, das Sie an früherer Stelle genannt haben und das er jetzt im Kopf haben müsste, um die gegenwärtige Stelle voll zu ver-stehen.

Vor allem bei *Zahlen* empfiehlt sich die Wiederholung an dem Punkt, an dem man sie zum Vergleich braucht. Ein Beispiel:

---

[14]Hanno Kühnert, Studienplatz-Vertrag teilweise nichtig, Süddeutsche Zeitung Nr. 152 vom 5. Juli 1974, Seite 7.

Bundeswirtschaftsminister Michael Glos (CSU) erwartet nach eigenen Worten, dass das Brutto-Inlandsprodukt in diesem Jahr um 1,5 Prozent wächst. In einem Interview des „Focus" sagte er, die deutsche Wirtschaft befinde sich deutlich im Aufschwung. Bei früheren Gelegenheiten hatte Glos sogar ein Wachstum von bis zu 1,8 Prozent vorausgesagt. Auch seine jetzige Prognose von 1,5 Prozent (Wiederholung!) liegt über den offiziellen Schätzungen des Jahreswirtschaftsberichts der Regierung. Danach ist nur ein Wachstum von 1,4 Prozent zu erwarten.

8. Suchen Sie nach dem treffenden Wort
Der Numerus clausus der Urlaubsländer
Wer das als Überschrift findet und daraufhin den Artikel liest, fühlt sich rasch an der Nase herumgeführt: Im Beitrag ist nämlich kein bisschen von einem exklusiven Urlaubsländer-Club oder sonst einer beschränkten Zahl *(numerus clausus)* die Rede. Nein, deutsche Touristen haben ihre Urlaubszufriedenheit benotet. Und nur, weil auch unsere Studienplatz-Vergabe etwas mit Noten zu tun hat, entschied sich der Redakteur für den falschen Begriff.

Die für eine Reiseanalyse befragten Touristen konnten von Note 1 („rundum zufrieden") bis 6 („rundum unzufrieden") bewerten; als Durchschnittsnote ergab sich 1,65. Daraus ließe sich die Überschrift machen:
Urlaubszufriedenheit: Note eins bis zwei
Zwar nicht glanzvoll, aber wenigstens nicht falsch.

In die falsche Schublade greift auch, wer auf der Suche nach dem starken Ausdruck immer gleich in der obersten Reihe nachschaut.

Wenn die Müllabfuhr einmal nicht mehr nachkommt, spricht er von einer
Krise
und jeden Verkehrsunfall mit mehr als einem Verletzten nennt er
tragisch.
Eine
Krise
bezeichnet einen derart verschärften Zustand, dass eine Rückkehr zum Bisherigen nicht mehr möglich ist (Wendepunkt). Und
tragisch
meint nicht besonders schlimm und traurig, sondern ein Verhängnis wie in der griechischen Tragödie; sie aber gestaltet (laut dtv-Lexikon) „einen unvermeidlichen und unausgleichbaren Gegensatz, der zum Untergang des Helden führt". Was auf den Auto-Zusammenstoß selbst bei großzügigster Auslegung nicht zutrifft.

Wer das passende Wort nicht gleich findet, steht vor einer großen Versuchung: statt dessen ein eigentlich nicht passendes zu wählen und sich von ihm dadurch

sofort wieder zu distanzieren, dass er dieses Wort in *Anführungszeichen* setzt. In einem Reisebericht aus Marokko:
> Es wird mit keinem Besteck, keiner Gabel und keinem Löffel gegessen, sondern mit den „Pfoten".

Warum nicht einfach mit den Händen? Ist Pfoten anschaulicher oder gar witziger? Sicher nicht.

Aus einer Umfrage bei Tankstellenpächtern:
> Zu Beginn der Energiekrise „erfreuten" die großen Ölkonzerne die Tankstellenpächter mit teilweise drastischen Treibstoffrationierungen.

Was taten die Ölkonzerne wirklich? Überraschten sie die Tankstellenpächter, ärgerten sie sie? Schreiben Sie's hin!

Im Gerichtsbericht über die Verhandlung gegen einen jungen Mann, der in ein Musikgeschäft eingebrochen war:
> Ein lediger Elektriker wollte seine Geldnot „heilen".

Weil Not keine Krankheit ist, wird sie nicht geheilt, sondern gelindert oder behoben. Wer eine Not „heilt", missbraucht nicht nur die Anführungszeichen, er verwendet auch ein falsches Bild.

9. Verwenden Sie das richtige Wort. Ein Urteil des
> Bundesverfassungsgerichtshofs

ist in der Bundesrepublik ebenso wenig möglich wie ein
> Landesgerichtsurteil.

Die beiden Institutionen heißen bekanntlich
> Bundesverfassungsgericht

und
> Landgericht

Falsche Bezeichnungen verwirren. Und der auf dem jeweiligen Gebiet fachkundige Leser oder Hörer reagiert obendrein so: Wenn schon die einfachsten Äußerlichkeiten nicht stimmen, denkt er sich, wie wird es dann erst mit der Glaubwürdigkeit der eigentlichen Nachricht ausschauen? Zu den Trivialvoraussetzungen von Klarheit und Verständlichkeit gehört, dass man das richtige Wort verwendet:
> Am Samstag kommt Staatssekretär Marx mit weiteren Mitarbeitern nach A-Stadt.

Das Wort
> weitere

meint: andere als die bisher genannten. Bisher war aber nur von dem Staatssekretär die Rede. Da er nicht sein eigener Mitarbeiter ist, führt die Nachricht in die Irre.

Richtig muss sie heißen:

4.5 Mitteilung (Verständlichkeit)

Am Samstag kommt Staatssekretär Marx mit einigen Mitarbeitern nach A-Stadt

In der Vorschau auf eine Fernsehsendung über Verbraucherfragen las ich:
> Neben dem Finanzexperten Professor Peter Lindemann werden zwei weitere Fachleute im Studio vertreten sein: die Diplom-Psychologin Carmen Lakaschus und der Werbefachmann Klaus Hattemer.

Hier stimmt das
> weitere Fachleute

aber sie werden nicht
> vertreten sein

denn natürlich werden Frau Lakaschus und Herr Hattemer selbst auftreten.

Wahrscheinlich hatte der Schreiber, als er an Vertretung dachte, im Hinterkopf: Da kommt ein Finanzexperte, und zwei weitere Fachgebiete sind vertreten. Schon ist's passiert.

10. Seien Sie vorsichtig mit Metaphern. Bilder können einen Text eindringlich und anschaulich machen. Im Informationsjournalismus aber soll die Eindringlichkeit und Anschaulichkeit von der *Wiedergabe der Wirklichkeit* durch Schilderung, Beschreibung und Bericht herrühren, nicht von abgenutzten Metaphern.

Die Hauptgefahr der Metaphern-Sprache liegt darin, dass man
> das Kind mit dem Bade ausschüttet und dann warten muss, bis es sich im Sande verlaufen, beziehungsweise der Zahn der Zeit diese Träne getrocknet hat.

Schiefe Bilder finden wir fast täglich:
> Das Sportlerherz des Oberbürgermeisters schlägt in einer Reiterhose.

Einer Leichtathletik-Weltrekordlerin
> griffen 3000 Zuschauer hilfreich unter die Arme.

Ein Eisstadion
> hat seine Feuertaufe als Konzertsaal bestanden.

Schließlich:
> Wenn das Auge des Gesetzes seine Uniform auszog, verwandelte es sich in einen skrupellosen Rauschgifthändler.

11. Lexikalische Varianz ist eher schädlich. Wie heißt Österreich im zweiten Satz? Ja, mit Sicherheit
> die Alpenrepublik.

Und wenn einer an der Autobahn-Ausfahrt nach Salzburg einen Unfall baut, war das im zweiten Satz beim Abbiegen in die Mozart-Stadt.

Köln bleibt im Journalismus wohl für ewig

die Domstadt

und Stuttgart

die Schwaben-Metropole.

Die Handballmannschaft von Bad Schwartau hat es sogar zum Wortklischee

die Marmeladenstädter

gebracht.

Lexikalische Varianz, also das Abwechseln mit *Ersatzwörtern*, ist kein Sprachgesetz. Aber viele Journalisten wählen ihre Wörter so, als wäre es eines.

Dabei kann die hektische Suche nach Abwechslung der Begriffe auch noch die *Verständlichkeit* erschweren, vor allem beim Radiohörer und Fernsehzuschauer, aber auch beim Leser:

Für den Gesetzentwurf stimmten 243 Abgeordnete, gegen den Vorschlag der Regierung 160 Parlamentarier.

Solche Wortvarianten können verunsichern: Ist der Vorschlag der Regierung vielleicht etwas anderes als der Gesetzentwurf? Und ein Parlamentarier ist als Begriff zwar bekannt, als Variante zu Abgeordneter erregt er aber für Sekundenbruchteile Zweifel. Deshalb sollten wir, vor allem im Radio und Fernsehen, bedenkenlos formulieren:

Für den Gesetzentwurf stimmten 243 Abgeordnete, dagegen stimmten 160 Abgeordnete.

Etwas eleganter wäre es hier sogar, ganz auf die Wiederholung zu verzichten und umgangssprachlich zu sagen:

Für den Gesetzentwurf stimmten 243 Abgeordnete, dagegen 160.[15]

Will der Journalist dennoch den Ausdruck variieren, vor allem bei mehr als zwei, drei Sätzen, sollte er Zweierlei beachten:

1. Das Ersatzwort sollte in den *Zusammenhang* passen, von dem die Rede ist. Die Alpenrepublik darf also notfalls vorkommen, wenn von verschneiten Bergstraßen die Rede ist, nicht aber, wenn es um den Anstieg der österreichischen Scheidungsrate geht.

---

[15]Nach Walther von La Roches Beitrag „Fürs Hören schreiben"; in: La Roche/Buchholz (Hrsg.), Radio-Journalismus (Journalistische Praxis, Springer VS: Wiesbaden, 11., völlig neu bearbeitete Aufl. 2016).

4.5 Mitteilung (Verständlichkeit)

Selbst wenn das Ersatzwort an sich noch gar kein Klischee ist, muss ein enger Zusammenhang zwischen den beiden Begriffen bestehen. Was soll also diese willkürliche Verbindung zweier unterschiedlicher Informationen:
> Als neuer Intendant ins Gespräch gebracht wurde der begeisterte Bergwanderer von der CDU.

2. Das Ersatzwort darf auch nicht aus der Kiste *exotischer Wörter* stammen, die nur von Journalisten gebraucht werden, sonst aber von niemandem, zum Beispiel:
> Ausstand

als Varianzwort für Streik,
> Urnengang

statt Wahl
und, echter Lesefund,
> aromatische Weichfrüchte

statt der guten
> Erdbeeren.

12. Vermeiden Sie Behörden-Deutsch. Man könnte diesen Ratschlag auch mit Helmut Hammerschmidt[16] als „Warnung vor Verhunzung der Wortbildung bei Berichterstattung und Schilderung" formulieren.

Wenn Mitglieder einer Jugendorganisation
> eine Gebrauchtkleider- und Altpapiersammlung durchführen

gefällt uns gar nicht das Durchführen; aber auch das Hauptwort Sammlung lässt sich durch das Tätigkeitswort sammeln ersetzen, und schon ist der Satz lebendiger geworden
> sammeln gebrauchte Kleider und Altpapier.

Beginnen Sie Ihr Bemühen um lebendigen Stil, indem Sie Ihre Allergie gegen die *ung*-Wörter steigern:
> Die Verteilung der Mittel erfolgt durch den Gemeinderat

jagt Ihnen solche Schauer über den Rücken, dass Sie nicht eher zufrieden sind, bis es heißt:
> Die Mittel verteilt der Gemeinderat.

Vergleiche Ratschlag 18: Bevorzugen Sie das *Aktiv*.
> Lassen Sie es auch nicht zu, dass Leopold Müller als
> in Düsseldorf wohnhaft

---

[16]Helmut Hammerschmidt, Der Rundfunkreporter (Garmisch-Partenkirchen: Delos, 1957), S. 79.

bezeichnet wird, da er doch tatsächlich
in Düsseldorf wohnt.

13. Verbannen Sie den Blähstil

Er wird in seiner Eigenschaft als Kanzler	Er wird als Kanzler
Er befindet sich	Er ist
Nichtsdestotrotz	Trotzdem
hohes Verkehrsaufkommen	starker Verkehr
Bei jeder sich bietenden Gelegenheit	Bei jeder Gelegenheit

14. Verhindern Sie Gleichklang und Zusammenstoß. Das passiert jedem:
In zahlreichen Teilbereichen
Das Zustandekommen des Abkommens
Aber nicht jeder lässt es so:
In vielen Teilbereichen
Das Gelingen des Abkommens – das Zustandekommen des Vertrags
Gleichklang entsteht nicht nur, wenn – wie gerade gehabt – der Schreiber oder Sprecher in einem Zusammenhang zweimal den gleichen Wortstamm verwendet, sondern schon allein dadurch, dass ung-Wörter gehäuft vorkommen:
Welche Auswirkungen hat die Verringerung der Bezuschussung?
Statt:
Welche Folgen hat es, wenn die Zuschüsse verringert werden?
Noch schöner wäre es natürlich, wir wüssten, wer die Zuschüsse verringert, dann könnten wir das Passiv auch noch durch das Aktiv ersetzen:
Welche Folgen hat es, wenn der Landkreis die Zuschüsse verringert?
Ein Satz wird holprig und verliert an Verständlichkeit, wenn Präpositionen aneinander stehen:
Der Verdacht von am Markt vorbeikalkulierten Preisempfehlungen
Besser:
Der Verdacht, dass Preisempfehlungen am Markt vorbeikalkuliert worden sind
Manchmal lässt sich ein solcher Zusammenstoß ganz einfach vermeiden:
von in Berlin ansässigen Personen
von Einwohnern Berlins

4.5 Mitteilung (Verständlichkeit)

15. Geizen Sie mit Fremdwörtern. Es gibt Fremdwörter, die sich als Fachausdrücke nicht durch einen deutschen Begriff ersetzen lassen. Hat man ein Fremdwort im Sinn, das man jetzt gleich niederschreiben oder in einer Sendung verwenden will, so sollte man (wenn Zeit dafür ist) eine kurze Überlegungspause einschalten und prüfen:

1. Muss ich das Fremdwort verwenden, weil es keinen deutschen Ausdruck gleicher Bedeutung gibt?
2. Wenn ich das Fremdwort verwenden muss: Kennt das Publikum dieses Wort oder ist es erläuterungsbedürftig?

Als *Fremdwörtertest* finden Sie 15 Begriffe; solche, die nötig und bekannt sind (A), andere, die nötig und erläuterungsbedürftig (B), und schließlich solche, die durch einen deutschen Ausdruck ersetzbar sind (C). Welchen Wörtern geben Sie den Buchstaben A, welchen den Buchstaben B und welchen C?

1. Inflation
2. Kontext
3. Insolvenz
4. Bush-Administration
5. bilateral
6. Blockbuster
7. Bonus und Malus
8. Plädoyer
9. Infektion
10. exorbitant
11. Lethargie
12. ex officio
13. Lombardsatz
14. Boom
15. Turnaround

Nach meinem Geschmack sollte man so benoten:
1 A, 2 C (Zusammenhang), 3 B (Zahlungsunfähigkeit), 4 C (Regierung Bush), 5 C (zweiseitig), 6 B oder C (Kassenschlager), 7 B (Aufbesserung bzw. Zurückstufung der Note um einen bestimmten Grad), 8 A, 9 A, 10 C (unverhältnismäßig, maßlos), 11 C (Trägheit/Interesselosigkeit), 12 C (von Amts wegen); 13 B (Zinssatz für Kredit gegen Verpfändung von Wertpapieren), 14 A, 15 B (Trendwende).

Bei der Auswahl von Fremdwörtern und Fachbegriffen spielt natürlich eine Rolle, *für wen* Sie schreiben (der „Blockbuster" ist Kinofans bekannt). Aber immer

sollte Richtschnur sein, dass möglichst viele Menschen das Geschriebene möglichst leicht verstehen.
Fremdwörter-Lexika gibt es von einigen Verlagen. In meiner Literaturliste am Ende des Beitrags „Verständlichkeit" nenne ich das Duden-Fremdwörterbuch. Auch das Internet hilft weiter, z. B. unter „Langenscheidt Fremdwörterbuch" *(de. langenscheidt.com/fremdwoerterbuch/)*. Dort brauchen Sie nur den Suchbegriff einzugeben und bekommen blitzschnell die Antwort.

16. Erklären Sie Begriffe und Abkürzungen. Wenn Sie nicht sicher sein können, dass der Durchschnitt der von Ihnen Angesprochenen die Begriffe versteht, die Sie verwenden, müssen Sie entweder verständlichere Begriffe als Ersatz wählen oder, wo das nicht geht, erklären, erklären, erklären.
    Die Bundesversammlung hat in Berlin
Bereits der Unterschied zwischen Bundes*tag* und Bundes*rat* ist noch heute vielen Menschen nicht klar
    Der Bundesrat, das Organ der Länder
um wie viel nötiger ist es, Aufgabe und Zusammensetzung der
    Bundesversammlung
zu erklären, wenn dieses Verfassungsorgan in Ihrem Beitrag vorkommt.
Abkürzungen. Hier ein willkürliches Sammelsurium aus der Zeitungslektüre:

    GEMA = Gesellschaft für musikalische Aufführungsrechte
    IHK   = Industrie- und Handelskammer
    IVW   = Informationsgemeinschaft zur Feststellung der Verbreitung von
            Werbeträgern
    IWF   = Internationaler Währungsfonds
    OSZE = Organisation für Sicherheit und Zusammenarbeit in Europa
    BGH   = Bundesgerichtshof

Alle Kürzel hatte die Zeitung auch in Langfassung gebracht. Warum verwendet sie dann dazu noch die schwierige Abkürzung? Aus zwei Gründen:

1. Abkürzungen bürgern sich ein, werden fast zu Eigennamen:
   ARD, BMW, DFB, EU, NATO, UNESCO, VW, ZDF
2. Abkürzungen braucht man in einem Beitrag nur einmal zu erklären, dann kann man sich dieser einfacheren Kurzform bedienen. Etwa so:
   Der Bundesgerichtshof (BGH) hat erstmals Mindeststandards für sogenannte Glaubwürdigkeitsgutachten in Strafprozessen festgelegt ... Mit seiner

4.5 Mitteilung (Verständlichkeit)

Entscheidung hob der BGH die Verurteilung eines Mannes durch das Landgericht Ansbach wegen neunfachen sexuellen Missbrauchs seiner heute 15-jährigen Adoptivtochter auf ...

Welcher Begriff sich hinter einer Abkürzung verbirgt, lässt sich im Internet recherchieren.

17. Bilden Sie kurze Sätze

Die Bürgermeister von A-Dorf, B-Dorf, C-Dorf, Nieder-Bach, E-Furt, F-Ing, G-Bach, H-Berg und I-Ling verfassten und beschlossen am Montagvormittag im Landratsamt auf Vorschlag von Landrat Peter Alt eine Resolution, derzufolge die gemeindliche Gebietsreform im Landkreis keinesfalls nach den Plänen des Innenministeriums stattfinden solle, das von künftigen Gemeindegrößen nicht unter 5000 Einwohnern bei Einheitsgemeinden beziehungsweise von Verwaltungsgemeinschaften ausgehe, wobei Gemeinden unter 1000 Einwohnern überhaupt keine Überlebenschance haben sollten.

Der Vorschlag für den Nachrichtenanfang soll Ihnen zeigen, in welcher Länge ein solcher Satz noch verständlich ist:

Die Bürgermeister von neun Gemeinden haben sich in einer Resolution gegen die Pläne des Innenministeriums zur gemeindlichen Gebietsreform gewandt.

„Damit Ihre Sätze nicht zu lang werden", schreibt Ludwig Reiners in der Stilfibel, „dürfen Sie nicht zu viele Nebensätze bauen. Hauptsachen in Hauptsätze, Nebensachen in Nebensätze! Der Satz muss durchsichtig bleiben."

„Die Unterordnung", so Reiners weiter, „eignet sich mehr für verstandesmäßige, die Beiordnung für gefühlsbetonte Texte. Ein reiner Hauptsatzstil ist eintönig."

18. Bevorzugen Sie das Aktiv

Durch den zurückgetretenen Feuerwehrkommandanten wird für heute eine Feuerwehrversammlung einberufen.

Wie fern und dünn! Der Schreiber dieser Nachricht rückt das Geschehen vom Leser weg. Tatsächlich stellt es sich doch sehr viel profilierter dar:

Der zurückgetretene Feuerwehrkommandant hat für heute eine Feuerwehrversammlung einberufen.

Worum geht es bei dieser Versammlung der Feuerwehrleute?

Sollte auch diesmal wie bei den bereits früher stattgefundenen beiden Versammlungen kein neuer Kommandant gewählt werden können, so läuft die B-Dorfer Feuerwehr Gefahr der Auflösung.

Welche geheimen Mächte ziehen da an unsichtbaren Schnüren, lassen Kommandanten wählen und beschwören Auflösungsgefahren herauf? Gar keine. Der Schreiber hat nur vergessen, die Menschen (die Feuerwehrleute) ins Spiel zu bringen. Sie wählen oder wählen nicht; sie könnten auch über die Auflösung beschließen:

Sollten die Feuerwehrleute auch diesmal, wie bei zwei Versammlungen zuvor, keinen Kommandanten wählen, besteht die Gefahr, dass sich die B-Dorfer Feuerwehr auflöst.

Das Passiv macht die Nachricht unpersönlich. Passiv ist fast immer schlecht und vermeidbar, Aktiv fast immer richtig und erreichbar.

Nur in drei Fällen ist das Passiv, die Leideform, berechtigt:

1. Wenn Sie tatsächlich *Leidensvorgänge* wiedergeben wollen
   Der Briefträger wurde von einem Hund ins Bein gebissen
2. Wenn der *Handelnde unwichtig* ist
   Das Museum wird um sechs Uhr geschlossen
3. Wenn die (nicht handelnde) Person so wichtig ist, dass mit ihr der Satz beginnen soll. Also nicht
   Die Stadtratsfraktion der Nürnberger SPD hat die frühere Bundesgesundheitsministerin erneut zur Fraktionsvorsitzenden gewählt.
   sondern
   Die frühere Bundesgesundheitsministerin ist von der Stadtratsfraktion ...

19. Respektieren Sie Rechtschreibung und Grammatik
   Die Erkenntnis, das die Energiekrise gelegen kam
ist, was das falsche das betrifft, so neu und so selten nicht. Mindestens so häufig ist ein falsches dass:
   Das Bundespresseamt, dass seine Praxis nicht für rechtswidrig hält
Mit dem Wort das lassen sich weitere Fehler machen:
   Das Grundstück, was der Bürgermeister im vorigen Jahr
ist ebenso falsch wie die Verwendung von das, wo es was heißen müsste:
   Es gibt nichts, das die Annahme rechtfertigt.
Solche Fehler machen Sie aber sowieso nicht.
   Jetzt ist es Zeit,
   um in unserem Stoff fortzufahren.
Einverstanden, nur ohne das Zweck- oder Absichts-*um*. Es genügt der Infinitiv:
   in unserem Stoff fortzufahren.
Weil wir gerade bei Deutschstunden-Erinnerungen sind:
   Wie heißt der Genitiv von Embryo?
   des Embryos

4.5 Mitteilung (Verständlichkeit)

und von Vatikan?
 des Vatikans.
Der Leser stutzt, wenn er auf Konstruktionen stößt, die den Genitiv unzureichend erkennen lassen:
 der Lieblingstanz Ludwig XIV
Ludwigs
 die Heimat des General de Gaulle
des Generals de Gaulle.
Wer an ein Hauptwort etwas unmittelbar anfügt, muss die Anfügung in den *Fall* setzen, in dem er das Hauptwort verwendet. Falsch ist also:
 Ein Verwaltungsgerichtsprozess gegen den Landkreis D-Stadt, dem jetzigen Träger des Krankenhauses
Richtig muss es heißen:
 den jetzigen Träger

20. ... und achten Sie auf die Satzzeichen. Ohne eine Mindestration an Punkten, Kommas, Strichpunkten, Gedankenstrichen und Anführungszeichen kommen wir nicht weit, weil ohne sie der Satz keine Struktur erkennen lässt. Interpunktionsschlamperei erregt beim Redakteur nicht nur den Verdacht, der Autor beherrsche die Interpunktion nicht – Interpunktionsschlamperei erschwert ganz schlicht die Verständlichkeit:
 Danach beschloss ich meine Ausbildung an der Fachoberschule fortzusetzen.
Bis zum vorletzten Wort führt der Satz auf die falsche Fährte, der Bewerber, aus dessen Lebenslauf ich zitiere, habe seine Ausbildung abgeschlossen. Den Irrtum hätte ein Komma verhindert
 Danach beschloss ich, meine Ausbildung an der Fachoberschule fortzusetzen.

Weiterführende Literatur
Duden-Taschenbuch: Komma, Punkt und alle anderen Satzzeichen (Bibliographisches Institut Mannheim/Wien/Zürich).
Duden Band 5, Fremdwörterbuch (Bibliographisches Institut Mannheim/Wien/Zürich).
Jürg Häusermann, Journalistisches Texten. Sprachliche Grundlagen für professionelles Informieren (Konstanz: UVK, 3. Auflage 2011).
Ludwig Reiners, Stilfibel. Der sichere Weg zum guten Deutsch (München: Deutscher Taschenbuch Verlag, 1963).
Wolf Schneider, Deutsch für Profis. Wege zum guten Stil (München: Goldmann-Taschenbuch, 2001).

4.6 Objektivität

Vom Journalisten erwartet man, dass er der „Pflicht zu wahrheitsgemäßer Berichterstattung"[17] nachkommt. Für die Arbeit der Presse fordert der Pressekodex,[18] dass „zur Veröffentlichung bestimmte Informationen in Wort, Bild und Grafik ... mit der nach den Umständen gebotenen Sorgfalt auf ihren Wahrheitsgehalt zu prüfen und wahrheitsgetreu wiederzugeben" sind. Und von den Redakteuren bei öffentlich-rechtlichen Rundfunkanstalten verlangen die Rundfunkgesetze in ähnlichen Formulierungen „bei der Auswahl und Sendung der Nachrichten ... Objektivität und Überparteilichkeit".[19]

Zwei Hauptgründe: Was da in Berufsregeln und Gesetzen gefordert wird, hat zwei zweckmäßige und vernünftige Gründe:

1. Der Berichterstatter soll dem Leser, Hörer, Zuschauer nicht das Denken abnehmen; er soll ihm nur die Fakten liefern, die ihn in die Lage versetzen, sich dann sein Urteil selbst zu bilden. Das ist der eine Grund: keine Bevormundung des Bürgers.
2. Jeder hat ein Recht darauf, dass sein öffentliches Wirken (auch wenn es vielleicht darin besteht, als Angeklagter vor Gericht auftreten zu müssen) nicht parteiisch dargestellt wird, sondern unvoreingenommen, sachlich und ohne Beigabe von Kommentar.

Das Darstellungsinteresse derer, *über* die berichtet wird, trifft sich mit dem Informationsinteresse derer, *für* die berichtet wird: Wer in den Medien informiert, soll sich um Objektivität bemühen.

Was ist Objektivität? Wir werden auf den nächsten Seiten kein Seminar in Erkenntnistheorie halten, sondern an Fällen aus der journalistischen Praxis prüfen: Was kann und muss der Journalist leisten, was nicht?
Erste selbstverständliche Forderung:

Die Fakten müssen stimmen. Also: Die Namen müssen stimmen, das Alter, die Teilnehmerzahl; was einem Redner als Zitat zugeschrieben wird, muss dieser auch wirklich so gesagt haben usw.

---

[17] vgl. z. B. Bayerisches Pressegesetz, Artikel 3 (2).
[18] Pressekodex des Deutschen Presserats, Ziffer 2.
[19] Bayerisches Rundfunkgesetz, Artikel 4 (2), Ziffer 9.

4.6 Objektivität

In einem Streik spricht die Gewerkschaft von 10.000 Streikenden, der Arbeitgeberverband von 5000. Die wirkliche Zahl kann der Nachrichtenredakteur nicht ermitteln; welche soll er nennen? 10.000? 5000? 7500 als Mittelwert? Oder soll er wegen der Schwierigkeit, die Wahrheit zu finden, ganz auf eine Zahlenangabe verzichten?

Hier ist die Antwort einfach. Er muss *beide* von den Interessengruppen genannten Zahlen anführen:

Nach Angaben der Gewerkschaft beteiligten sich 10.000 Arbeiter an dem Streik; der Arbeitgeberverband spricht von 5000 Streikenden.

Wo sich der Redakteur keine Gewissheit über den Sachverhalt verschaffen konnte, führt das Bemühen um Richtigkeit dazu, in aller Offenheit auf diese Ungewissheit aufmerksam zu machen.

Falsch wäre es, durch eigene Mutmaßungen die Ungewissheit zu überspielen und damit etwas vielleicht Unrichtiges hinaus zu geben. Gewissenhaftigkeit und Sorgfalt bei der Beschaffung und Weitergabe von Fakten zahlen sich für das Ansehen in der Öffentlichkeit und die eigene Zufriedenheit mehr aus als unzuverlässige Schnelligkeit. „Be first but first be right", sagt man im angelsächsischen Journalismus.

Durch Ungenauigkeit verschuldete „Zeitungsenten" (es gibt diese Tiere auch in anderen Medien-Gegenden) sind peinlich. Der alte Spruch kann da nicht trösten, dass, wer eine „Ente" bringt, gleich zweimal etwas exklusiv hat:

Gestern waren wir als einzige Zeitung in der Lage, zu berichten, dass ein Unbekannter der Stadt zwei Millionen gestiftet hat; heute sind wir als einziges Blatt in der Lage zu berichten, dass nichts gestiftet wurde.

Die offene Korrektur eines Fehlers gehört zur Objektivität dazu. Objektivität ist ohne Transparenz nicht möglich: Journalisten müssen zugeben, wenn Sie nicht vollständig recherchieren konnten oder wenn Sie einen Fehler gemacht haben.

Vollständigkeit der Information: Die mitgeteilten Fakten müssen auch in einem weiter gesteckten Anspruch stimmen: Es genügt nicht, dass ich in einer Streitfrage zwar korrekt und ausführlich über die Argumente der einen Seite berichte, die Gegenseite aber – ebenfalls sachlich korrekt – mit deutlich weniger Sätzen abtue. Zur Richtigkeit der Darstellung gehört hier, dass ich die in der Diskussion aufgetauchten Argumente, soweit der Platz ausreicht, *vollständig und ausgewogen* wiedergebe. Allerdings stößt dieses Bemühen an Grenzen, die wir später unter dem Stichwort „innere Objektivität" näher betrachten werden.

Nachrichten leben auch von Meinungsäußerungen. Da wird vorgeschlagen, gefordert, kritisiert, erwidert, verteidigt und verdammt, aber immer nur von anderen, bitte nicht vom Nachrichtenschreiber. Die Meinungsäußerung eines in der Öffentlichkeit Stehenden ist Nachrichtenstoff wie jede Brandkatastrophe, Gerichtsverhandlung, Straßenumleitung oder Fußballmeisterschaft. Unterschiedslos für die Bearbeitung des gesamten Nachrichtenstoffs gilt:

Kein Kommentar! Darüber sind wir uns sicher einig, auch in der journalistischen Praxis erkennt das jeder an. Nur steht zwischen dem guten Willen und seiner Verwirklichung im journalistischen Alltag jene Spanne, die sonst mit dem Spruch „Der Geist ist willig, aber das Fleisch ist schwach" bezeichnet wird. Kann sein, dass man – in seltenen Fällen – emotional so bewegt ist, sich in Versuchung führen lässt und absichtlich einen Kommentar einflicht, kann aber auch sein, dass man (in der Mehrzahl solcher Verstöße) nur fahrlässig Wertungen einfließen lässt.

Der Bericht über einen Volksmarsch, bei dem im Gegensatz zu 7000 Marschierern des Vorjahrs diesmal nur 2500 mitmachten, vermischt Nachricht und Kommentar, wenn er schon im vierten Satz loslegt:

> Die Wanderer, die in diesem Jahr ausbleiben, stellen sich selbst nicht das beste Zeugnis aus; denn die Verärgerung über das organisatorische Fiasko, über das der Wanderverein letztes Jahr stolperte, wirkt einfach kindisch.

Saubere Trennung heißt nicht Kastrierung. Der aufgebrachte Wandertag-Reporter hätte seinen Zorn über die Ferngebliebenen nicht hinunterschlucken müssen, wenn er ihn aus dem Bericht ausgespart hätte. *Im Anschluss an die Information ist Platz und Zeit für den Kommentar:* entweder gleich unmittelbar angehängt (nur durch ein Sternchen getrennt und zum Beispiel in anderer Schrift) oder als Kommentar mit eigener Überschrift.

Nur, in den Informationsteil gehört das Urteil des Journalisten nicht, und sei es noch so allgemein und blass; wenn etwa der Lokalreporter in seiner Vorschau auf eine Kircheneinweihung schreibt:

> Architektonisch gesehen ist das Stadtbild von D-Burg um einen interessanten, wenn auch umstrittenen Akzent reicher.

Er empfindet die Kirche als
> interessanten Akzent im Stadtbild

andere werden sie schlicht scheußlich finden, darauf deutet die Mitteilung
> umstritten

hin.
> Interessant

ist also Meinungsäußerung, nicht Information. Ob ein Bauwerk

4.6 Objektivität

interessant
ist, wird sich nie objektiv bestimmen lassen, weil eine Antwort nur der Geschmack des einzelnen geben kann.
Im Gegensatz dazu ist
umstritten
eine objektive Mitteilung; denn ob ein Streit stattgefunden hat (vielleicht andauert), lässt sich feststellen.

Der Reporter ist kein Laien-Beisitzer. Besonders fatal wirkt sich die Meinungsäußerung des Reporters in *Prozessberichten* aus, wenn er ein Urteil zu erkennen gibt, bevor das Gericht sein Urteil gesprochen hat. Aus dem Bericht über einen Verhandlungstag in einem größeren Prozess:
    Die Glaubwürdigkeit des Angeklagten bröckelte im Verlauf der Beweisaufnahme immer mehr ab.
Ob die Glaubwürdigkeit abbröckelte oder nicht, soll der Leser (oder Hörer oder Zuschauer) anhand des Berichtes selbst beurteilen können. Gerade weil der Journalist sich mit dem Gegenstand seiner Berichterstattung besonders intensiv und aus der Nähe beschäftigt, wird er sich meist seinen eigenen Vers machen. Aber der Vers darf in der Nachricht nicht anklingen.

Der Bericht über einen *Parteitag* zum Beispiel darf nicht erkennen lassen, ob ein Anhänger oder Gegner der Partei ihn verfasst hat.

Unbeabsichtigte Wertungen: Viel häufiger als die bewussten sind, wie gesagt, die unabsichtlichen Wertungen, die ganz beiläufig mit hineinrutschen, z. B. wenn man journalistische Klischees benützt, ohne zu überprüfen, ob die Worte das Gemeinte auch zutreffend wiedergeben.

Wenn die gewerkschaftlich organisierten Arbeitnehmer eines bestimmten Wirtschaftszweiges eine Urabstimmung erwägen, ob sie streiken sollen oder nicht, schlägt sich das üblicherweise in dem Satz nieder:
    In der XY-Industrie droht ein Streik
Was den einen als Bedrohung erscheint, können andere als Chance begrüßen.
    ... droht ein Streik
ist Kommentar. Richtig müsste es heißen:
    In der XY-Industrie gibt es möglicherweise einen Streik. Die gewerkschaftlich organisierten Arbeitnehmer werden am Donnerstag in einer Urabstimmung darüber entscheiden, ob sie streiken.
Wenn die Arbeiter in unserem Beispiel die Urabstimmung nicht abwarten, sondern gleich die Arbeit niederlegen, bieten sich dafür zwei Begriffe an:
    wilder Streik

und
spontane Arbeitsniederlegung.
Beide Begriffe enthalten eine Wertung: Während man für einen „wilden Streik" wenig Sympathie aufbringen kann, hat der gleiche Vorgang als „spontane Arbeitsniederlegung" etwas Dynamisches und Fortschrittliches an sich. Korrekt sind beide Bezeichnungen nicht. Je nachdem, wie die konkreten Umstände sind, könnte man besser die Formulierung verwenden, dass die Arbeitnehmer
ohne formellen Beschluss in den Streik getreten
sind, oder könnte von einem
Warnstreik
sprechen.

Mit diesem Beispiel sind wir bereits an der Grenze dessen, was der um objektive Beschreibung bemühte Journalist noch leisten kann. Je stärker er raffen muss, um so größer wird die Schwierigkeit, einen komplizierten Sachverhalt angemessen wiederzugeben.

Dass irgendwo Menschen sich zusammengetan haben und auf den Straßen gegen die Regierung kämpfen, kann ich noch einigermaßen sachlich und wertungsfrei mitteilen. Weil ich aber im Laufe des Berichts auch eine *Kurzform* zur Bezeichnung der auf der Straße Kämpfenden verwenden muss, habe ich mich bei der Wortwahl für einen der vielen in Frage kommenden Begriffe zu entscheiden, die alle werten:
Aufständische
Freiheitskämpfer
Rebellen
und so weiter. Es gibt Fälle, in denen uns kein absolut wertneutraler Begriff zur Verfügung steht.

Zurück zu den unbeabsichtigten Wertungen, die aus Nachlässigkeit entstehen, nicht aus der Not der Begriffswahl. Nicht selten fühlt sich ein Reporter oder Redakteur z. B. verpflichtet, die Tatsache, dass ein prominenter Gast eine Versammlung mit seiner Anwesenheit beehrt hat, im Bericht nicht nur zu registrieren, sondern auch behutsam zu würdigen:
Bundesminister Z hatte es sich nicht nehmen lassen, an der Feier teilzunehmen.
Von dem gestelzten Begriff
sich nicht nehmen lassen
(wer will ihm denn etwas nehmen?!) und der störenden Wortwiederholung
nehmen lassen, ... teilnehmen

4.6 Objektivität

einmal abgesehen: Wäre es nicht objektiver (und anschaulicher dazu), statt diesen devoten Schnörkel anzubringen, ganz nüchtern *darzustellen*, gegen welche konkurrierenden Einladungen und sonstigen Hindernisse der Gast sich gerade für diese Feier entschieden hat. Vielleicht kommt dabei heraus, dass er so viel anderes gar nicht vorhatte.

In dem nunmehr drei Wochen währenden Streit zwischen Elternbeirat und Schulbehörde hat das Kultusministerium endlich nachgegeben.

Kaum jemand denkt sich etwas dabei, wenn er solches liest oder schreibt. Aber endlich
ist Kommentar und hat deshalb in einer Nachricht nichts zu suchen.

Bestimmte Adjektive, die sich fast ganz von selbst an Hauptwörter anhängen, muss man kritisch daraufhin überprüfen, ob sie nicht Wertungen einbringen und ob man sie darum besser weglässt.

Hanns Gorschenek, lange Jahre Nachrichten-Chef des Deutschlandfunks, hat sich über einige häufig verwendete Adjektive Gedanken gemacht:[20]

„Ich bezweifle, dass von der Nachrichtenredaktion her verifiziert werden kann, ob beispielsweise ein Zwischenfall ‚ernst' oder ‚sehr ernst' gewesen ist. Da gibt es immer wieder die ‚offenen' und ‚drängenden' Probleme, ‚scharfe Kritik' muss geübt werden. Selbstverständlich sind Rücktritte meist ‚Aufsehen erregend'. Ob sie wirklich auch ‚überraschend' sind, versucht der Redakteur ohne Rücksicht darauf zu entscheiden, dass sie der Rezipient vielleicht nicht überraschend findet."

Fremde Urteile dürfen nicht in die Nachricht einfließen, es sei denn als *Gegenstand* der Berichterstattung. Gefährlich, wenn im Bericht über eine Veranstaltung dort geäußerte Meinungen nicht als solche gekennzeichnet, sondern als Tatsache verkauft werden:

Die Kritik an den übertriebenen Forderungen der Naturschützer bei der Planung der Flurbereinigung im Vorfeld des Nationalparks stand im Mittelpunkt der öffentlichen Diskussion der letzten Sitzung des Kreistages.

Sind die Forderungen der Naturschützer wirklich „übertrieben"? Wer den Bericht bis zu Ende liest, erfährt, dass tatsächlich alle Redner kritisierten, die Einwände des Naturschutzes würden zu stark berücksichtigt. Aber es macht eben den entscheidenden Unterschied, ob ein *Gremium* findet, das sei so, oder ob ich als *Reporter* diese Meinung des Gremiums als Tatsache unterstelle.

---

[20]Hanns Gorschenek, Probleme der Nachrichtensprache aus der Sicht des Praktikers, Vortrag, gehalten am 24. September 1971 in Baden-Baden.

Am Rande sei angemerkt, dass der Satz nicht nur einen versteckten Kommentar enthält, sondern auch unnötige und damit schlechte *Substantivierungen*. Eine Kette von sage und schreibe sieben Substantiven ist keinem Zeitungsleser oder Radiohörer zuzumuten.

Um Objektivität bemüht, hätten wir formulieren müssen:
Die Kritik an den nach Ansicht des Kreistags übertriebenen Forderungen der Naturschützer ...
Wären die übertriebenen Forderungen ein Zitat aus der Kreistagssitzung, könnte man auch durch Anführungszeichen signalisieren, dass der Berichterstatter nicht seine eigene, sondern eine fremde Meinung wiedergibt:
Die Kritik an den „übertriebenen Forderungen" der Naturschützer
(vgl. Beitrag „Bericht").

Mag sein, dass der Reporter sehr beeindruckt war von der Predigt bei der Abschlussfeier für die Abiturienten; damit ist aber noch nicht gesagt, wie sie auf die Abiturienten gewirkt hat. Er darf also nicht schreiben:
... eine Predigt, die dem hochgeschätzten Religionslehrer sichtlich von Herzen kam und den Weg zu den jungen Leuten auch gefunden hat.
Wenn der Reporter berichten will, wie die Predigt auf die Abiturienten gewirkt hat, muss er sie *fragen* und ihre Antworten teils zusammenfassen, teils wörtlich zitieren.
Aus diesen Antworten kann der Leser dann selbst feststellen, ob die Predigt
den Weg zu den jungen Leuten gefunden hat.

Falsche Koppelungen: Gefahr für ihre Objektivität droht einer Nachricht auch dadurch, dass der in ihr mitgeteilte Sachverhalt mit anderen Tatsachen gekoppelt wird, die nichts mit dem Sinn der Mitteilung zu tun haben.
Das kann den mitgeteilten Sachverhalt in ein falsches Licht bringen:
Nachdem mit nicht gerade überwältigender Beteiligung der sozialversicherten Arbeitnehmer die Sozialwahlen abgeschlossen worden sind, stehen in den Behörden und Ämtern neue Wahlen bevor: die Personalratswahlen.
Der Berichterstatter hält offenbar nicht viel von solchem Wahlaufwand. Im Kommentar mag er die Personalratswahlen kritisieren, im Bericht aber muss er sich einer eigenen Stellungnahme enthalten. Auch wenn diese in nichts weiter besteht als in der gedanklichen Koppelung mit den vorausgegangenen Sozialwahlen und der nach Meinung des Berichterstatters
nicht gerade überwältigenden Beteiligung.

4.6 Objektivität

Wann ist eine Wahlbeteiligung objektiv „überwältigend"? Dafür liefert uns niemand hieb- und stichfeste Kriterien, also lassen wir solche Bewertungen in der Nachricht weg.

Was halten Sie von folgender Überschrift?
NPD-Funktionär erschoss Feriengast
Ob der Sachverhalt die Überschrift rechtfertigte? Der „NPD-Funktionär" B. war NPD-Stadtrat von Idar-Oberstein. Den Feriengast W. erschoss er in einem Ort an der Mosel im Gasthaus. Dort war beim Tanz ein Streit um seine Freundin ausgebrochen, der in eine Schlägerei mündete:
Der NPD-Funktionär ... sei zu seinem Auto gelaufen, habe eine Pistole aus dem Handschuhfach geholt und dreimal auf seine Widersacher gefeuert, die ihn verfolgten. Zwei Kugeln trafen W. tödlich. B. wurde festgenommen. In den Verhandlungen berief er sich nach Angaben der Polizei auf Notwehr.
Wenn das ein SPD-, CDU- oder FDP-Stadtrat gewesen wäre? Hätte dann die Überschrift gelautet:
SPD-Funktionär erschießt Feriengast
Sicher nicht. Was hat denn die Parteizugehörigkeit mit einem tödlich endenden Wirtshausstreit um eine Frau zu tun, würde da jeder fragen. Warum hat man's beim NPD-Stadtrat damals nicht auch gefragt? Die NPD ist eine rechtsextremistische, ideologisch verbohrte Partei, trotzdem war die damalige Meldung nicht objektiv.

Bitte, prüfen Sie bei jeder Meldung, ob das, was Sie an Fakten dazugeben, ein wesentlicher Bestandteil dieser Nachricht ist und deshalb *unbedingt gebracht* werden muss oder ob diese Zusatzinformationen geeignet sind, Vorurteile zu begründen oder zu befestigen. Weil sie ein 18jähriges Mädchen in ihrem Dienstwagen vergewaltigt hatten, verurteilte die Jugendkammer beim Landgericht Bamberg vier US-Soldaten.

Das Gericht sah es als erwiesen an, dass die vier amerikanischen Soldaten, mit Ausnahme von G. Farbige, am Abend des 22. November ...
Drei der vier waren also Schwarze oder – wie es politisch korrekt heißt – US-Amerikaner afrikanischer Herkunft. Ist das ein wesentlicher Bestandteil? Muss der Leser das wissen, um die Nachricht voll verstehen und würdigen zu können? Die Antwort kann nur nein heißen. Anders wäre es natürlich, wenn nach den Vergewaltigern noch gefahndet würde. Dann müsste man unbedingt erwähnen, dass nach Aussage der jungen Frau drei der Täter Schwarze waren.

„**Objektiv sein heißt die Wirklichkeit richtig beschreiben**", sagt Heinz Bäuerlein,[21] der seine Doktorarbeit über die Objektivität des Nachrichtenjournalismus geschrieben hat. Er erklärt den Begriff Objektivität, indem er uns zwei andere Begriffe zur Klärung aufgibt: Was ist *Wirklichkeit?* Was ist *richtig?*

Für richtiges Beschreiben der Wirklichkeit beim journalistischen Alltag haben wir bereits einige Regeln zusammengetragen:

- Alle gemeldeten Fakten müssen stimmen.
- Wo der Journalist trotz sorgfältiger Recherche keine Gewissheit erlangen kann, muss er sein Publikum darauf hinweisen, damit es nicht ungewisse Fakten für gewiss nimmt.
- Zur Richtigkeit einer Darstellung gehört, dass sie vollständig und ausgewogen ist.
- Die Nachricht darf keine Meinungsäußerungen des Verfassers oder Bearbeiters enthalten (Trennung von Nachricht und Kommentar).
- Floskeln, durch die (auch unbeabsichtigt) Meinung in die Nachricht einfließen könnte, sind zu vermeiden.
- Meinungsäußerungen anderer, die Gegenstand der Nachricht sind, müssen unmissverständlich als solche gekennzeichnet werden.
- Bei der Ausgestaltung einer Nachricht ist zu beachten, dass schmückende und ergänzende Fakten eine nicht gerechtfertigte Tendenz in die Nachricht bringen können.

Was in diesen sieben Punkten an Regeln steckt, kann ein um Objektivität bemühter Journalist bei seiner Alltagsarbeit beachten, dieses Maß an Objektivität und Richtigkeit kann er leisten. Ich nenne das die *äußere Objektivität:* sie lässt sich durch die Einhaltung formaler Prinzipien und Maßstäbe erreichen. Und das damit Erreichte ist Information mit einem hohen Maß an Objektivität.

Aber äußere Objektivität ist nicht die volle Objektivität. Wie sagt Heinz Bäuerlein? „Objektiv sein heißt die Wirklichkeit richtig beschreiben."

Mir scheint, die bisher besprochenen Regeln zielen vor allem auf das richtige Beschreiben.

Was aber ist die Wirklichkeit? Ein Beispiel für das Dilemma. Der Polizeireporter bekommt folgende Fakten mitgeteilt:

---

[21]Heinz Bäuerlein, Die Problematik der Objektivität in der Presse-Berichterstattung (Dissertation am Institut für Zeitungswissenschaft der Universität München, 1956).

4.6 Objektivität

- Um elf Uhr nachts
- Lkw
- überfährt Frau
- mitten im Ort auf der Hauptstraße.
- Frau war gestern 80 geworden,
- hatte noch einen kurzen Spaziergang nach der Geburtstagsfeier machen wollen.
- Fahrer des Lkw, ein Belgier,
- hatte – so stellte die Polizei fest – bei der letzten Rast um neun Uhr vier große Gläser Bier getrunken.
- Entgegen der Vorschrift ist er an dem Tag 13 Stunden gefahren, um zu Geld zu kommen.
- Frau ist tot.
- Sie ist seit dem Tod ihres Mannes vor fünf Jahren Eigentümerin des größten Geschäftes am Ort.
- Auch die Frau hatte Alkohol getrunken.
- Ob sie unvorsichtig über die Straße ging, ließ sich bisher nicht klären *(Fall A)*.

Stellen wir uns vor:
- Die getötete Frau ist statt Geschäftseigentümerin Rentnerin aus dem Altenheim am Rande der Stadt *(Fall B)*.

Im Übrigen wie Fall A.

Im Fall A könnte die Zeitung den *Tod der Geschäftsfrau* in den Mittelpunkt stellen und dem Bericht mehrere Spalten einräumen. Im Fall B wird sich die Aufmerksamkeit mehr dem zumindest angetrunkenen und übermüdeten belgischen *Fernfahrer* zuwenden, der mitten im Ort einen Menschen tötet. Der Bericht wird wohl auch nicht so lang sein wie im Fall A. Und damit sind wir bei der Frage nach der *inneren Objektivität*:

Die Wirklichkeit richtig beschrieben zu haben, diese Überzeugung stellt sich bei Journalist und Publikum um so eher ein, je höher der Grad der Übereinstimmung zwischen beiden ist. „Das Objektivitätspostulat", schreibt der Schweizer Publizistikwissenschaftler Ulrich Saxer,[22] „gründet ... in der sozialen Übereinkunft, einen bestimmten Typus von Aussagen als deckungsgleich mit der

---

[22] Aus Ulrich Saxers Einleitungskapitel zu dem von ihm herausgegebenen Sammelband „Fernsehen: Stichwort Objektivität" (Band I der Schriftenreihe der Pressestelle des Fernsehens der deutschen und rätoromanischen Schweiz, 1973).

Wirklichkeit anzuerkennen, weil diese Aussagen offenbar dem gemeinsamen Sinnhorizont entsprechen. Damit Aussagen überhaupt als objektiv erscheinen, muss somit eine gemeinsame gesellschaftliche Konstruktion der Wirklichkeit (Peter Berger/Thomas Luckmann) gegeben sein."

Eine Bundestagssitzung. Zunächst gibt die Kanzlerin eine Erklärung ab, dann spricht der Fraktionsvorsitzende der größten Oppositionspartei, dann der Fraktionsvorsitzende der größeren Regierungspartei ... Über diese zweieinhalb Stunden Parlament soll der Journalist einen objektiven Bericht machen. Zitate hat er wörtlich mitgeschrieben, Zahlen und sonstige Fakten auch, die Gebote der *äußeren* Objektivität wird sein Bericht einhalten.

80 Zeilen darf er schreiben. Wie wählt er aus? Soll er den Platz einfach 60:40 oder 50:50 aufteilen zwischen Regierung plus Regierungsparteien einerseits, Oppositionsparteien andererseits?

Oder sollte er die Regierung eigens berücksichtigen?

Oder braucht er überhaupt keinen Proporz zu wahren und kann seinen Text nach dem (von ihm subjektiv eingeschätzten) Gewicht der Reden verteilen?

Der Sprecher einer Partei hat überhaupt nichts Neues gebracht, Kann der Reporter ihn ganz weglassen oder muss er wenigstens anstandshalber ein paar Zeilen davon niederschreiben?

Wie immer der Journalist sich auch entscheidet, die Wirklichkeit dieser Bundestagssitzung wird er nur in Bruchstücken
beschrieben haben.

Bei der Auswahl der Fakten durch die Reporter, bei der Auswahl und Bearbeitung der Beiträge durch den Redakteur wird am deutlichsten, dass bei strenger Wahrung äußerer Objektivität die innere Objektivität nicht erreicht werden kann. Manfred Steffens erzählt:[23]

„Als der amerikanische Präsident John F. Kennedy am 22. November 1963 in Dallas, Texas, ermordet wurde, trafen die Blitz- und Eilmeldungen über das Ereignis gerade in dem Augenblick in Deutschland ein, in dem die deutsche Presse erfahrungsgemäß sowieso gegen die stärkste Papierflut anzukämpfen hat: am frühen Freitagabend unmittelbar vor oder nach Redaktionsschluss für die umfangreichen Samstagsausgaben.

Für die jetzt hereinbrechende neue Nachrichten-Flut mussten die Zeitungen buchstäblich in Minutenschnelle rücksichtslos Platz schaffen, wie kurz zuvor schon

---

[23] Manfred Steffens, Das Geschäft mit der Nachricht (München: Deutscher Taschenbuch Verlag, 1971), S. 40.

4.6 Objektivität

die Nachrichten-Agenturen. Bei dpa hatten, als die Meldung von dem Attentat auf Präsident Kennedy eintraf, fast neunzig Meldungen zum Senden bereitgelegen, von denen dann die meisten – etwa siebzig – notgedrungen in den Papierkorb wanderten.

Kein Leser wird also je erfahren, was in diesen rund siebzig Nachrichten stand, die einem nach Ansicht der verantwortlichen Redakteure wichtigeren Ereignis weichen mussten. Somit bleibt offen, ob wirklich alle Leser, wie dpa unterstellen musste, in gleicher Weise die Nachrichten über die Ermordung Kennedys für wichtiger hielten als die rund siebzig Meldungen, die diesem Ereignis geopfert wurden."

Welche Ereignisse machen die Wirklichkeit eines Tages aus? Was kommt auf die erste, was auf die zweite Zeitungsseite? Wie viel Platz für Nachricht A, wie viel für Nachricht B? Einspaltig, zwei- oder mehrspaltig? Welche Überschrift? Mit Bild oder ohne Bild? Und in welches Umfeld setze ich die Nachricht? Wie ich's auch mache, ohne Effekt ist das nicht.

Welche Platzierung wäre objektiv? Darauf gibt es wiederum keine Antwort, weil es eben *die* Wirklichkeit nicht gibt.

Kriterien für die Auswahl von Nachrichten und die Sortierung nach Wichtigkeit sind für jede Redaktion die Wünsche und das Vorwissen ihrer Zielgruppe: Was wissen meine Leser, meine Zuschauer und Zuhörer bereits? Was ist für sie neu, womit kann ich sie überraschen und mein Produkt spannend machen?

Radionachrichten, die stündlich aktualisiert werden, gewichten deshalb anders als die Tagesschau am Abend. Die Zeitung wiederum wird auf der Titelseite nicht die Tagesschau des Vorabends wiederholen, sondern eigene Schwerpunkte setzen, etwa durch Exklusiv-Meldungen oder regionale Themen. Und eine wöchentlich erscheinende Zeitschrift muss wieder anders gewichten, um mit Neuigkeiten zu überraschen und dadurch Leser zu finden.

Einen medienübergreifenden Konsens über die wichtigsten Nachrichten der Stunde, des Tages oder der Woche wird es nur bei ganz zentralen Ereignissen geben – schon allein, weil jedes Medium eine eigene exklusive Themenmischung bieten muss, um in der riesigen Medienkonkurrenz überleben zu können. Wer abonniert zum Beispiel noch eine Tageszeitung, wenn er alles, was darin steht, schon aus den Fernsehnachrichten, aus dem lokalen Radiosender oder dem Internet kennt? Jedes Medium muss eine Mischung aus bereits Bekanntem und Unbekanntem schaffen, damit sich der Nutzer damit wohl fühlt.

Der Unterschied zwischen äußerer und innerer Objektivität: Um *äußere* Objektivität kann sich jeder Journalist mit Erfolg bemühen, indem er sorgfältig recherchiert und korrekt berichtet. Einige Kriterien für solche äußere Objektivität haben wir in der sieben Punkte umfassenden Liste zusammengetragen. Aber jeder Sachverhalt stellt sich in sehr verschiedenen Wirklichkeiten dar, je nach der „Weltanschauung" des Wahrnehmenden. Hier endet der Bereich äußerer Objektivität, die man leisten kann, und geht über in den Bereich der *inneren* Objektivität, die man nicht leisten kann. Man kann entsprechend den Übereinkünften einer „gemeinsamen gesellschaftlichen Konstruktion der Wirklichkeit" berichten, aber eine Beschreibung der Wirklichkeit, also innere Objektivität, leistet man damit nicht.

Dieses Dilemma zu erkennen und daraus kritische Skepsis herzuleiten hilft weiter als die Selbsttäuschung über eine (innere) Objektivität, die es nicht gibt.

Dass diese innere, letzte, absolute Objektivität vom Menschen nicht zu verwirklichen ist, heißt aber nicht, sie als *anzustrebendes Ziel* aufzugeben. Objektivität als Utopie zu erkennen schafft keinen Freibrief für den Journalisten, nun unkontrolliert seine Subjektivität zu pflegen und sich mit solcher Schluderei noch besonders ehrlich und mutig vorzukommen. Das *Bemühen* um eine niemals ganz erreichbare Objektivität bringt zumindest Annäherungen an die Realität, bringt jedenfalls ein *Mehr* an Objektivität.

Zwei Spiele zum Schluss: Beschaffen Sie sich je zwei Exemplare verschiedener Zeitungen von einem Tag. Den einen Satz Zeitungen zerschnippeln Sie. Wählen Sie aus dem so gewonnenen gesamten Nachrichtenmaterial die *15 Nachrichten* aus, die Ihnen für die Beschreibung der Wirklichkeit dieses Tages am wichtigsten erscheinen. Bestimmen Sie daraus noch die drei allerwichtigsten. Jetzt nehmen Sie den zweiten Satz Zeitungen und haken Sie ab, welche von den 15 Meldungen gebracht sind, welche nicht, und wieweit die Top-Meldungen in diesen Blättern mit Ihren drei Top-Nachrichten übereinstimmen. Begründen Sie Ihre Auswahl.

Schon dieser Test, der ja nur die *Auswahl* der Nachrichten-Themen überprüft, wird Ihnen eine Vielzahl möglicher Wirklichkeiten eröffnen. Nachrichten-Länge und -Inhalt haben wir dabei noch gar nicht in Betracht gezogen.

Deshalb ein zweites Spiel: Schreiben Sie aus einer Rede, einem längeren Interview (z. B. Spiegel-Gespräch), einem Kommuniqué oder sonst einem längeren Originaltext eine *Zehn-Zeilen-Meldung* über dessen wichtigsten Inhalt. Geben Sie diesen Originaltext an Ihre Freunde weiter und lassen Sie sie (jeden für sich) ebenfalls diese zehn wichtigsten Zeilen herausholen. Dann vergleichen Sie die Meldungen und diskutieren die Unterschiede. Jeder Autor wird für die Auswahl seiner Zehn-Zeilen-Wirklichkeit gute Gründe anführen können.

4.6 Objektivität

Weiterführende Literatur

Herbert Riehl-Heyse, Bestellte Wahrheiten. Anmerkungen zur Freiheit eines Journalistenmenschen (München: Droemer Knaur, 1992).

Christoph Neuberger, Was ist wirklich, was ist wichtig? Zur Begründung von Qualitätskriterien im Journalismus. In: Günter Bentete/Michael Haller (Hrsg.): Aktuelle Entstehung von Öffentlichkeit (Konstanz: UVK, 1997), S. 311–322.

Klaus Meier, Journalistik (Konstanz: UVK, 3. Aufl. 2013), S. 173–179.

Christoph Neuberger/Peter Kapern, Grundlagen des Journalismus (Wiesbaden: Springer VS, 2013), Kapitel 6 „Objektivität im Journalismus".

Weitere informierende Darstellungsformen

5

Zusammenfassung

Auch bei Reportagen, Feautres oder Interviews handelt es sich um Information. Statt des strengen Nachrichtenaufbaus steht hier das Erzählen oder das Vermitteln von Hintergrundwissen im Zentrum. Das Kapitel stellt diese Darstellungsformen mit ihren Kennzeichen vor.

Schlüsselwörter

Darstellungsformen · informieren · erzählen · Zitat · Storytelling · Bericht · Reportage · Feature · Interview · Umfrage · Korrespondentenbericht · analysierender Beitrag

Die Nachricht, das haben wir gesehen, bildet den Kern der Information; Das neue Medium Internet mit seinem minutenschnellen Nachrichtentempo („Online first") befriedigt immer mehr die Bedürfnisse der Leute, die nur rasch das Neueste erfahren wollen. Bei den Nachrichten bringt also das Internet vor allem die im 24-Stunden-Rhythmus erscheinenden Tageszeitungen in Verlegenheit. Deren Antwort besteht im Wesentlichen nicht nur darin, bestimmte *Themenfelder* intensiver zu pflegen: mehr Lokales, mehr Service, mehr Boulevard. Ihre Antwort liegt auch in den mehr oder weniger stark veränderten *Informationszielen*: mehr Hintergrund, mehr Erklärung, mehr Unmittelbarkeit durch *Erzählung*.

Dafür eignen sich informierende Darstellungsformen, die über die bloße Nachricht hinausreichen: Bericht und Analyse ebenso wie Reportage, Interview und Feature. Von diesen Darstellungsformen handelt das folgende Kapitel.

5.1 Bericht

Wer bei einer Lokalzeitung anfängt, hat oft über die Veranstaltungen der Vereine Berichte zu schreiben: Sportverein, Alpenverein, Spar- und Begräbnisverein, Trachtenverein, Gesangverein, Rentner- oder Altenclub, Schützenverein, Freiwillige Feuerwehr, Fremdenverkehrsverein, Ehemaligen-Verein, Heimatverein, Kulturverein, Schachclub, Fotoclub, Rotes Kreuz, Jugendorganisationen, Ortsgruppen beruflicher, konfessioneller und politischer Verbände sowie der Parteien.

Überall finden Neuwahlen statt, begrüßen Vorsitzende Ehrengäste und Referenten, werden Ehrennadeln verteilt und verstorbene Mitglieder geehrt. Wer da als Berichterstatter nicht nach dem Besonderen sucht, das die Mittwoch-Veranstaltung vom Dienstag- und Donnerstag-Abend unterscheidet, liefert in der Redaktion nur ein blasses Protokoll ab, das allenfalls die Mitglieder des jeweiligen Vereins interessiert.

Unterschied Nachricht – Bericht: Der Bericht ist ein Bruder der Nachricht, aber größer und auch schon ein wenig reifer. Zusammenhänge, Vorgeschichte und andere wichtige Aspekte des Themas kann der Bericht berücksichtigen.

Das Aufbauprinzip der Nachricht (Gliederung nach abnehmender Wichtigkeit) gilt statt für Sätze beim Bericht für *Absätze*. Innerhalb des einzelnen Absatzes braucht man sich nicht so streng an das Nachrichtenaufbauschema zu halten, kann also einen Vorgang oder einen Diskussionsbeitrag in chronologischer Abfolge bringen.

Der erste Absatz sollte die wichtigsten Fakten des ganzen Berichts als Lead voranstellen.

Wo der Berichterstatter bei der *Nachricht* Ausführungen eines Redners bis aufs Skelett reduziert (forderte die Gemeinde auf, den Schulbusbetrieb sofort wieder aufzunehmen) oder nur ein Stückchen Zitat unterbringt (forderte die Gemeinde auf, sofort „die paar Euro locker zu machen", die für die Wiederaufnahme des Schulbusbetriebs nötig seien) hat er es beim *Bericht* meist mit *vielen, gelegentlich langen Zitaten* zu tun. Zitate machen eine Mitteilung authentischer, beleben und lockern auf.

Ein paar Regeln und Vorschläge für richtiges Zitieren: Lassen Sie keine Unklarheit darüber aufkommen, von wem das Zitat stammt. Vor allem, wenn Sie mehrere Redner oder sonstige Quellen zitieren, sollten Sie jedes Zitat eindeutig identifizieren. Und: Geben Sie nie der Versuchung nach, Zitate zu erfinden oder zu frisieren.

In Anführungszeichen gesetzte (wörtliche) Zitate bringt man in direkter Rede. Also nicht
    Einer sagt: „Man müsse den Zulieferern wohl glauben!"
Wie es richtig heißen muss, ist klar. Entweder direkte Rede
    Einer sagt: „Man muss den Zulieferern wohl glauben."

5.1 Bericht

oder indirekte Rede (ohne Anführungszeichen)
> Einer sagt, man müsse den Zulieferern wohl glauben.

In einem guten Bericht wechselt direkte Rede mit indirekter Rede ab. Der Wechsel macht den Bericht dynamischer.

Die Kunst der indirekten Rede ist die Kunst des richtig gebildeten *Konjunktivs*. Also nicht:
> Allgemein denken die Tankstellenbesitzer, es hat sich alles schon wieder ein bisschen beruhigt, es wird sich weiter beruhigen.

Entweder Sie referieren in direkter Rede (allerdings wegen der Zusammenfassung mehrerer unterschiedlich formulierter Antworten ausnahmsweise ohne Anführungszeichen)
> Allgemein denken die Tankstellenbesitzer: Es hat sich alles schon wieder ein bisschen beruhigt, es wird sich weiter beruhigen.

Oder Sie wählen die indirekte Rede
> Allgemein denken die Tankstellenbesitzer, es habe sich alles schon wieder ein bisschen beruhigt, es werde sich weiter beruhigen.

Den Konjunktiv der indirekten Rede bildet man aus derselben Zeit, in der das Verbum in der direkten Rede stand. Das Zitat in direkter Rede
> Er sagte: „Ich bin am Ende"

heißt in indirekter Rede also nicht
> Er sagte, er wäre am Ende

sondern
> Er sagte, er sei am Ende.

Ausnahme von der Regel: Wenn im konkreten Fall der Konjunktiv mit dem Indikativ zusammenfiele. Hier weicht man in den so genannten *zweiten Konjunktiv* aus.

Falsch	*Richtig*
Präsens	
Ich sagte, ich arbeite	Ich sagte, ich arbeitete
Perfekt	
Ich sagte, ich habe gearbeitet	Ich sagte, ich hätte gearbeitet
Futur	
Ich sagte, ich werde arbeiten	Ich sagte, ich würde arbeiten

Achten Sie darauf, dass Sie das Zitat nicht an der falschen Stelle unterbrechen. Falsch: „Die größten", führte der Referent aus, „Erfolge haben wir mit einheimischem Mastfutter erzielt."
Richtig:
„Die größten Erfolge", führte der Referent aus, „haben wir ... "

Neuntes W: Für wen? Für welchen Adressaten, für welches Ressort mache ich meinen Bericht? Auch dieses W muss der Journalist ständig mitbedenken.

Ein Architekt, der in der Volkshochschule von A-Stadt über modernen Krankenhausbau spricht, wird sich mit seinem Vortrag im Lokalbericht anders akzentuiert dargestellt finden als im Bericht für die Seite „Aus Wissenschaft und Technik" oder für die Wochenendbeilage.

Der Bericht soll in den Lokalteil. Gut, dann werde ich nicht nur das Wichtigste aus dem Vortrag wiedergeben, sondern zusätzlich in den Bericht einbauen:

a) ein Gespräch mit dem *Referenten*
   – Was hält der Architekt von dem A-Städter Krankenhaus-Projekt?
   – Hat er sich schon damit befasst?
   – Will er sich damit befassen?
   – War der Architekt schon öfter in A-Stadt? Aus welchen Anlässen?
b) lokal-interessierende Fakten aus der *Veranstaltung*
   – Wie viele Zuhörer, darunter wie viele Architekten?
   – Einiges aus der Begrüßungsrede,
   – Thema des nächsten Volkshochschul-Vortrages dieser Reihe.

Angenommen, das Thema heißt „Moderner Krankenhausbau – ein internationaler Vergleich". Widmet der Referent schon von sich aus dem S-Städter Krankenhausprojekt (interessante) drei von 40 Vortragsminuten, dann tut der Berichterstatter nicht unrecht, wenn er diese drei Minuten in den Mittelpunkt seines Berichts für den *Lokalteil* rückt und das eigentliche Vortragsthema (die restlichen 37 Minuten) nur als Hintergrund erwähnt, vor dem sich der Architekt so lokalbezogen äußerte.

Für die *Technik-Seite* wird der Berichterstatter die Tendenzen im modernen Krankenhausbau herausarbeiten, für die *Wochenendbeilage* stärker aus der Sicht des Patienten als der des Architekten berichten.

Der Bericht kann Reportage-Elemente aufnehmen, wenn der Berichterstatter nicht nur ausführlich das Ereignis meldet,

OB eröffnet Senioren-Club
sondern sich am Ort des Ereignisses umsieht und seine Wahrnehmungen schildert. Im Beispielfall wird der Berichterstatter-Reporter (s. o.) also mit den ersten Gästen reden, sie beobachten (und ihnen zuhören), wenn sie die Clubräume in Besitz nehmen, die Musikanlage ausprobieren, ihren ersten Skat spielen und den ersten Schoppen von der Theke holen.

Solche Berichte folgen einer eigenen Dramaturgie, die auch erzählender Natur sein kann. Der Übergang zur nächsten journalistischen Darstellungsform – der Reportage – ist also fließend.

5.2 Reportage

Eine schwere Gasexplosion, die am Montagmorgen ein fünfstöckiges Wohnhaus im Münchner Stadtteil Schwabing vollkommen zerstörte, forderte bisher zwei Menschenleben und verletzte 18 Personen zum Teil schwer. Nach Angaben der Polizei wurde am Nachmittag immer noch ein Hausbewohner vermisst. Sie schließt nicht aus, dass er sich noch unter den Trümmern des teilweise eingestürzten Hauses befindet.

Eine *Nachricht* der dpa, Landesdienst Bayern. Am selben Tag verbreitete dpa eine *Reportage* vom Unglücksort; sie fing so an:

7 Uhr 18 zeigte die weißlackierte Küchenuhr, die unter den Gesteinstrümmern auf der Straße lag. Zu dem Zeitpunkt war sie unter der Wucht einer Gasexplosion durchs Fenster geflogen. Rundherum lagen verstreut noch andere Küchengegenstände, zertrümmerte Fernsehapparate, Möbel und ein blutiges Leintuch. Im zweiten Stockwerk wehten zerfetzte Vorhänge vor den herausgerissenen Fensterstöcken im Wind, darunter baumelten ein paar Heizungskörper an ihren Leitungen.

Die Reportage ist kein Ersatz für Nachricht oder Bericht, sondern deren *Ergänzung*. Der Reporter schildert, was er sieht und erfährt, notiert sich bezeichnende Einzelheiten (z. B. dass die weißlackierte Küchenuhr bei 7 Uhr 18 stehen geblieben ist) und schreibt in der Redaktion nieder, was er (das meint das französische Wort *reporter*) zurückgebracht hat.

Warum der Reporter für seine Skizze das Präteritum
lagen
wehten
baumelten

bevorzugt, ist mir nicht klar. Denn im Präsens würde seine Schilderung eindringlicher und unmittelbarer:
7 Uhr 18 zeigt die weißlackierte Küchenuhr, die unter den Gesteinstrümmern auf der Straße liegt ... Rundherum liegen verstreut noch andere Küchengegenstände ... Im zweiten Stock wehen zerfetzte Vorhänge vor den herausgerissenen Fensterstöcken im Wind, darunter baumeln ein paar Heizungskörper an ihren Leitungen.

So konkret und anschaulich wie möglich. Die Reportage vom eingestürzten Haus befolgt diese Regel, aber nicht konsequent. Sie fängt so bildhaft mit der Küchenuhr an, wird aber unmittelbar danach auffällig blass durch den Satz
Rundherum lagen verstreut noch andere Küchengegenstände ...
Das Wort
Küchengegenstände
schafft in meiner Vorstellung kein Bild, und wenn, vielleicht ein falsches. Sind es
Kochlöffel und Schneebesen
oder
Küchenwaage, Gewürzgläser, Kochbuch
oder Töpfe und Deckel aus
Email, Aluminium oder Eisen?
Vielleicht sagen Sie: Der hat Probleme! Bei einer Gasexplosion mit zwei Toten, 18 Verletzten und einem Vermissten will der womöglich auch noch wissen, welche Farbe der Emailtopf gehabt hat. Möchte ich wirklich.
Daneben liegen Gewürzgläser, Kochlöffel und ein großer blauer Deckel aus Email.
Gewiss, der Reporter soll nicht wahllos Details um ihrer selbst willen aufgreifen, sondern wegen ihrer Charakteristik für die zu beschreibende Sache oder Person. Aber Bequemlichkeit und Blindheit sorgen leider dafür, dass sehr viele Reportagen nicht unter einem Zuviel, sondern einem erheblichen Zuwenig an Genauigkeit leiden. Deshalb habe ich mir die Übertreibung mit Gewürzglas und Kochlöffel gestattet. Zwar nicht unbedingt notwendig, aber besser als
Küchengegenstände
sind sie allemal. Während ein *fehlendes* Detail die Reportage verpatzen und ihren Informationswert verkürzen kann, schadet ein *überflüssiges* Detail fast nie. Ein Beispiel des wohl berühmtesten Reporters, Egon Erwin Kisch, belegt das.[1]

---

[1]Egon Erwin Kisch belegt in einer Reportage von der Fahrt mit einem Finkenwerder Fischkutter den Satz „Erstaunlich ist die Zahl der Menschenspuren am Meeresgrund" mit

5.2 Reportage

Erzählen Sie eine Geschichte. Ein abstraktes Thema wird anschaulich durch das konkrete Beispiel. Das Schicksal von sogenannten „Hexenkindern" ist das Thema einer Reportage von Wolfgang Bauer für *Nido* (http://www.wolfgang-bauer.info/pages/reportagen/11_kinderhexen/kinderhexen.html). So beginnt sie:

> Das Böse sucht die Nähe des Guten, bedrängt es, schmeichelt sich ein mit Wimmern und Lügen. Unablässig greift es nach der Hand von Uwe Okwong Uwe, 40, dem Taxifahrer des Dorfes. Es berührt ihn mit den Fingerspitzen, die klein sind und zart. „Was soll ich tun?", flüstert der Mann, als er im Türrahmen seines Hauses steht.

Dieser Einstieg irritiert, und das ist beabsichtigt. Das Böse? Was soll das sein? Erst nach dem Lesen des nächsten Absatzes wird deutlich, welchen Kunstgriff der Autor verwendet hat: Er schildert die Szene aus der Perspektive des hexengläubigen Vaters.

> Das Böse sieht zu ihm auf, aus sanften Augen, hinter denen alles lauert, wofür Menschen die Verdammnis fürchten. „Ich weiß keinen Rat", klagt er, der seine ganze Existenz in den vergangenen sechs Monaten verloren hat. Die Frau, den Job, zuletzt seinen kränkelnden jüngsten Sohn. Den begrub er vor einer Woche im Garten zwischen zwei Bananenstauden. Das Haus der Familie, vor dem Okwong steht, ist verlassen. Er schaut teilnahmslos an seinem Arm herab, wo das Unheil an ihm hängt wie ein Geschwür. „Ich habe wirklich alles versucht. Aber es ist der Dämon", sagt Okwong und meint das sechsjährige

---

folgenden Details: „Große Kohlenstücke, intakte und leere Konservenbüchsen, ein Sack Mais, Knochen, Holzpantinen, ein zerrissener Strandkorb, Bierflaschen, eine Matrosenmütze, ein Südwester, Antennendraht, ein Seidenschal und ein Eimer kam schon mit dem ersten Fischzug in unser Fundbüro. Reste eines Liegestuhls waren zwischen den Fischen, morsch das Holz, die Leinwand fehlte, und man erkannte die Stellen eines einstigen Eisenbeschlags in einem Hauch von Rost und an unversehrten, golden glänzenden Metallschrauben. Einen Landungssteg erbeuteten wir auf unserer Fahrt und einen Poloball. Die Tafel einer Badeanstalt ließ entziffern: ‚Schwimmhose 10 Pf., Handtuch 5 … '. Froh wurde eine Flasche französischen Kognaks, Originalpackung mit Korkbrand, begrüßt, trübselig stimmte es die Fischer, als sie ein Fischernetz im Fischernetz fanden, ein Scherbrett mit sechs Meter leinengeknüpften Rhomben. Ein Krebs hielt ein zusammengeknülltes Stück Papier in der Schere, nur mit Mühe konnte man es ihm entreißen; es war ein in portugiesischer Sprache bedrucktes Blatt … " (Egon Erwin Kisch, Schollenjagd und Haifischfang; in: Nichts ist erregender als die Wahrheit, Reportagen aus vier Jahrzehnten von Egon Erwin Kisch; herausgegeben von Walther Schmieding (Köln: Kiepenheuer & Witsch, 1994), Band 1, Seite 153).

Kind, das es jetzt endlich schafft, die Hand des Mannes mit der seinen zu umschließen. Sein ältester Sohn. Bald wird dem Taxifahrer Okwong nichts anderes mehr übrig bleiben als ihn aus dem Dorf zu führen, hinein in den Wald, wo es mehr Schatten gibt als Licht, und ihn dort umzubringen.

Perspektivwechsel ist ebenfalls ein Kennzeichen der Reportage. Nicht nur aus einem Blickwinkel soll der Sachverhalt dargestellt werden, sondern aus den Perspektiven der wichtigsten Akteure. Und das sind in diesem Fall die Eltern, die ihre Kinder verletzen und töten, weil ihnen selbsternannte Priester erzählt haben, die Kinder seien von Dämonen besessen.

Im Verlauf der Reportage werden weitere Personen zu Wort kommen – die Helfer, die eine Schule für die verstoßenen Kinder aufgebaut haben, Pastoren, die zum Kindermord aufrufen. Der Reporter selbst bleibt unsichtbar, nur in seiner Schilderung wird deutlich, dass er vor Ort war:

> Es ist ein Sonntag am Ende der Regenzeit, der Singsang von Gottesdiensten liegt über dem Land wie der Klangteppich des Vogelzwitscherns.

Es reicht nicht, die Geschichte zu erzählen. Sie muss durch Fakten hinterfüttert werden. Die Arbeit an einer Reportage umfasst deshalb nicht nur das Hingehen und Notieren der Eindrücke, sondern die gesamte Bandbreite der Recherche (siehe Kapitel „Wie der Journalist zu seiner Story kommt"). Die Fakten erklären die Geschichte:

> Nigeria erlebt in diesen Jahren eine aufbrandende Welle der Religiosität. Der Vielvölkerstaat ist erschüttert von ethnischen Konflikten und Verteilungskämpfen, besonders im Süden, wo das Öl gefördert wird. Shell produziert hier und Exxon Mobil. Nigeria ist einer der größten Öllieferanten weltweit. Das Industriezeitalter prallt mit brachialer Wucht auf das Land der Bauern und Kleinhändler.

Im Verlauf der Reportage werden weitere Akteure auftreten, der 6-jährige Uwe freundet sich mit einem Leidensgefährten an, und die Aktivisten retten ein weiteres Kind. Doch die Geschichten sind nicht Selbstzweck der Reportage: Sie lassen das Thema anschaulich werden. Eine dürre Statistik („Jedes Jahr werden im Kongo soundsoviele Kinder umgebracht") könnte diese Aufmerksamkeit für das Thema nicht erzielen.

Zustände und Abläufe: Die Reportage liefert Anschauung von *Zuständen* (Wie sieht es nach der Gasexplosion am Unfallort aus?) und von *Abläufen*. Beispiel:

5.2 Reportage

> Um 11.15 Uhr an diesem Donnerstag kann der Mann in der zweiten Reihe der Abgeordnetenbänke die Nervosität einen Augenblick lang nicht mehr verbergen. Er faltet die Hände, löst sie wieder, greift in die linke Brusttasche, nimmt einen Kugelschreiber, schlägt den vor ihm liegenden gelben Aktendeckel auf, als wolle er schnell die Zahlen notieren, die in diesem Moment durch die Präsidentin des Deutschen Bundestages, Annemarie Renger, bekanntgegeben werden. Er notiert sie nicht, steckt das Schreibgerät zurück in die Tasche, kann gerade noch rechtzeitig wieder die Hände falten, den Kopf senken – da hebt der Beifall an. Die Mehrheit des Hauses applaudiert dem neuen Bundeskanzler.

Die Kunst, mit der Martin E. Süskind[2] die Wahl von Helmut Schmidt schildert, lässt sich, wenn überhaupt, nur in langer Zeit und bei viel Übung erlernen. Eine Reportage wie die über das eingestürzte Haus aber müsste jeder Journalist am Ende seiner Ausbildung schreiben können.

Abgesehen von der Brillanz, mit der Süskind seine Beobachtungen aneinander reiht, bedient auch er sich jener erlernbaren Regeln, von denen einige wichtige bereits im Beitrag „Verständlichkeit" vorgestellt wurden.

Verkürzen Sie Eindrücke nicht auf Schlussfolgerungen: Das Haus in Schwabing bietet ein erschütterndes Bild,
sondern liefern Sie die Fakten, aufgrund derer der Leser, Hörer oder Zuschauer zu einer eigenen (wahrscheinlich mit der des Reporters übereinstimmenden) Schlussfolgerung kommen kann:

> 7 Uhr 18 zeigt die weißlackierte Küchenuhr, die unter den Gesteinstrümmern auf der Straße liegt …

Also nicht:

> Der Conférencier zündete ein Feuerwerk der guten Laune.

Beschreiben Sie lieber, was der Conférencier auf der Bühne macht, wie und worauf sein Publikum reagiert; vielleicht zitieren Sie sogar einen besonders erfolgreichen Kalauer.

Lassen Sie die Menschen zu Wort kommen. Aus einer Reportage[3] vom Gottesdienst anlässlich des Festes des heiligen Franz von Assisi, zu dem die Kinder des

---

[2] Martin E. Süßkind über die Wahl Helmut Schmidts als Nachfolger von Willy Brandt: Kurzes Zögern beim Ja, Süddeutsche Zeitung Nr. 114 vom 17. Mai 1974, Seite 3.
[3] Annelie Stankau, Goldfisch im Gottesdienst, Kölner Stadt-Anzeiger Nr. 231 vom 5./6. Oktober 1974.

Viertels um St. Agnes in Köln ihre Tiere (200 lebende, etwa 100 Stofftiere) in die Kirche mitbringen durften:
„Guck mal, wie schnell mein Kaninchen läuft", sagt Andreas zum Kaplan Ulrich Katzenbach. „Fühl mal, was mein Hamster für ein weiches Fell hat", sagt Jörg Szymanski zum Kaplan Gerhard Dane …
Bevor der Kaplan die Legende des hl. Franziskus und einen Auszug aus der Vogelpredigt vorliest, berichten die Kinder am Altar über ihre Tiere. Etwa Ursula Vierkötter über ihren „Mischhund Purzel": „Er frisst in der Woche zwei Pfund Pansen, ein Pfund Haferflocken, ein Pfund Herz, Reis, und das bezahlt alles meine Mutter."

Der Reportage-Anfang: Ein Schulaufsatz beginnt mit dem Allgemeinen und führt dann zum Besonderen weiter:
In A-Stadt leben 4000 Türken. Achmed T. ist einer von ihnen.
Die Reportage beginnt mit dem Besonderen und leitet dann zum Allgemeinen über:
Achmed T. kennt beim Ausländeramt sogar schon den Hausmeister, so oft war er da …
Achmed T. ist einer von den 4000 Türken, die in A-Stadt leben.

Der Reportage-Aufbau: Anders als Nachricht und Bericht ist die Reportage nicht „hierarchisch", sondern „dramaturgisch" aufgebaut (Wolf Schneider[4]). Sie wird also nicht nach dem Prinzip abnehmender Wichtigkeit gegliedert, sondern in der Abfolge der Szenen so, dass auch in der Mitte und am Schluss noch Höhepunkte kommen.

Der Reportage-Schluss bestimmt mit den Gesamteindruck. Rinnt die Reportage einfach aus oder hat sie einen gestalteten Schluss, vielleicht sogar eine in den Fakten steckende Pointe?
Ein Reporter hatte drei Spalten lang beschrieben, wie sich im Stahlwerk Salzgitter ein von Gerhard Förster geleitetes Ergonomie-Zentrum erfolgreich darum bemüht, die Arbeitsplätze von Hitze, Lärm, Staub (oder Gestank), Dunkelheit (oder Blendung) und Erschütterung zu befreien. Seine Reportage schließt:
Oft allerdings wollen die Arbeiter von Försters Verbesserungen nichts wissen. Denn für Staub, Hitze und Lärm gibt es tarifliche Zulagen. Werden die Erschwernisse abgeschafft, entfällt die Zulage.

---

[4]Wolf Schneider, Was ist eine Reportage? Vervielfältigter Antwortbrief für den 4. Lehrgang der Hamburger Journalistenschule.

Die Reportage ist weder Feuilleton noch Glosse. Aus einer dichtenden statt beschreibenden Prüfungsarbeit zum Thema „Fasching":
> Lange noch grölten wir in Legion den tiefsinnigen Text gerade rechtzeitig produzierter Schlager.

Der etwaige Witz in einer Reportage muss aus der *dargestellten Sache* kommen, nicht aus dem stilistischen Aufputz.

Weiterführende Literatur
Michael Haller, Die Reportage. Ein Handbuch für Journalisten (Konstanz: UVK, 6., überarbeitete Aufl. 2006).

5.3 Feature

Der Redakteur erhielt einen Hinweis: Fehlalarme automatischer Notrufmelder, zu Tausenden in Großstädten registriert, schwächen die Einsatzbereitschaft der Polizei.

Der Redakteur möchte in einem Beitrag das Thema „Fehlalarme automatischer Notrufmelder und ihre Auswirkungen auf die Einsatzbereitschaft der Polizei" grundsätzlich behandeln und alle Überlegungen, Untersuchungsergebnisse und Statistiken einbeziehen, die es dazu gibt. Er bestellt ein Feature.

Als der „Spiegel"[5] das Thema brachte, begann er den Beitrag so:
> Schrilles Klingeln, am Nummernpult leuchtet's auf. In der Einsatzzentrale der Hamburger Polizei ist über direkten Draht ein Notruf von Alarmanschluß 3138 gekommen – eine Modeboutique in der Poststraße. Eine Minute später rasen Streifenwagen zum Tatort. Mit durchgeladenen Waffen in der Hand machen sich die Beamten auf die Jagd nach dem Täter. Die Ermittlungen ergeben: Es war eine Maus, die den Fehlalarm ausgelöst hatte.

Bis hierher könnte das auch eine Reportage aus einer Hamburger Lokalzeitung sein. Der Beitrag geht weiter:
> Allenthalben in westdeutschen Großstädten, die über ein Notrufnetz mit direkt geschalteten Alarmanlagen in Banken, Geschäften und Büros verfügen, klingelt oder piepst es täglich, gerät der Polizeiapparat in Bewegung, und am Ende ist außer Spesen nichts gewesen: Fehlalarm – das ist keineswegs Rarität, sondern die Regel. In Hamburg wurde im vergangenen Jahr

---
[5] „Wieder nichts", Der Spiegel, Nr. 15/1974, S. 68.

2493mal Fehlalarm registriert, nur 162mal war der Alarm regulär. In München: 2350mal blinder, 56mal echter Alarm; in Mannheim gar wurden neben 399 Falschmeldungen nur fünf echte Notrufe aufgefangen.

Reportage oder Feature? Um das überzeugt entscheiden zu können, müssten wir den ganzen Spiegel-Beitrag kennen. Ich habe beim Weiterlesen folgende Stichworte notiert:

Kosten pro Fehlfahrt – Werbeslogans der Hersteller – Katalog des Angebots an Alarmanlagen – Übermittlungsweg von der Anlage zur Polizei – Gründe für die Zunahme der Fehlalarme – Gefahren für die Allgemeinheit, die solche Fehlalarme mit sich bringen.

Eine besonders umfassend angelegte Reportage, kann man sagen. Man kann den Beitrag aber auch Feature nennen, weil alles, was darin an Stories und Zitaten zusammengetragen ist, nur zur *Illustration einer Analyse* dient, die das eigentliche Gerüst des Beitrags bildet.

Das Beispiel falscher Alarm ist ein Grenzfall zwischen Reportage und Feature; denn das Thema steckt schon von sich aus so voller Wirklichkeit und Anschauung, dass der Feature-Schreiber hier nicht lange zu überlegen brauchte, wie er den Stoff plastisch darstellen könnte: To feature, das heißt ja profilieren, herausstellen.

Ziel und Arbeitsweise des Feature-Schreibers definiert Udo Flade[6] so: Er „rückt auch den abstrakten Themen zu Leibe, durchleuchtet sie, löst sie in Handlung und Bilder auf und ersetzt den aufklärenden Aufsatz ..."

Der ständige Wechsel zwischen *Anschauung* und *Abstraktion*, zwischen *Schilderung* und *Schlussfolgerung* kennzeichnet die Darstellungsform Feature. Ein Feature-Schreiber ist deshalb mehr als nur Reporter: Er schildert zwar auch, aber nur zur Illustration dessen, was er darstellen oder erklären will.

Verwendungsarten des Features: Die *Presse* kombiniert vor allem Reportage- und Interview-Elemente mit der eigentlichen Sachaussage (vgl. das Beispiel falscher Alarm); *Fernseh-Features* verdichten komplexe Befunde und setzen Begriffliches in Bildhaftes um; besonders intensiv nutzt der *Hörfunk* die Möglichkeiten der Feature-Form, vom Eineinhalbminuten- bis zum Stunden-Feature, siehe nebenstehendes Manuskript-Beispiel.

---

[6]Udo Flade, Feature: Der charakteristische Zug: Praktischer Journalismus (München: Deutsche Journalistenschule, 1963), S. 112.

Graduation Day

Jan und Julian – zwei Träume von Amerika

Feature von Karla Krause
Produktionsmanuskript

(mögliche Kürzungen in den O-Tönen kursiv, Details am Ende des Ms. S. 25)

Atmo Nationalhymne George Washington Universität (GWU) *(mit Orchester)*
Atmo Nationalhymne Columbia-Universität *(CU) (a capella) (im Rhythmus ineinander verschränken, falls nicht möglich, nur GWU) mischen mit:*

O-Ton 1

Weibliche Stimme: Ladies and Gentlemen, good morning and welcome. Would the audience please rise and join me in welcoming the graduating class of the George Washington University.

Atmo Nationalhymne GWU hoch *(mischen mit)*

O-Ton 2

Männerstimme: Mr. President, seated before you are trustees, faculty, alumny, candidates for degrees *(Applaus)* and honoured guests of the uinversity. We are assembled for the annual commencement in Columbia's 250. academic year *(Jubel)*

Atmo Nationalhymne CU hoch

Atmo Einmarschmusik *(Nebenmotiv) mischen mit*

Autorin *(drauf):* Graduation Day. In Washington DC, auf dem Rasen vor dem Weißen Haus, versammeln sich tausende festlich gekleideter Menschen. Die George Washington Universität feiert ihre Absolventen. Unter den jungen Frauen und Männern in schwarzen Talaren mit eckigen Hüten auf dem Kopf ein baumlanger blonder Deutscher: Julian. Sein Interesse für Amerika hat schon im Vorschulalter begonnen.

O-Ton 3 *(drauf)*

Julian: Jeder hat mit Hi-man oder Mask gespielt, das kam eben von da. Und wenn man Playmobil gespielt hat, immer Cowboy und Indianer. Und ich war immer Johnny, nie Frank oder Jean-Pierre. Die ersten Musikgruppen, an die ich mich erinnern kann, deren CDs ich gekauft habe, waren MC Hammer oder Vanille Ice, das kam aus Amerika, die ersten Filme, an die ich mich erinnere, sind Star Wars oder Indiana Jones, die kamen auch aus den USA. Ich war immer schon ein Fan von Mainstream-Kultur, und die kam halt immer aus den USA.

Manuskriptseite eines Funkfeatures

Nähe zur Dokumentation in Radio und TV: „Das müssen wir verfietschern", beschließt der Funk-Redakteur, wenn er ein Problem oder einen Sachverhalt möglichst leicht verständlich und anschaulich darstellen will. Er hat alle Darstellungsmittel des Hörfunks zur Verfügung, u. a. die Aufteilung des Textes auf mehrere Sprecher in verschiedenen Funktionen (z. B. Erzähler, Kommentator, Zitate-Sprecher), Reportage, Interview, Statement, Musik, akustische Effekte bis hin zu den Elementen des Hörspiels. Die Frage nach der Form stellt sich für jedes Thema neu. (Vgl. die Beiträge „Feature" in den Büchern „Radio-Journalismus" und „Fernseh-Journalismus" der „gelben Reihe".)

Hier ein paar Themen, die der Bayerische Rundfunk in Feature-Form behandelt hat:
Der Bürger aus Dingsda
Die Provinz – gibt es sie noch?

Auf der Suche nach den blühenden Landschaften
Momentaufnahmen aus den neuen Bundesländern

Winstub & Choucroute, adieu!
Das Elsass auf dem Weg zu einer europäischen Identität

Millionen für rote Zahlen
Sind die Bosse ihr Geld wert?

Weiterführende Literatur
Christoph Fasel, Textsorten (Konstanz: UVK, 2009).
Udo Zindel/Wolfgang Rein (Hrsg.), Das Radio-Feature: Ein Werkstattbuch inklusive CD mit Hörbeispielen (Konstanz: UVK, 2. Aufl. 2007).

5.4 Interview und Umfrage

Die meisten Frage-Antwort-Spiele, die zwischen Journalisten und Auskunftspersonen ablaufen, sind *Recherchen*, nicht Interviews. Die Antworten dienen als zitierfähiges *Material* für eine Nachricht, einen Bericht oder eine andere informierende Darstellungsform.

Von einem Interview sprechen wir nur dann, wenn sich das Gespräch bei der Veröffentlichung noch vom Leser, Hörer, Zuschauer als solches erkennen lässt.

5.4 Interview und Umfrage

- Die *strenge* (gebundene) Form des Interviews gibt ein Gespräch im (vielleicht gekürzten, aber) ununterbrochenen Dialog wieder.
- Die *freie* Form des Interviews hebt zwar auch auf Frage-Antwort ab, unterbricht aber die Wiedergabe des Gesprächsverlaufs durch Zusammenfassungen ausgelassener Gesprächsphasen in indirekter Rede sowie durch Beobachtungen, die der Interviewer bei dem Interview an seinem Gesprächspartner gemacht hat (sog. *Interview-Story*).

Am besten eignen sich für Interviews Funk und Fernsehen, weil diese Medien jede Nuance des Sprechers, das Fernsehen auch jede Handbewegung, jedes Zucken im Gesicht aufzeichnen können.

Aber auch in *Zeitungen* und *Zeitschriften* hat das Interview neues Ansehen gewonnen, und der „Spiegel" würde für die aggressive Interview-Sonderform des Spiegel-Gesprächs bestimmt nicht bis zu sechs und acht Seiten zur Verfügung stellen, wenn die Redakteure sich nicht vergewissert hätten, dass es gelesen wird. Offenbar schätzt auch der Leser die vom Interview gebotene Unmittelbarkeit der vertiefenden Information.

Man unterscheidet drei Interview-Arten:

- Das *Interview zur Sache* fragt um Auskunft: Wird die Gewerkschaft auch mit 3,3 Prozent Lohnerhöhung zufrie-den sein? Was hat die deutsche Delegation bei der XY-Konferenz erreicht? Es geht also immer um Information über Fakten.
- Das *Meinungsinterview* hingegen fragt danach, wie der Interviewpartner ein Problem oder einen Sachverhalt beurteilt. Frage an den Präsidenten des Nationalen Olympischen Komitees: Was hält er von dem Vorschlag, Olympische Spiele nur noch in Griechenland zu veranstalten? Wie beurteilt der Ärztekammer-Vorsitzende die ärztliche Sterbehilfe?
- Das *Interview zur Person* will einen Menschen vorstellen, ihn durch seine Antworten skizzieren.

In der Praxis überschneiden sich alle drei Interview-Arten. Das Interview zur Person z. B. kommt natürlich ohne Sachauskünfte (Wie haben Sie sich auf Ihre neueste CD vorbereitet?) ebenso wenig aus wie ohne Meinungsfragen (Wie aggressiv darf ein Liedermacher texten?). Und ein Politiker, der gerade über die Ziele seiner bevorstehenden Reise gesprochen hat, freut sich vielleicht (mit dem Leser, Hörer, Zuschauer), wenn er auch noch etwas Persönliches gefragt wird: Was er dort am liebsten essen möchte, ob er auch schon mal mit seiner Frau dort war oder was auch immer.

„Das Interview ist die schwierigste journalistische Arbeitsform überhaupt", urteilt Hans-Joachim Netzer.[7] „Es verlangt genaue thematische Vorbereitung, aber dann größte Zurückhaltung des eigenen Wissens. Es verlangt große Kontaktbegabung, Selbstsicherheit und Takt, Energie und Zielbewusstsein in der Gesprächsführung, Anpassung an den jeweiligen Partner, an die Atmosphäre und die Situation."

Tipps fürs Interview lassen sich deshalb nur sehr allgemein fassen:

1. Bereiten Sie sich so gut wie möglich auf die zu besprechende Sache und die Person des zu Interviewenden vor, damit Sie ihm ein anregender Gesprächspartner sind, mit dem er gerne redet und den er ernst nimmt.
2. Führen Sie ein Gespräch. Das heißt, seien Sie weder Verhör-Veranstalter noch Plaudertasche.
3. Halten Sie Fragen bereit, aber seien Sie nicht Sklave Ihrer Vorarbeit, sondern frei genug, auf Gesprächssituationen zu reagieren.
4. Fragen Sie präzise.
5. Stellen Sie nur solche Fragen, von denen Sie annehmen dürfen, dass Ihr Interviewpartner sie aufgrund seiner Kenntnis und Kompetenz auch beantworten kann.
6. Stellen Sie nicht mehrere Fragen auf einmal. Das verwirrt den ungeübten Partner und er antwortet unvollständig; dem Routinier aber eröffnet das Fragenbündel die Chance, sich auszusuchen, auf welche Fragen er antworten und welche er vergessen will.
7. Interviews unter vier Augen sind gewöhnlich ergiebiger als solche vor Publikum. Gespräche, die man vor Zuhörern führt, geraten leicht zur Schau; außerdem hat der Interviewpartner vielleicht Bedenken, dies oder jenes vor Publikum mitzuteilen oder zuzugeben, was er im Zwiegespräch gesagt hätte.

Das Interview kann zu einem Tauziehen werden, wenn die richtigen Partner aufeinander treffen: Wer gibt nach? Der Interviewer, indem er die unbeantwortete Frage fallen lässt? Oder der Interviewte, indem er doch noch mit einer (wenigstens halben) Antwort herausrückt? Solche Interviews haben neben dem Ertrag an Information wegen des Wettkampfcharakters einen hohen Unterhaltungswert.

Beispiel: Vier Wochen nach seinem Amtsantritt im Frühsommer 1974 gab Bundeskanzler Helmut Schmidt dem Deutschlandfunk-Redakteur Karl Donat ein Interview, in dem folgende Stelle vorkommt:

---

[7]Hans-Joachim Netzer, Thesen über das Interview; Publizistik 1 (1970): S. 37.

Donat: Anfang der Woche wurde aus Posen berichtet, der polnische Parteichef habe eine Entschädigung für 300.000 überlebende polnische KZ-Opfer verlangt. Wie stehen Sie zu einer solchen Forderung?
Schmidt: Ich weiß davon nichts.
Donat: Wenn sie erhoben würde, wie wäre die Antwort des Bundeskanzlers?
Schmidt: Ich antworte nicht auf hypothetische Fragen, Herr Donat!
Donat: Wie steht es mit einer konkreteren Frage – mit dem 1-Milliarden-Kredit für Polen? Sind Sie bereit, über eine Erhöhung oder eine Verbesserung der Bedingungen zu sprechen?
Schmidt: Ich bin nicht bereit, und das weiß die polnische Führung seit langer Zeit, eine Erhöhung des Kredits in Erwägung zu ziehen.
Donat: Auch keine Verbesserung der Bedingungen?
Schmidt: Sie fragen ein bisschen zu penetrant, Herr Donat!
Donat: Darf ich es vielleicht erleichtern, wenn ich also so sage: Vielleicht dann, wenn endlich die von der anderen Seite zugesagte Rücksiedlung wieder läuft?
Schmidt: Herr Donat, ich habe nicht die Absicht, die deutsch-polnischen Beziehungen in einem Radio-Interview innerhalb der Bundesrepublik um ein wesentliches Stück zu verändern, zu befördern oder zu verlangsamen. Dieses sind Themata, die im unmittelbaren Gedankenaustausch zwischen der polnischen Regierung und der Regierung der Bundesrepublik Deutschland gefördert werden müssen, wenn das möglich ist.
Donat: Ich muss trotzdem, Herr Bundeskanzler, noch eine Frage stellen, die heikel ist: Die Konferenz für Sicherheit und Zusammenarbeit in Genf scheint …

Ein Interviewer ist mehr als ein Stichwortgeber, der immer nur in den Grenzen des dem Partner Willkommenen bleibt und dankbar dessen Antworten notiert.

Nachhaken, auf *Lücken, Unklarheiten* oder in der Antwort steckende *Widersprüche* aufmerksam machen – diese Arbeit muss der Interviewer selbst um den Preis leisten, manchmal penetrant zu wirken oder lästig zu werden.

Was das Interview allerdings nicht ist: Diskussion. Die Ansichten des Interviewers interessieren nicht, etwa:

Da bin ich aber ganz anderer Meinung, Herr Präsident.

Beispiele für gute Interviews findet man überall in den Medien in allen Formen, Längen und zu allen Themen. Es lohnt sich, sie kritisch zu verfolgen und herauszuarbeiten, wie sie gemacht und präsentiert sind.

In einem Blog fand ich ein Interview, das Gilles Chevalier mit der bayerischen Kabarettistin Martina Schwarzmann geführt hat. Es ist ein Beispiel für die freie Form des Interviews, die wörtlich zitiert, Gesprächsteile zusammengefasst referiert und Beobachtungen des Interviewers mitteilt.

Diese Stilmittel führen zu einer gut lesbaren, informierenden Interview-Story, von der ich sagen möchte: So zu schreiben ist erlernbar. Hier ein Auszug.

Berlin in diesem Sommer: Das sind viele Baustellen auf den Straßen, viele Baustellen in der Politik wegen des beginnenden Wahlkampfes auf Landesebene und nahezu in jeder Nacht brennende Autos. Seit 14 Uhr sei sie schon in der Berlin, sagt Martina Schwarzmann, denn diesmal sei sie mit dem Flugzeug gekommen. Das Parken sei ihr rund um das Theater der Wühlmäuse zu gefährlich erschienen – sind dort doch in dieser Woche mehrere Fahrzeuge angezündet worden.

Sie gibt an, ihr Programm „Wer Glück hat kommt" selbst geschrieben zu haben. „Ich betone das so, weil ich ja aus Bayern komme, und da ist es ja heute nicht mehr selbstverständlich ...," – mehr braucht sie im aufbrausenden Applaus nicht zu sagen. Das Publikum hat Martina Schwarzmann und ihre kurzen Ausflüge ins Politische verstanden. Langsam und vorsichtig, hat man den Eindruck, wagt sich Schwarzmann an brandaktuelle Themen heran. (http://liveundlustig.wordpress.com/2011/08/22/martina-schwarzmann-wer-gluck-hat-kommt-kritik)

Die Umfrage hat mit dem Interview gemeinsam, dass sie Auskünfte und Meinungen einholt und in direkter Rede wiedergibt. Unterschied: Das Interview stellt in der Regel *mehrere Fra-gen an nur eine Person*, die Umfrage *nur eine Frage an mehrere Personen*.

Die Umfrage oder auch *Vox pop* (von lateinisch Vox populi, Volkes Stimme) kann Sachauskünfte oder Meinungsäußerungen einsammeln, sich an einen abgegrenzten Kreis von Befragten richten oder „auf der Straße" (d. h. mit einem mehr oder minder vom Zufall bestimmten Personenkreis) gemacht werden.

Der Kreis der Befragten kann sich aus ihrer *Sachkunde* ergeben (Expertenumfrage):
Wie wird das Wetter in dieser Saison? (Umfrage bei Metereologen)
Was sagen Sie zur Literatur-Nobelpreis-Entscheidung? (Umfrage bei deutschen Schriftstellern)
Oder aus ihrer *Betroffenheit:*
Wie geht's weiter? (Umfrage bei Mitarbeitern eines stillgelegten Betriebes)
Wie wünschen Sie sich einen idealen Gast? (Umfrage bei Kellnern)

Häufiger ist die Umfrage *auf der Straße:*
Was haben Sie beim Shopping gefunden?
Wie verkleiden Sie sich in diesem Karneval?
Was halten Sie von Umfragen?
Wen wird man fragen, welche Antworten auswählen? Nur die originellsten? Nur diejenigen, die der eigenen Meinung entsprechen? Nein. Natürlich wird man sich um das je nach Frage und Umfragezweck erforderliche und mögliche Maß an *Repräsentativität* bemühen, doch es wird gering bleiben im Vergleich zur *demoskopischen* Umfrage. Aber mit der haben wir es hier nicht zu tun.

Weiterführende Literatur
Jürgen Friedrichs/Ulrich Schwinges, Das journalistische Interview (Wiesbaden: Springer VS, 4. Aufl. 2016).
Michael Haller, Das Interview. Ein Handbuch für Journalisten (Konstanz: UVK, 3. Aufl. 2001).
Mario Müller-Dofel, Interviews führen (Journalistische Praxis, Wiesbaden: Springer VS, 2. Aufl. 2016).

5.5 Korrespondentenbericht und analysierender Beitrag

Die Meldung (vom 21. November 2012):
Betriebliche Altersvorsorge: Ein Rendite-Schwindel?
Ein Bamberger Professor stellt mit einer Beispielrechnung die betriebliche Altersvorsorge in Frage. Die Bundesregierung und Versicherer widersprechen ihm.
Der Korrespondenten-Bericht:
Am Anfang war eine gute Idee. Vor mehr als zehn Jahren erhielten Beschäftigte das Recht, über den Arbeitgeber zusätzlich fürs Alter vorzusorgen. (…) Doch was nach einem lukrativen Geschäft klingt und bereits mehr als fünf Millionen Menschen nutzen, wird für viele keine lohnende Anlage für den Ruhestand sein.
(Thomas Öchsner, Berliner Korrespondent der Süddeutschen Zeitung)

Der Korrespondent gibt zusätzliche Informationen, die er der Studie entnommen hat:
Zu diesem Ergebnis kommt der Bamberger Professor für soziale Sicherung, Ulrich-Arthur Birk, der sich seit Jahren mit der Altersvorsorge beschäftigt. Birk hat in einer neuen Untersuchung, die der Süddeutschen Zeitung vorliegt, genau nachgerechnet. Er kommt dabei zu dem Schluss: „Für Beschäftigte,

die, gesetzlich krankenversichert, nach 2005 einen Vertrag unterschrieben haben und vom Chef keinen Zuschuss bekommen, ist die sogenannte Entgeltumwandlung für die Betriebsrente in der Regel nicht rentabel."
Dass es nicht bloß ein einzelner Wissenschaftler gewesen sein wird, der eine Außenseiter-Meinung vertritt, dafür garantiert die Formulierung
in einer neuen Untersuchung, die der Süddeutschen Zeitung vorliegt.

Der Korrespondent interpretiert aufgrund seiner Personen- und Sachkenntnis, hier z. B. dass die Betriebsrente für viele voraussichtlich keine lohnende Altersvorsorge darstellt:
Um das zu verstehen, muss man schauen, was mit dem angesparten Geld bei der Auszahlung passiert. Dann ist der Finanzminister nicht mehr so großzügig: Seit 1. Januar 2005 greift das Finanzamt bei Betriebsrenten stärker zu. Der Versorgungsfreibetrag wird seitdem schrittweise abgebaut, von 2040 an ist die Betriebsrente voll zu versteuern. Zugleich knapst an ihr die Kranken- und Pflegeversicherung. Anders als bei der privaten Riester-Rente sind auf die Betriebsrenten volle Beiträge an die Kranken- und Pflegekasse zu zahlen. Hinzu kommen Einbußen bei der gesetzlichen Rente, weil Arbeitnehmer und Arbeitgeber für den Betrag, der in die betriebliche Altersvorsorge fließt, nichts in die Rentenkasse einzahlen.

Der Korrespondent analysiert das im Interview Gesagte. Ohne Spekulation geht das nicht ab; der Korrespondent kann mit seinen Annahmen fehlgehen, vor allem mit Voraussagen für die Zukunft:
Unterm Strich bleibt nach den Berechnungen von Birk wenig übrig: Ein gesetzlich krankenversicherter, alleinstehender Durchschnitts-Arbeitnehmer mit 3400 Euro brutto im Monat, der Anfang 2012 eine Direktversicherung bei einem großen deutschen Anbieter abgeschlossen hat und 44 Jahre lang 100 Euro monatlich bis zur Rente mit 67 einzahlt, kommt netto auf eine garantierte Monatsrente von rund 150 Euro. Mit den nicht garantierten Überschüssen wäre es doppelt so viel. Davon sind noch knapp 40 Euro abzuziehen, die er weniger an gesetzlicher Rente erhält. Ein paar Euro mehr hätte der Modell-Rentner herausbekommen, wenn er bei dem Versicherer eine private Rentenversicherung abgeschlossen oder die jeweils 100 Euro für 1,75 Prozent Zinsen auf ein Sparkonto überwiesen hätte.
Ein *Kommentar* ist die Interpretation jedenfalls nicht; denn was Thomas Öchsner selbst von der Betriebsrente hält, ist bisher noch nicht einmal angeklungen.
Auch der abschließende Absatz ist erläuternde Interpretation:
Nur bei einem sehr günstigen Anbieter kann das Ergebnis für die Betriebsrente etwas besser ausfallen. Das räumt Birk ein. Wer nicht privat krankenversichert ist und vom Betrieb keinen Zuschuss erhält, solle sich den Abschluss

5.5 Korrespondentenbericht und analysierender Beitrag

aber gut überlegen, solange Arbeitnehmer in der Auszahlungsphase so schlecht gestellt sind. Der Professor wünscht sich deshalb eine politische Diskussion: „Wir brauchen eine Reform der betrieblichen Altersvorsorge. Sonst verpufft die staatliche Förderung." (http://www.sueddeutsche.de/geld/untersuchung-zur-betriebsrente-gehaltsumwandlung-zur-altersvorsorge-bringt-nichts-1.1528759)

Er teilt nicht wie Nachricht und Bericht vordergründig Abläufe mit. Vielmehr versucht er, dahinter zu schauen. Was ein Korrespondent weiß, was er sieht, wohin er schaut, hängt von seinem Fleiß, seiner Kontaktfähigkeit – und seinem politischen Standort ab.

Subjektives kommt mit ins Spiel, das lässt sich nicht vermeiden. Nicht zuletzt deshalb sind Korrespondentenberichte mit dem Namen oder Namenskürzel des Autors gekennzeichnet.

Was hier über den Bericht des Inlands- bzw. Auslandskorrespondenten gesagt wurde, gilt ähnlich für alle *analysierenden Beiträge* von Fachjournalisten, die zu einer aktuellen Meldung den Hintergrund liefern sollen.

Stadtväter in Not – Die Steuerreform und eigenes Versagen bringen viele Kommunen in finanzielle Bedrängnis

Lehrermangel: Heute zu viele, morgen zu wenig? – Prognosen und Dementis haben inzwischen zu einem Glaubenskrieg geführt

Woran der Strafvollzug krankt – Gesetze und Geld allein tun es nicht

Dass sich die persönliche Sicht des Autors in seinem Beitrag bis zur kommentierenden Stellungnahme ausdehnt, ist zwar vom Informationsauftrag her nur selten notwendig, lässt sich aber dann tolerieren, wenn außer dem analysierenden Beitrag die „objektive" Nachricht gebracht worden ist. Unterrichtung über ein Thema *ausschließlich* durch den Korrespondenten oder Fachmitarbeiter bringt die Gefahr mit sich, dass die Grenze zwischen Information und Stellungnahme verwischt wird.

Meinungsäußernde Darstellungsformen

6

> **Zusammenfassung**
>
> Journalisten dürfen und sollen Meinung äußern: in Darstellungsformen wie dem Kommentar, dem Leitartikel oder der Glosse. Wie sie aufgebaut sind und was sie kennzeichnet, beschreibt dieses Kapitel.

> **Schlüsselwörter**
>
> Darstellungsform · kommentieren · Kommentar · Leitartikel · Kritik · Rezension · Glosse

Informierende Beiträge *berichten* zu einem beträchtlichen Teil über Meinungsäußerungen (Reden von Politikern, Forderungen von Verbänden usw.); die jetzt zu behandelnden Darstellungsformen *sind* Meinungsäußerung. Der Autor nimmt Stellung, sagt seine Meinung; das zeigt sich auch in der Form: Im Fernsehen erscheint der Kommentator selbst auf dem Bildschirm, Hörfunk-Kommentare werden vom Autor gesprochen, in der Presse sind die meisten Kommentare mit dem Namen oder Namenskürzel des Autors gezeichnet.

Ich beschränke mich darauf, die drei wichtigsten meinungsäußernden Darstellungsformen zu behandeln:

- Redaktioneller Kommentar und Nutzerkommentare
- Glosse
- Rezension

Zeitungen und Zeitschriften kennen daneben den Leitartikel, die Kolumne und andere Sonderformen.

6.1 Kommentar

Bei Kommentaren denkt man zunächst an hohe Politik zwischen Berlin, Paris, Washington und Brüssel. Das Verhalten des Polizeipräsidenten bei der Taxifahrer-Demonstration kann aber genauso Thema eines Kommentars sein wie die Preispolitik der Bauträgergesellschaften oder das Dilemma, einen Intendanten für die Städtische Oper zu finden. Alles, was eine Nachricht (allerdings Hard News) wert ist, kann grundsätzlich auch Stoff für einen Kommentar sein.

Ob der Stoff tatsächlich kommentiert wird, hängt davon ab, ob er folgende Fragen mit ja beantworten lässt:

- Fordert er eine Stellungnahme heraus?
- Ist die Öffentlichkeit an einer publizistischen Stellungnahme interessiert oder sollte sie wenigstens daran interessiert sein?
- Gehört der Stoff zu den wenigen wichtigsten Themen, für deren Kommentierung Platz vorhanden ist?

Ich unterscheide drei Arten von Kommentaren:

1. Der Argumentations-Kommentar: Kommentieren heißt gewöhnlich argumentieren. Wer eine Meinung vertritt, möchte im Kommentar andere überzeugen, Unentschiedene zu sich herüberziehen. Also wird der Kommentator seine Gründe anführen und sich zumindest indirekt auch mit anderen Standpunkten auseinandersetzen, wenn sie wichtig genug sind oder von einem genügend großen Teil der Öffentlichkeit vertreten werden.

2. Der Geradeaus-Kommentar: Je nach Anlass, Thema (und Temperament des Autors) wird ein Kommentar auch einmal aufs Argumentieren verzichten und einfach „geradeaus" begeistert loben oder verärgert schimpfen.

3. Der Einerseits-Andererseits-Kommentar: Auch eine Gedankenführung, die sich darauf beschränkt, zwischen mehreren Alternativen im Sinne von „einerseits-andererseits" abzuwägen und sich nur zögernd oder gar nicht für eine Alternative entscheidet, ist Kommentar, wenn der Kommentator damit die Schwierigkeit oder Vielschichtigkeit des anstehenden Problems und seine eigene Ratlosigkeit demgegenüber ausdrücken will. Die Stellungnahme des

6.1 Kommentar

Kommentators lautet in einem solchen Fall: Leute, da gibt es so viel zu bedenken, die Gewichte sind gleich verteilt, ich kann mich nicht (oder noch nicht) entscheiden.

Kein Kommentar ist das bloße Aufzeigen von Hintergründen und Zusammenhängen. Kein Kommentar ist das bloße Interpretieren.

Der Kommentar setzt Information voraus. Die Tatsachen, die kommentiert werden, soll der Autor nicht mehr darstellend ausbreiten, sondern nur noch bezugnehmend erwähnen.

Manchmal gibt es allerdings Ereignisse zu kommentieren, bei denen sich der Kommentator nicht sicher sein kann, ob sein Publikum auch weiß, wovon er redet. Dann gilt es, die Informationen so geschickt einfließen zu lassen, dass der Beitrag trotzdem seinen Charakter als Kommentar behält.

> Mehr als die Hälfte der Präsidiumsmitglieder des Bundes der Vertriebenen war einst in der NSDAP. Das ist das Ergebnis einer Studie des Instituts für Zeitgeschichte im Auftrag des Verbandes.

Das ist kein Anfang für einen Kommentar. Und Heribert Prantl hat seinen Kommentar vom 22. Dezember 2012 über die Verbandsfunktionäre mit NS-Hintergrund auch ganz anders begonnen:

> Die alten Nazis waren in der jungen Bundesrepublik überall: Sie waren in der Justiz, in der Verwaltung, in den Ministerien, an den Universitäten; der Verfassungsschutz war so braun, dass es einen heute noch schüttelt. (http://www.sueddeutsche.de/politik/altnazis-im-bund-der-vertriebenen-leute-die-von-frueher-was-verstehen-1.1529956)

Prantl präsentiert und präzisiert zwar dem Leser den Stoff, den er kommentieren will, aber er signalisiert durch wertende Formulierungen (so braun, dass es einen heute noch schüttelt), dass jetzt nicht berichtet, sondern kommentiert wird.

Die größte Gefahr für jeden Kommentator besteht darin, dass er an seinem Publikum vorbeikommentiert. Wenn der Leser (Hörer, Zuschauer) von seinen Kenntnissen und seinem Bewusstseinsstand her den Weg der Gedankenführung mit dem Kommentator nicht mitgehen kann, weil er irgendwo unterwegs auf der Strecke bleibt, ist die Chance des Kommentars vertan.

Zwischen Allgemeinheit und Differenziertheit. Der Kommentator steht angesichts der Komplexität der meisten Themen (und der Kürze eines Kommentars) meist vor der Frage:

Soll ich mich an ein allgemeines, möglichst breites Publikum wenden? Dann bin ich dazu gezwungen, Aussage und Darlegung entsprechend allgemein zu halten, um verständlich zu bleiben (und die vorgeschriebene Länge nicht zu überziehen).

Oder will ich der Differenziertheit der Problematik durch entsprechende Differenzierung im Kommentar gerecht werden? Dann werde ich nicht mehr die Allgemeinheit als Publikum ansprechen können, sondern nur noch eine entsprechend differenzierte Zielgruppe.

In der Praxis findet man alle Abstufungen zwischen Allgemeinheit und Differenziertheit. Wie weit darf ich eine Argumentation vereinfachen, ohne bereits unangemessen zu simplifizieren und zu vergröbern? Da muss jeder Kommentator bei jedem Kommentar erneut einen gangbaren Weg suchen. Auf jeden Fall muss die Argumentation klar und stichhaltig sein. Und schließlich: Um Volksnähe sich bemühen heißt nicht um jeden Preis populär sein wollen. Man soll dem Volk aufs Maul schauen, aber nicht nach dem Munde reden.

Weiterführende Literatur
Peter Linden/Christian Bleher, Glossen und Kommentare in den Printmedien (Berlin: ZV Zeitungs-Verlag Service GmbH, 2000).
Werner Nowag/Edmund Schalkowski, Kommentar und Glosse (Konstanz: UVK, 1998).

6.2 Nutzerkommentare

So richtig lebendig wird die Auseinandersetzung mit den eigenen Lesern, Hörern, Zuschauern, Usern erst, wenn sich eine Community entwickelt. Stefan Primbs. Social-Media-Redakteur beim Bayerischen Rundfunk, schreibt: „Interessant wird es erst, wenn die Leute sich auch untereinander was zu sagen haben, Ihre Inhalte mit den eigenen Meinungen und Haltungen anreichern und sie zum Ausgang spannender Dialoge macht. Nur wenn Ihre Community in diesem Sinne konstruktiv ist, lässt sich mit dieser Community auch arbeiten. Und dann taugen Ihre Mitglieder auch als Botschafter Ihrer Inhalte und Marke, als Fans im besten Sinne."[1]

---

[1] Stefan Primbs, Social Media für Journalisten (Journalistische Praxis, Wiesbaden: Springer VS, 2015, S. 90).

6.2 Nutzerkommentare

Was das Publikum zu journalistischen Beiträgen schreibt, sind in der Regel ebenfalls Kommentare. Doch halten sich Leser, Hörer, Zuschauer oder User nicht an die journalistischen Regeln. Das brauchen sie auch nicht. Unbedingt halten müssen sie sich jedoch an die geltenden Gesetze, die etwa strafrechtlich relevante Aussagen verbieten (vgl. auch das Kapitel Recht). So ist es unter Strafe gestellt, dazu aufzufordern, jemanden zu töten.

Rechtlich verantwortlich dafür sind die Medien, auf deren Webseiten sich solche Kommentare finden. Die Redaktionen müssen solche Kommentare also entfernen. Das gibt Anlass zu Nutzerprotesten, lässt sich aber gut erklären.

Da Nutzerkommentare zum einen oftmals organisiert auftreten, zum anderen einer sozialen Dynamik unterliegen, geben sich Redaktionen Regeln für die Nutzerinteraktionen, eine sogenannte Netiquette. Das dient der Transparenz, welche Beiträge entfernt wurden und warum.

Einige Redaktionen haben sich angesichts ausufernder Angriffe durch bestimmte Nutzergruppen für die *paradoxe Interaktion* entschieden.

Quelle: Fans des gleichgeschaltet-ironischen Journalistenzirkels auf Facebook, 8. Juni 2016

Das Nutzeranfragen beantwortet werden sollen, ist eigentlich selbstverständlich. Doch manchmal können unsinnige Diskussionen auch gleich beendet werden.

Man kann sich denken, worauf der Leser hinaus will. Souveräne Antwort.
☺

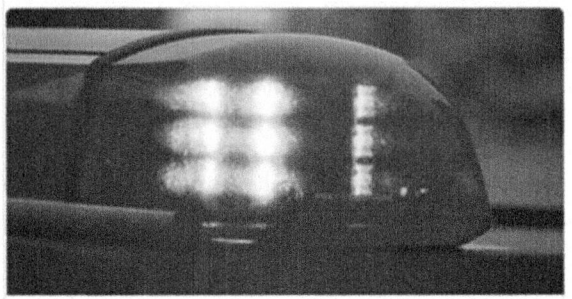

Quelle: Fans des gleichgeschaltet-ironischen Journalistenzirkels auf Facebook, 7. September 2016

„**Trolle" heißen solche Nutzer,** die Nutzerdiskussionen an sich reißen und von ihren eigentlichen Inhalten ablenken. Deshalb rät Stefan Primbs nicht nur: „Trolle nicht füttern!", sondern auch: „Kennen, lieben und erziehen Sie ihre Trolle."[2]

Weiterführende Literatur
Stefan Primbs, Social Media für Journalisten (Journalistische Praxis, Wiesbaden: Springer VS, 2015).

---

[2]Stefan Primbs, Social Media für Journalisten (Journalistische Praxis, Wiesbaden: Springer VS, 2015, S. 93).

6.3 Glosse

Sie ist eine der schwersten Darstellungsformen, gerade weil sie so leicht daherkommt. Wer mit einer Glosse wirklich treffen will, muss sich genauso gut vorbereiten und auskennen wie der Kommentator, zusätzlich aber sollte er sicher sein in feuilletonistischer Sprache und eine Eleganz der Formulierung nicht scheuen, wenn der Gegenstand der Glosse sie angemessen erscheinen lässt.

„Ein verhängnisvoller Irrtum" wäre es nach Meinung von W. E. Süskind,[3] „zu glauben, die Glosse sei von Haus aus weniger seriös, sie sei spielerisch und unverbindlicher als der Kommentar, und man müsse von vornherein bestimmte Gegenstände ‚leichterer' Art der Glosse vorbehalten und andere Gegenstände (etwa grundsätzlich diejenigen der Politik) dem Kommentar".

Der Unterschied zum Kommentar besteht also nicht im *Thema*, sondern im *Stil*. Das bestätigt eine in Stichworten gehaltene Charakteristik der Glosse, die mir der Journalist Reinhardt Stumm skizzierte: „Polemisch, ohne Zugeständnisse, ohne Einräumungen. Die Schwäche des Gegenstandes genau erfassend. Nicht argumentierend, sondern bloßstellend, nicht abwägend, sondern hart, ironisch, witzig, listenrein … Die Pointe muss überraschend, überzeugend, schlagend sein."

Durch Ironie zu wirken statt durch direkte Bezeichnung der Umstände ist das am häufigsten verwendete Stilmittel der Glosse. Wer ironisch schreibt, bestätigt scheinbar die Annahmen und Vorurteile seiner Leser oder Hörer und weckt gleichzeitig den Zweifel, ob diese Annahmen und Vorurteile wirklich so richtig sind.

Meistens sind wir auf die Doppelbödigkeit der Ironie nicht vorbereitet; wohl jeder Glossenschreiber kann berichten, dass er schon begeisterte Zustimmung von Lesern oder Hörern erhalten hat, die den Text nur in seiner Vordergründigkeit verstanden, die Glosse also missverstanden haben.

Die Versuchung, einen Sachverhalt zu glossieren, ist groß – gute Glossenschreiber gibt es wenige. Glossenschreiben lässt sich deshalb so schwer erlernen, weil zur Beherrschung der Form jene Portion Mutterwitz und Boshaftigkeit hinzukommen muss, die unter den Journalisten nicht gleich verteilt ist.

Dass der Themenkreis aktueller Glossen unbegrenzt, der Kreis geeigneter Mitarbeiter aber begrenzt ist, bezeugt die „Süddeutsche Zeitung" mit ihrem täglichen „Streiflicht". Dessen Glanz hängt davon ab, ob wenigstens einem aus dem halben Dutzend ständiger Autoren für morgen etwas einfällt.

---

[3] W. E. Süskind, Glosse und Kommentar; in: Praktischer Journalismus (München: Deutsche Journalistenschule, 1963), S. 129.

Die sogenannte „*Lokalspitze*", die sich in vielen Zeitungen am immer gleichen Platz im Lokalteil findet, hat zwar sehr oft den Charakter einer schmunzelnden Alltagsbetrachtung, kann aber auch zupackende Glosse oder Kommentar sein.

Weiterführende Literatur
Anja Maria Hoppe, Glossenschreiben (Wiesbaden: Westdeutscher Verlag, 2000).

6.4 Rezension

heißt die meinungsäußernde Darstellungsform der Literatur- und Kunstkritik, auch wenn der Begriff selbst relativ selten im Redaktionsalltag gebraucht wird. Rezensionen sind Buchbesprechung und Filmkritik ebenso wie der wertende Bericht über eine Gemälde-Ausstellung oder die sachverständige journalistische Meinungsäußerung auf einem anderen Gebiet der Künste: Theater, Oper, Konzert, Ballett, Fernseh- oder Hörspiel, Architektur, Design u. v. m.

Die Rezension unterscheidet sich vom Kommentar nicht nur dadurch, dass sie sich (ähnlich der Glosse) stärker der Mittel der Sprachkunst bedient; der eigentliche Unterschied ist wesentlicher:

Information und Beurteilung sind in der Rezension in aller Regel verquickt. Wer erfahren will, worum es in der neuen Inszenierung geht, wer mitspielt, wer Regie führt und wie die Premiere verlief, ist auf die Kritik als einzige Informationsquelle angewiesen.

Die Trennung von Bericht und Meinung gilt im Kulturteil für alle jene Ereignisse nicht, über die Rezensionen erscheinen. Man braucht das nicht zu bedauern. „Hier sind Tatsachen- und Wertungsaussagen eng miteinander verbunden, wobei der Wertungsvorgang, das Beurteilen, aber stets im Vordergrund steht", präzisiert Siegfried Schmidt, Journalistik-Professor an der Universität Leipzig.

Nicht arrogant werden! Wen verlockt es nicht, eine Provinzaufführung lächerlich zu machen und sich auf Kosten miserabel bezahlter zweitklassiger Mitwirkender als junger Alfred Kerr oder Friedrich Luft zu profilieren. Aber mit arroganten Von-oben-herab-Verrissen, wie sie dem Anfänger besonders leicht aus der Feder fließen, wird man nicht lang den gewünschten Erfolg haben. Denn solche Kritiker machen sich nicht die Mühe, auf das Verhältnis von künstlerischem Potential und vorgezeigtem Ergebnis einzugehen. Das erfordert *Sachkunde* und *Blick für Details*, ist auch viel anstrengender zu schreiben als das provokante Pauschal-Pfui.

6.4 Rezension

Damit wir uns recht verstehen: Einer künstlerischen Leistung gerecht werden wollen heißt nicht ihre Unzulänglichkeit übersehen und nur die Vorzüge ins Licht rücken. Kritiklose Lobhudelei
begnadet auch Regisseur Meier ...
ist keinen Deut besser als liebloses Heruntermachen.

Der Rahmen der stilistischen Möglichkeiten ist bei Rezensionen besonders weit gespannt. Wie für alle freieren journalistischen Formen gilt aber auch hier der Rat: Als Anfänger sollte man besonders *sachlich und zurückhaltend* sein, im Urteil wie im Stil.

Der Anfänger sollte nicht aus dem Kostümverleih der Stil-Modelle ein möglichst exotisches übernehmen, sondern so schreiben, wie er es dem zu rezensierenden Ereignis für angemessen hält. „Unverwechselbare Handschrift" und „persönliche Diktion" entwickeln sich im Laufe der Zeit in jenem Maß, in dem die Kompetenz des Kritikers zunimmt. Wer in ein fremdes Kostüm geschnürt ist, kann nicht mehr wachsen.

Weiterführende Literatur
Markus Kaiser (Hrsg.): Special Interest. Ressortjournalismus: Konzepte, Ausbildung, Praxis (Journalistische Praxis, Berlin/Wiesbaden: Springer VS, 2012).
Dieter Heß (Hrsg.), Kulturjournalismus. Ein Handbuch für Ausbildung und Praxis (Journalistische Praxis, München: List, 2. Aufl. 1997).
Gunter Reus, Ressort: Feuilleton. Kulturjournalismus in Massenmedien (Konstanz: UVK, 2. Aufl. 1999).
Edmund Schalkowski, Rezension und Kritik (Konstanz: UVK, 2005).

Wege in die Redaktion 7

> **Zusammenfassung**
>
> Wie bekommt man ersten Kontakt mit einer Redaktion? Was erwartet ein Redakteur von einem neuen Mitarbeiter? Das Kapitel gibt praktische Tipps.

> **Schlüsselwörter**
>
> Wege in die Redaktion · der erste Beitrag · Lokalzeitung · Lokalsender

7.1 Die ersten Schritte

Wie finden Sie Kontakt zu einer Redaktion? Wie werden Sie Ihren ersten Beitrag los? Die Antwort klingt spitzfindig: entweder über einen *Beitrag* oder über eine *Redaktion*. Wer eine Journalistenausbildung macht, kommt bereits durch die Dozenten und eventuelle Pflichtpraktika in Kontakt mit Redaktionen. Der folgende Artikel wendet sich an *Anfänger* und *Seiteneinsteiger*.

Wo Sie einen Beitrag anbieten können, erfahren Sie in diesem Buch bereits im zweiten Kapitel mit der Überschrift „Die Arbeitsfelder des Journalisten" und dann an vielen weiteren Stellen und in weiteren Zusammenhängen, vor allem im Ausbildungsteil.

Am meisten Erfolg verspricht der Einstieg bei der *Lokalzeitung*. Selbst wenn Sie noch zur Schule gehen, ist es für den ersten Beitrag nicht zu früh. Was es an Ihrer Schule Interessantes gibt, wissen im Zweifel Sie viel rascher, vollständiger und genauer als der Lokalredakteur. Und falls Sie vielleicht eine Schülerzeitung machen, haben Sie nicht nur den besonders guten Einblick, sondern auch erste journalistische Erfahrungen. „Vor-Ort"-Themen bieten sich nicht bloß aus dem Schulleben an, vom Hockey-Match der Schulmannschaft bis zur „Urfaust"-Inszenierung am Schultheater, sondern aus allem, worauf Sie in Ihrer Umgebung stoßen.

Je größer die Stadt und je anspruchsvoller das Blatt, umso schwieriger wird es mit Ihrem Angebot, umso weiter (und je nachdem auch tiefer) müssen Sie thematisch ausgreifen.

Vielleicht haben Sie auch eine Idee fürs private *Lokalradio*, fürs *Campusradio* oder einen *„Offenen Kanal"*, für ein *Online-Magazin* oder sogar fürs *Lokalfernsehen*.

Wie Sie Ihren Beitrag am besten anbieten: Die Lokalzeitung hat ebenso wie die Lokalredaktion von Radio- oder Fernsehsender nicht nur den Vorteil des ständigen großen Themenbedarfs, sie ist auch am leichtesten zu erreichen.

Zu ihr lässt sich der wichtige *persönliche Kontakt* mit dem Redakteur/der Redakteurin am einfachsten anbahnen: Man bittet um einen Termin, geht hin, stellt sich vor und – bringt ein paar *Ideen* mit, über die man gern etwas schreiben würde (und schreiben *könnte*). Hauptsache, Sie kommen mit der Redaktion ins Gespräch und damit Ihrem ersten Beitrag näher.

Den Beitrag schreibt man in engem Kontakt mit der Redaktion. Nicht aufgeben, auch wenn man ihn dreimal umschreiben muss! Lassen Sie sich durch Absagen nicht entmutigen, sondern fragen Sie, ehrlich interessiert, nach, warum es nicht geklappt hat.

Die so gewonnenen Erfahrungen sind mit nichts aufzuwiegen. Nur mit dem Erfolg, wenn der erste eigene Beitrag veröffentlicht wurde und man das erste Mal Geld mit seiner journalistischen Arbeit verdient hat.

Fragen Sie Ihre Ansprechpartner in der Redaktion auch, was sie sich von Ihnen wünschen und wo es noch hapert. Bitten Sie um einen Tipp, welches *Buch* man lesen, welchen *Kurs* man besuchen sollte (vgl. Buchteil „Die Ausbildungswege").

Wenn die Redaktion zu weit entfernt ist für einen Besuch, sollten Sie sich trotzdem um einen persönlichen Kontakt bemühen: *anrufen* und sich vorstellen. Sie können diesen Anruf auch schriftlich (mit Brief, E-Mail oder Fax) *ankündigen* und die Ideen und Vorschläge beifügen. Die Redaktion weiß dann, ob die Themen überhaupt zum Redaktionsprogramm passen, und im Falle Ja, welchen Vorschlag Sie probeweise realisieren könnten.

Ein, zwei Sätze über Ihre Interessen und Ihre einschlägige Vorbildung, also Ihre *Kompetenz*, können nicht schaden; einen ganzen Lebenslauf hingegen liest niemand.

7.1 Die ersten Schritte

Schreiben Sie keine Beiträge auf Verdacht, sondern schlagen Sie ein oder mehrere möglichst konkrete *Themen*, gegebenenfalls zu einem konkreten *Termin*, einschließlich der von Ihnen gewählten *Darstellungsform* vor. Geben Sie an, wie lang Ihr Beitrag ungefähr sein wird, und welches Bildmaterial (oder O-Ton, je nach Medium) Sie zur Verfügung stellen können.

Keine Regel ohne Ausnahme. Da und dort wird empfohlen: „Wenn jemand unverlangt einen *fertigen* Artikel einreicht, genügen uns ein paar Zeilen zum Werdegang des Autors – da können wir uns ja dann selber von der Qualität des Beitrags überzeugen."

Bitten Sie um rasche Antwort und haken Sie nach einigen Tagen telefonisch nach. Wenn Ihr Vorschlag nicht angenommen wird, sollten Sie das rasch erfahren, damit Sie Thema und Material eventuell anderswo anbieten können. Auch dann kann es dauern. Ein Tageszeitungsredakteur: „Unter normalen Umständen sollte die Redaktion spätestens bei der dritten Nachfrage eine Entscheidung getroffen haben, ob es zu einer Veröffentlichung kommt oder nicht."

Adressieren Sie Ihren Vorschlag an das *Ressort* oder den *Redakteur*.
Schreiben Sie nicht
> Schon immer war es mein Wunsch, für Ihre geschätzte Zeitung arbeiten zu dürfen. Bitte teilen Sie mir mit, in welcher Sparte Ihres Hauses eventuell Interesse für meine Beiträge besteht!

sondern schicken Sie Ihr Angebot, sobald Sie Ansprechpartner und Ressort herausgefunden haben, per E-Mail oder Post los
> An die X-Zeitung, Redaktion Wissenschaft und Technik

Dieses Ressort muss es wirklich geben; Sie haben sich ja vorher informiert.

Bieten Sie Ihren Beitrag exklusiv an, wenn Sie bei einer Redaktion landen wollen. Das signalisieren Sie durch einen entsprechenden Satz im Begleitbrief. Von der Art des Manuskripts und der Konkurrenzsituation des Mediums hängt es ab, ob Sie nach erfolgreichem Start auch *Zweitabdrucke* anderswo anbieten können.

Sprechen Sie mit der Redaktion die Bedingungen Ihrer Mitarbeit offen und klar ab. Wenn sich die Verbreitungsgebiete mehrerer Blätter bzw. die Sendegebiete mehrerer Anstalten nicht überschneiden, kann je nach Absprache Mehrfachverwendung möglich sein.

Das Honorar sollten Sie vor dem Produzieren des Beitrags abklären. Freie journalistische Mitarbeit wird in der Regel nach Anzahl der Zeilen (Zeitung), der Seiten (Zeitschrift), der Zeichen (Online-Redaktion), der Fotos oder der Sendeminuten (Radio und Fernsehen) bezahlt. Allerdings darf ein neuer, ungeübter Mitarbeiter nicht das gleiche Honorar erwarten wie ein Profi.

Informationen zu den berufsüblichen Honorarsätzen samt wichtigen *Tipps für Freie* und Literaturhinweisen finden Sie im Buch-Aufsatz „Vom freien Mitarbeiter zum Chefredakteur".

Halten Sie Ihre Begleitmail kurz. Was Sie mit dem Beitrag erreichen wollen und wie er gedacht ist, soll nicht der Begleittext klarmachen, sondern das Produkt. Vertrauen Sie auf die *Überzeugungskraft* des von Ihnen sorgfältig ausgearbeiteten Beitrags.

Zu dieser *Sorgfalt* gehört, dass Sie die folgenden Empfehlungen für Ihren Beitrag beachten:

Lesen Sie das Manuskript zweimal durch, bevor Sie es wegschicken. Lesen Sie niemals nur auf dem Bildschirm Korrektur, sondern immer auf einem Ausdruck!

- Prüfen Sie beim *ersten* Durchlesen, ob der Inhalt wirklich bis ins Kleinste stimmt, keine Nullen zu viel oder zu wenig angegeben und alle Namen richtig geschrieben sind.
- Prüfen Sie beim *zweiten* Durchlesen Stil, Grammatik, Rechtschreibung, Interpunktion. Sie mögen sich wirklich nur vertippt haben, aber woher soll der Redakteur das wissen? Vielleicht bringt ihn der Fehler auf den Gedanken, Sie könnten nicht genügend Deutsch oder seien nicht genügend sorgfältig.

Insbesondere für Radio- und Fernsehmanuskripte, aber auch bei Texten für Print- und Online-Medien ist es hilfreich, beim Lesen halblaut vor sich hin zu murmeln: Ist der Text flüssig sprech- und lesbar? Stimmt der Satzbau?

Durchlesen ist Pflicht, Gegenlesen Kür. Es zeugt von Selbstsicherheit und Vernunft, wenn Sie das Manuskript einem/einer Bekannten oder Kollegen(in) zum Gegenlesen geben. Vielleicht findet er/sie eine Passage missverständlich, entdeckt einen Fehler oder eine verunglückte Formulierung. Das kommt Ihrem Text zugute, rettet ihn vielleicht.

Machen Sie im Manuskript Absätze. Dadurch wird es übersichtlicher, und außerdem gewinnt der Redakteur den Eindruck, es sei gegliedert und überlegt geschrieben. Bitte übertreiben Sie allerdings diese Regel nicht, indem Sie jeden Satz in einen eigenen Absatz packen.

Geben Sie Ihrem Manuskript eine informative Überschrift *(Arbeitstitel)* zur Orientierung für den Redakteur. Er wird den Titel je nach Medium und Zielgruppe umformulieren und anpassen.

Behalten Sie eine Kopie und einen Papierausdruck des Beitrags und heften Sie das *Papier* im Manuskripte-Ordner ab.

Die *Datei* sollten Sie sowohl auf der Festplatte als auch auf einem weiteren Datenträger speichern und archivieren. Legen Sie sich auf Ihrer Festplatte ein übersichtliches Ordnungssystem an, beispielsweise pro Artikel ein Verzeichnis, in dem alles liegt, was damit zu tun hat: Recherchebriefe, Anschreiben an die Redaktion, der Text selbst etc. Sie können dann verfolgen, was aus Ihrem Text geworden ist, können das Manuskript oder die Datei vielleicht noch einmal woanders hinschicken.

Wenn Sie schon journalistische Erfahrung haben, sich aber bei einem neuen Auftraggeber vorstellen, verweisen Sie auf bereits veröffentlichte Beiträge, bringen diese mit oder legen sie einer Bewerbung bei *(„Arbeitsproben")*.

Mitarbeit in der Redaktion: Mitarbeit, ob bezahlt oder nicht, ist in den Ferien, neben der Schule oder dem Studium, eine erprobte Möglichkeit, eine Redaktion auch von innen zu erleben (vgl. Buch-Aufsatz „Lernen durch Mitarbeit"). Gut, wenn man dann schon auf die Beiträge und Erfahrungen verweisen kann, von denen bisher die Rede war.

Je später man anfängt, desto schwieriger wird es, einen der begehrten *Praktikumsplätze*, eine *Hospitanz* oder ein *Volontariat* zu erreichen. Hier werden Kenntnisse und eine gewisse Praxis in der Regel schon vorausgesetzt. Einzelheiten und Tipps finden Sie im Buchteil „Die Ausbildungswege".

Weiterführende Literatur
Cordula Nussbaum, Die ICH-AG für Journalisten I (Reihe „Journalisten-Werkstatt", Salzburg: Verlag Oberauer, 2003).

Weiterführende Website
www.mediafon.net

7.2 7 Wünsche des Redakteurs an einen neuen Mitarbeiter

Wer als Redakteur dauernd mit fremden Manuskripten unterschiedlichster Herkunft zu tun hat, ist dankbar, wenn ihm die Autoren seine Arbeit dadurch erleichtern, dass sie auf die folgenden Wünsche eingehen.

1. Stellen Sie der Redaktion Ihren Text als Datei zur Verfügung. Der Redakteur kann dann direkt auf dem Bildschirm redigieren und den Text gleich in das Redaktionssystem übernehmen.

2. Dateiformat: Damit die Übernahme ins Redaktionssystem reibungslos klappt, sind *vorherige Absprachen* nötig: bezüglich des Dateiformats und der Übertragungsform. Üblicherweise speichert man die Datei im Format eines gängigen Textverarbeitungsprogramms, z. B. „Microsoft Word". Schicken Sie auf keinen Fall ein liebevoll gestaltetes PDF – PDFs können nur schlecht weiterbearbeitet werden, und um die Gestaltung kümmert sich die Redaktion. Im Idealfall können Sie vorher mit der Redaktion klären, welche Dateiformate die Redaktionscomputer lesen können.

3. Fotos und sonstiges Material stellen Sie ebenfalls digital, als Datei, zur Verfügung – sprechen aber technische Details, wie z. B. Größe und Auflösung, vorher ab.
Liefern Sie im Text oder bei den Metadaten zum Bild folgende Angaben:
1. Wer hat das Bild gemacht? (Name, Adresse und Kontonummer des Fotografen). 2. Wen/was zeigt das Bild? (Personen, Gebäude, Landschaften usw., evtl. auch Aufnahmedatum).

4. Die Zahl der Zeichen Ihres Textes (inklusive Leerzeichen) können Sie mit Ihrem Textverarbeitungsprogramm berechnen – bei „Microsoft Word" beispielsweise mit der Funktion „Wörter zählen". Die Redaktionen geben heute die Länge bestellter Beiträge in Zeichen, nicht mehr in Zeilen und Anschlägen, vor. Halten Sie sich bitte an die vorgegebene Länge. Sie helfen beim Redigieren, wenn Sie am Anfang oder am Ende Ihres Textes die Zahl der Zeichen angeben.

5. Ein informativer Kurztitel (Arbeitstitel) dient dem Redakteur zur Orientierung.

6. Ihre Personalien nennen Sie bitte nicht nur im Anschreiben, sondern auch zu Beginn Ihres Textes: *Name, Vorname, Straße, Wohnort, Telefonnummer, Konto.*
Das sieht so aus:
Horst Michelsen, Alsterallee 64/I,
22397 Hamburg,
Fon (040)3591865, Fax (040)3591866,
Mail horst.michelsen@t-online.de,
Konto-Nr. 396874-208,
Postbank Hamburg (BLZ 20010000)

7. Heben Sie die Unterlagen noch einige Zeit auf. Es kann Rückfragen an die Redaktion oder von der Redaktion geben. Vielleicht müssen Sie sogar einmal nachweisen, dass Sie richtig recherchiert haben und dass das, was von Ihnen veröffentlicht worden ist, stimmt. Ich habe meine Unterlagen (Notizen über Telefonate mit Auskunftspersonen usw.) sechs Wochen nach der Radio-Sendung aufgehoben; danach sind in aller Regel Rückfragen oder Beschwerden nicht mehr zu erwarten.

In der journalistischen Praxis kann es aber trotzdem passieren, dass man einen Text auf Papier noch verändern muss: bei der sogenannten Fahnenkorrektur. Dann kommt es für die Korrektur nicht auf Schönheit an, sondern auf Eindeutigkeit: Die Korrektur muss jeden Zweifel daran ausschließen, ob ein Wort nun ausgestrichen ist oder nicht, ob der im Manuskript erwähnte M. er mit a oder e, mit i oder y geschrieben werden soll, und so weiter. Dieser Eindeutigkeit der Manuskriptverbesserung dienen (nicht völlig einheitlich verwendete) Korrekturzeichen nach DIN 16511. Man findet sie vollständig im Rechtschreib-Duden oder auf https://www2.informatik.hu-berlin.de/sv/lehre/korrekturzeichen.pdf.

Publizistische Grundsätze (Pressekodex) 8

Zusammenfassung

Verleger und Journalisten haben sich auf freiwilliger Basis auf Grundsätze der fairen Berichterstattung verständigt. Niedergelegt und veröffentlicht sind sie im Pressekodex.

Schlüsselwörter

Medienethik · Presserat · Pressekodex

„Nicht alles, was von Rechts wegen zulässig wäre, ist auch ethisch vertretbar", begründet der Deutsche Presserat seine „Regeln für einen fairen Journalismus". Verleger und Journalisten haben im Jahr 1973 durch ihre Verbände Publizistischen Grundsätzen zugestimmt, die der *Deutsche Presserat* vorgelegt hatte *(www.presserat.de)*.

Der Pressekodex wurde seither mehrfach überarbeitet. Die abgedruckte Neufassung gilt seit März 2015.

Der Pressekodex wird ergänzt durch die stärker praxisorientierten umfangreicheren „Richtlinien für die publizistische Arbeit nach den Empfehlungen des Deutschen Presserats".

8.1 Präambel

Die im Grundgesetz der Bundesrepublik verbürgte Pressefreiheit schließt die Unabhängigkeit und Freiheit der Information, der Meinungsäußerung und der Kritik ein. Verleger, Herausgeber und Journalisten müssen sich bei ihrer Arbeit der Verantwortung gegenüber der Öffentlichkeit und ihrer Verpflichtung für das Ansehen der Presse bewusst sein. Sie nehmen ihre publizistische Aufgabe fair, nach bestem Wissen und Gewissen, unbeeinflusst von persönlichen Interessen und sachfremden Beweggründen wahr.

Die publizistischen Grundsätze konkretisieren die Berufsethik der Presse. Sie umfasst die Pflicht, im Rahmen der Verfassung und der verfassungskonformen Gesetze das Ansehen der Presse zu wahren und für die Freiheit der Presse einzustehen. Die Regelungen zum Redaktionsdatenschutz gelten für die Presse, soweit sie personenbezogene Daten zu journalistisch-redaktionellen Zwecken erhebt, verarbeitet oder nutzt. Von der Recherche über Redaktion, Veröffentlichung, Dokumentation bis hin zur Archivierung dieser Daten achtet die Presse das Privatleben, die Intimsphäre und das Recht auf informationelle Selbstbestimmung des Menschen. Die Berufsethik räumt jedem das Recht ein, sich über die Presse zu beschweren. Beschwerden sind begründet, wenn die Berufsethik verletzt wird.

Diese Präambel ist Bestandteil der ethischen Normen.

8.2 Pressekodex

Ziffer 1 – Wahrhaftigkeit und Achtung der Menschenwürde
Die Achtung vor der Wahrheit, die Wahrung der Menschenwürde und die wahrhaftige Unterrichtung der Öffentlichkeit sind oberste Gebote der Presse. Jede in der Presse tätige Person wahrt auf dieser Grundlage das Ansehen und die Glaubwürdigkeit der Medien.

Ziffer 2 – Sorgfalt
Recherche ist unverzichtbares Instrument journalistischer Sorgfalt. Zur Veröffentlichung bestimmte Informationen in Wort, Bild und Grafik sind mit der nach den Umständen gebotenen Sorgfalt auf ihren Wahrheitsgehalt zu prüfen und wahrheitsgetreu wiederzugeben. Ihr Sinn darf durch Bearbeitung, Überschrift oder Bildbeschriftung weder entstellt noch verfälscht werden. Unbestätigte Meldungen, Gerüchte und Vermutungen sind als solche erkennbar zu machen.

Symbolfotos müssen als solche kenntlich sein oder erkennbar gemacht werden.

Ziffer 3 – Richtigstellung
Veröffentlichte Nachrichten oder Behauptungen, insbesondere personenbezogener Art, die sich nachträglich als falsch erweisen, hat das Publikationsorgan, das sie gebracht hat, unverzüglich von sich aus in angemessener Weise richtigzustellen.

Ziffer 4 – Grenzen der Recherche
Bei der Beschaffung von personenbezogenen Daten, Nachrichten, Informationsmaterial und Bildern dürfen keine unlauteren Methoden angewandt werden.

Ziffer 5 – Berufsgeheimnis
Die Presse wahrt das Berufsgeheimnis, macht vom Zeugnisverweigerungsrecht Gebrauch und gibt Informanten ohne deren ausdrückliche Zustimmung nicht preis.
Die vereinbarte Vertraulichkeit ist grundsätzlich zu wahren.

Ziffer 6 – Trennung von Tätigkeiten
Journalisten und Verleger üben keine Tätigkeiten aus, die die Glaubwürdigkeit der Presse in Frage stellen könnten.

Ziffer 7 – Trennung von Werbung und Redaktion
Die Verantwortung der Presse gegenüber der Öffentlichkeit gebietet, dass redaktionelle Veröffentlichungen nicht durch private oder geschäftliche Interessen Dritter oder durch persönliche wirtschaftliche Interessen der Journalistinnen und Journalisten beeinflusst werden. Verleger und Redakteure wehren derartige Versuche ab und achten auf eine klare Trennung zwischen redaktionellem Text und Veröffentlichungen zu werblichen Zwecken. Bei Veröffentlichungen, die ein Eigeninteresse des Verlages betreffen, muss dieses erkennbar sein.

Ziffer 8 – Persönlichkeitsrechte
Die Presse achtet das Privatleben des Menschen und seine informationelle Selbstbestimmung. Ist aber sein Verhalten von öffentlichem Interesse, so kann es in der Presse erörtert werden. Bei einer identifizierenden Berichterstattung muss das Informationsinteresse der Öffentlichkeit die schutzwürdigen Interessen von
Betroffenen überwiegen; bloße Sensationsinteressen rechtfertigen keine identifizierende Berichterstattung. Soweit eine Anonymisierung geboten ist, muss sie wirksam sein.
Die Presse gewährleistet den redaktionellen Datenschutz.

Ziffer 9 – Schutz der Ehre
Es widerspricht journalistischer Ethik, mit unangemessenen Darstellungen in Wort und Bild Menschen in ihrer Ehre zu verletzen.

Ziffer 10 – Religion, Weltanschauung, Sitte
Die Presse verzichtet darauf, religiöse, weltanschauliche oder sittliche Überzeugungen zu schmähen.

Ziffer 11 – Sensationsberichterstattung, Jugendschutz
Die Presse verzichtet auf eine unangemessen sensationelle Darstellung von Gewalt, Brutalität und Leid. Die Presse beachtet den Jugendschutz.

Ziffer 12 – Diskriminierungen
Niemand darf wegen seines Geschlechts, einer Behinderung oder seiner Zugehörigkeit zu einer ethnischen, religiösen, sozialen oder nationalen Gruppe diskriminiert werden.

Ziffer 13 – Unschuldsvermutung
Die Berichterstattung über Ermittlungsverfahren, Strafverfahren und sonstige förmliche Verfahren muss frei von Vorurteilen erfolgen. Der Grundsatz der Unschuldsvermutung gilt auch für die Presse.

Ziffer 14 – Medizin-Berichterstattung
Bei Berichten über medizinische Themen ist eine unangemessen sensationelle Darstellung zu vermeiden, die unbegründete Befürchtungen oder Hoffnungen beim Leser erwecken könnte. Forschungsergebnisse, die sich in einem frühen Stadium befinden, sollten nicht als abgeschlossen oder nahezu abgeschlossen dargestellt werden.

Ziffer 15 – Vergünstigungen
Die Annahme von Vorteilen jeder Art, die geeignet sein könnten, die Entscheidungsfreiheit von Verlag und Redaktion zu beeinträchtigen, ist mit dem Ansehen, der Unabhängigkeit und der Aufgabe der Presse unvereinbar. Wer sich für die Verbreitung oder Unterdrückung von Nachrichten bestechen lässt, handelt unehrenhaft und berufswidrig.

Ziffer 16 – Rügenveröffentlichung
Es entspricht fairer Berichterstattung, vom Deutschen Presserat öffentlich ausgesprochene Rügen zu veröffentlichen, insbesondere in den betroffenen Publikationsorganen bzw. Telemedien.

Österreich/Schweiz: Der „Ehrenkodex für die österreichische Presse" ist nachlesbar unter *www.presserat.at*, die Schweizer „Erklärung der Pflichten und Rechte der Journalistinnen und Journalisten") unter *www.presserat.ch*.

Weiterführende Literatur
Christian Schicha/Carsten Brosda (Hrsg.), Handbuch Medienethik (Wiesbaden: Springer VS, 2010).

Rechtsfragen der journalistischen Praxis 9

von Ernst Fricke

> **Zusammenfassung**
>
> Fragen des Medienrechts berühren viele unterschiedliche Rechtsbereiche, vom Privatrecht bis zum Strafrecht. Was Journalisten unbedingt wissen müssen, beschreibt das Kapitel.

> **Schlüsselwörter**
>
> Medienrecht · Grundgesetz · Strafrecht · Urheberrecht · Recht am eigenen Bild · Impressum · Gegendarstellung · Auskunftsanspruch der Medien · Auskunftspflicht der Behörden

Journalisten sind als Berufsgruppe in ein besonderes Netz von Rechten und Pflichten eingebunden. Gleich ob sie für Verlage, Rundfunksender oder reine Onlinemedien arbeiten, für die praktische Arbeit sind Rechtskenntnisse im Medienrecht unerlässlich.

Das Medienrecht ist eine Querschnittsdisziplin, die nicht *neben* den klassischen Materien des Zivilrechts, Strafrechts und des öffentlichen Rechts steht, sondern Einzelaspekte all dieser Gebiete in sich aufnimmt. Dabei fällt ihre Durchdringung nicht leicht. Das gilt zumal in Zeiten der Konvergenz, mithin in dem aktuell zu beobachtenden Transformationsprozess, bei dem die medialen Subsektoren Rundfunk, Mediendienste, Teledienste sowie die ihrer Verbreitung dienenden Telekommunikationseinrichtungen sich einander annähern und teilweise auch unterschiedlich verschmelzen.

Hinzu tritt der Umstand, dass die Materie nicht nur durch nationale, sondern zunehmend auch durch internationale und hier vor allem europäische Normen und Gerichtsurteile geprägt wird. Diese finden zunehmend Eingang auch in die nationale medienrechtliche Rechtsprechung. Nicht nur dadurch zeichnet sich das Medienrecht durch eine besondere Dynamik aus.

Nur wer seine Rechte und Pflichten kennt, kann sich als Journalist in der vielschichtigen Welt des Medienrechts zurechtfinden.

Das Grundgesetz ist das Fundament für die Tätigkeit der Medien. In Artikel 5 GG sind bestimmte Freiheitsrechte wie Meinungsäußerungsfreiheit, Informationsfreiheit, Pressefreiheit oder Freiheit der Berichterstattung durch Rundfunk und Film gewährleistet. Diese Grundrechte sind unverzichtbar sowohl für die Kommunikation der Menschen untereinander als auch für die freie Meinungsbildung im politisch gesellschaftlichen Raum; sie werden deshalb zu Recht auch als „Magna Charta" geistiger Freiheit bezeichnet. Die Informationsfreiheit soll auch die Informationsvielfalt gewährleisten und herstellen. Art. 5 GG lautet:

> (1) Jeder hat das Recht, seine Meinung in Wort, Schrift und Bild frei zu äußern und zu verbreiten und sich aus allgemein zugänglichen Quellen ungehindert zu unterrichten. Die Pressefreiheit und die Freiheit der Berichterstattung durch Rundfunk und Film werden gewährleistet. Eine Zensur findet nicht statt.
> (2) Diese Rechte finden ihre Schranken in den Vorschriften der allgemeinen Gesetze, den gesetzlichen Bestimmungen zum Schutze der Jugend und in dem Recht der persönlichen Ehre.
> (3) Kunst und Wissenschaft, Forschung und Lehre sind frei. Die Freiheit der Lehre entbindet nicht von der Treue zur Verfassung.

Das Grundgesetz ist am 23. Mai 1949 und damit zeitlich deutlich vor dem Entstehen der Telemedien und des Internets in Kraft getreten. Es enthält daher keine spezielle Regelung dieser Medien, so wie es für die Presse und den Rundfunk der Fall ist. Die Telemedien sind (nach dem derzeitigen Verständnis) vielmehr in die etablierte Struktur von Art. 5 Abs. 1 GG einzuordnen.

Im internationalen Recht spielen die genannten Medienfreiheiten ebenfalls eine große Rolle. Der Artikel 10 der Europäischen Menschenrechtskonvention (EMRK) geht weiter als die Informationsfreiheit des Grundgesetzes, da in dieser völkerrechtlichen Norm generell die Freiheit zum Empfang von Nachrichten oder Ideen geschützt ist. Für die Europäische Gemeinschaft ist Artikel 11 der Charta der Grundrechte der EU (GRCh) zu beachten, der unmittelbar das Recht auf freie

Meinungsäußerung, einschließlich der Meinungsfreiheit und der Freiheit, Informationen und Ideen ohne behördliche Eingriffe und ohne Rücksicht auf Staatsgrenzen zu empfangen und weiterzugeben, gewährt. In Abs. 2 werden ausdrücklich die Medien erwähnt, deren Pluralität geachtet wird.

Strafrechtliche Verantwortlichkeit. Die Medienangehörigen unterliegen grundsätzlich den gleichen strafrechtlichen Bestimmungen wie andere Bürger auch. Das Strafrecht selbst kennt keinen Sondermaßstab für die Medien. Allerdings gibt es einige strafrechtliche Privilegien, wie Wahrnehmung berechtigter Interessen (§ 193 StGB), Sonderrechte auf dem Gebiet der Beschlagnahme und Durchsuchung (§ 97 Abs. 5, Satz 1 StPO – Schriftstücke, Ton, Bild- und Datenträger, Abbildungen und andere Darstellungen dürfen nicht beschlagnahmt werden, soweit ein korrespondierendes journalistisches Zeugnisverweigerungsrecht besteht und sie sich in Gewahrsam des Mitarbeiters, der Redaktion, des Verlags oder der Rundfunkanstalt befinden), Zeugnisverweigerungsrechte (§ 53 Abs. 1 Nr. 5 StPO) und kurzen Verjährungsfristen (§ 24 LPGe).

Relevante Strafbestimmungen für die Medien finden sich im Strafgesetzbuch, aber auch außerhalb des Strafgesetzbuchs z. B. in § 33 KUG. Leichtere Verstöße gegen bestehende Vorschriften werden mit Geldbußen nach dem Ordnungswidrigkeitengesetz (OWiG) geahndet.

Pressespezifisches Straf- und Ordnungswidrigkeitenrecht. In § 20 LPGe sind die Presseinhaltsdelikte aufgeführt. Dazu gehört z. B. die Beleidigung mit allen ihren Erscheinungsformen (§§ 185 ff. StGB); Staatsverleumdung (§§ 90 ff. StGB); Beschimpfung von Religionsgemeinschaften und Bekenntnissen (§ 166 StGB); Aufforderung zu strafbaren Handlungen (§ 111 StGB); Volksverhetzung (§ 130 StGB); Verletzung des höchstpersönlichen Lebensbereichs durch Bildaufnahmen (§ 201a StGB); Ausspähen von Daten (§ 202a StGB); Nachstellung (Stalking durch Paparazzi, § 238 StGB); Werbung für eine terroristische Vereinigung (§ 129a StGB); Bruch des Berufsgeheimnisses (§ 203 StGB); Hochverrat (§§ 81 ff. StGB); Landesverrat (§§ 93 ff. StGB).

Hinzu kommen die Presseordnungsverstöße als Zuwiderhandlungen gegen die in den Landespressegesetzen normierten Ordnungsvorschriften. Sie unterteilen sich je nach Schwere der Tat in Presse-Ordnungsdelikte (§ 21 LPGe) als schwere Verstöße gegen die Presseordnung, z. B. Bestellung eines verantwortlichen Redakteurs, der die gesetzlichen Vorschriften nicht erfüllt, und leichtere Ordnungsverstöße wie z. B. ein Verstoß gegen das Verbot der strengen Trennung von Text- und Anzeigenteil.

Auch im Jugendschutzgesetz (JuSchG) können mediale Verstöße eine Straftat nach § 27 oder eine Ordnungswidrigkeit gemäß § 28 darstellen. § 20 Abs. 1

Jugendmedienschutz-Staatsvertrag (JMStV) überlässt es den Landesmedienanstalten, alle erforderlichen, also verhältnismäßigen Maßnahmen zu ergreifen. Dies kann etwa bei einem Verstoß gegen § 4 JMStV ein Ausstrahlungsverbot sein. Darüber hinaus kann in dem entsprechenden Verstoß auch eine Straftat im Sinne des § 23 JMStV oder eine Ordnungswidrigkeit im Sinne des § 24 JMStV liegen.

Zur Verfolgung von Straftaten ist die Staatsanwaltschaft berufen (§ 160 StPO). Die Verfolgung von Ordnungswidrigkeiten obliegt gemäß § 24 Abs. 4 JMStV grundsätzlich den Landesmedienanstalten des Sitzlandes, hilfsweise die des Wohnsitzes des dafür Verantwortlichen, die die Vorgaben der KJM (Kommission für den Jugendmedienschutz) und der Landesmedienanstalten umsetzen.

Allgemeine Voraussetzungen der Strafbarkeit. Strafbar macht sich derjenige, der einen Straftatbestand rechtswidrig, d. h. ohne Rechtfertigungsgrund (Wahrnehmung berechtigter Interessen, § 193 StGB; Straffreiheit wahrheitsgemäßer Parlamentsberichte, Art. 42 Abs. 3 GG; § 37 StGB) und schuldhaft verwirklicht. Strafrechtlich zur Verantwortung gezogen werden können nur natürliche Personen, nicht aber das Unternehmen als juristische Person oder die Mitglieder der Redaktion als Kollektiv; es gilt also das Prinzip des persönlichen Verschuldens. Verschulden bedeutet, vorsätzlich oder fahrlässig gehandelt zu haben.

Verantwortlichkeit für Presseinhaltsdelikte. Da bei der Publikation eines Druckwerks stets mehrere Personen mitwirken (Verfasser, Verleger, Drucker, Verbreiter etc.) kommt dem Problem der Täterschaft bei Presseinhaltsdelikten eine besondere Bedeutung zu. Als Täter eines Presseinhaltsdelikts gilt prinzipiell der Verfasser des jeweiligen Beitrags, der die entsprechende strafrechtliche Äußerung enthält. Beim Zusammenwirken Mehrerer haften diese als Mittäter. Redaktionen, die Namensartikel veröffentlichen, setzen also den jeweiligen Verfasser einer strafrechtlichen Verantwortung aus. Das gilt auch für die Einsendung von Leserbriefen.

Zur Sicherung des staatlichen Strafanspruchs wurde in den Landespressegesetzen die strafrechtliche Haftung des verantwortlichen Redakteurs bzw. des Verlegers normiert (Garantenhaftung). Diese bezieht sich auf alle Teile eines Druckwerks, also auch auf Anzeigenteil, Leserbriefe, Beilagen und Prospekte.

Nach den gleichen Grundsätzen haften die Verantwortlichen für Straftaten im Bereich Rundfunk und Onlinemedien.

Die Impressumspflicht gilt für alle Druckwerke im Sinne des Pressegesetzes. Auch im Bereich des Rundfunks bestehen Impressumspflichten (z. B. Landesmediengesetz Baden-Württemberg § 7).

Impressum bei Onlinemedien: Aufgrund der überragenden Bedeutung, die insbesondere das Internet gewonnen hat, und den damit einhergehenden Auswüchsen, mussten auch die Onlinemedien einem Ordnungsrahmen unterworfen werden. Auch bei ihnen besteht zum Schutz der Allgemeinheit und des einzelnen Betroffenen ein ebenso dringendes Bedürfnis nach Angabe der für die Inhalte Verantwortlichen. Betreiber eines (geschäftsmäßigen) Telemediums haben je nach Ausgestaltung die § 55 RStV und/oder §§ 5 ff. TMG zu beachten.

Zivilrechtliche Haftung. Tangieren die Medien bei ihrer Tätigkeit die Rechte Dritter, so finden die Bestimmungen des Privatrechts (Bürgerliches Gesetzbuch - BGB) zum Schutz gegen „unerlaubte Handlungen" Anwendung. Eine unerlaubte Handlung ist ein rechtswidriger Eingriff in die geschützten Rechte Dritter. Das BGB schützt über §§ 823 ff. das allgemeine Persönlichkeitsrecht und das Recht am eingerichteten und ausgeübten Gewerbebetrieb. Es gewährt ferner Schutz vor Kreditgefährdung und sittenwidriger Schädigung. Über 823 Abs. 2 BGB sind diese Rechtsgüter gleichzeitig über Normen des Strafrechts (§§ 185 ff. StGB) geschützt.

Nachdem das Grundgesetz das Recht des Menschen auf Achtung seiner Würde und das Recht auf freie Entfaltung seiner Persönlichkeit auch als privates, von jedermann zu achtendes Recht anerkennt, soweit dieses Recht nicht die Rechte anderer verletzt oder gegen die verfassungsmäßige Ordnung oder das Sittengesetz verstößt, ist auch die mittelbare Drittwirkung von Grundrechten bei der Auslegung der maßgeblichen Rechtsnormen zu beachten

Im Gegensatz zur strafrechtlichen Verantwortlichkeit, die durch den Grundsatz der Sonderhaftung des verantwortlichen Redakteurs/Verlegers auch nach den LPGen bestimmt wird, gelten für die zivilrechtliche Haftung die allgemeinen Bestimmungen des bürgerlichen Rechts.

Die Haftung kann sich aus eigenen Äußerungen, vor allem aber aus Äußerungen solcher Personen ergeben, für deren Handeln Verleger bzw. Rundfunkveranstalter rechtlich einzustehen haben. Sie haften dann nach §§ 31, 831 Abs. 1 Satz BGB und haben darüber hinaus auch nach § 823 Abs. 1 BGB allgemein für Organisationsverschulden einzustehen.

Der Tatbestand der unerlaubten Handlung erfordert die Rechtswidrigkeit des Eingriffs in die Rechte Dritter. Die Widerrechtlichkeit eines Eingriffs im konkreten Fall kann nur anhand einer Güterabwägung zwischen geschützten Rechten Dritter, insbesondere dem Persönlichkeitsrecht und dem Recht am Unternehmen auf der einen Seite und der Freiheit der Medien nach Art. 5 GG auf der anderen Seite festgestellt werden.

Ein Verschulden beinhaltet im Zivilrecht nach § 276 BGB Vorsatz und Fahrlässigkeit. Unter Vorsatz ist das Wissen und Wollen des rechtswidrigen Erfolges zu verstehen. Fahrlässigkeit bedeutet das Außerachtlassen der „im Verkehr erforderlichen Sorgfalt".

Die zivilrechtliche Haftung ist nicht durchgängig an ein Verschulden gebunden. Ein Verschulden ist nur beim Schadensersatzanspruch vorausgesetzt, nicht aber beim Anspruch auf Unterlassung und Widerruf. In diesen Fällen muss nur eine objektive Rechtswidrigkeit gegeben sein.

Umfang der Haftung. Bei rechtswidrigen Eingriffen der Medien in die Rechte Dritter kommen grundsätzlich mehrere Personen (Verleger, Herausgeber, Redakteur etc.) als Haftungsadressaten in Frage. Sie haften abhängig vom Ausmaß ihrer Mitwirkung als Täter, Mittäter, Anstifter oder Gehilfen. Dem Betroffenen gegenüber haften alle Beteiligten, wenn sie gerichtlich in Anspruch genommen werden, nach § 840 Abs. 1 BGB als Gesamtschuldner. Dem Geschädigten ist es dadurch freigestellt, wen er in Anspruch nimmt. Meist wird er sich an den Verleger als den vermutlich „Kapitalkräftigsten" halten.

Im Innenverhältnis, also dem Verhältnis von Verleger zu Medienmitarbeitern, bestehen Haftungsbeschränkungen. Hat sich ein von der Medienberichterstattung Geschädigter wegen Schadensersatzes an den Verleger gehalten, so kann dieser sich im Innenverhältnis an den Redakteur werden und von ihm die Erstattung des vollen Schadens verlangen. Allerdings haftet ein Redakteur für die finanziellen Folgen eines rechtlichen Eingriffs in die Rechte Dritter nur bei Schadensersatz, nicht aber bei Unterlassung und Widerruf, und auch dies nur bei grob fahrlässigem und vorsätzlichem Verschulden. Ansonsten besteht ein Freistellungsanspruch.

Die Haftung der Telemedien beurteilt sich nicht allein nach den Vorschriften des BGB. Hier sind auch das Telemediengesetz (TMG), die spezielle Regelung für die Verantwortlichkeit von Diensteanbietern beinhalten, zu berücksichtigen. Daneben kann auch die Regelung des Rundfunkstaatsvertrags zu achten sein, wenn es sich (gleichzeitig) um redaktionell gestaltete Inhalte handelt.

Der Schutz des Betroffenen gegen Einwirkung der Medien. Wer durch rechtswidrige Berichterstattung in seinen Rechten verletzt ist, hat die Wahl zwischen zivilrechtlichem oder strafrechtlichem Vorgehen oder der Kombination aus beidem.

In der Praxis liegt der Schwerpunkt auf dem zivilrechtlichen Vorgehen. Hierfür stehen die Instrumente Unterlassung, Widerruf, Schadensersatz, Geldentschädigung und ggf. Bereicherung, ergänzt durch den Anspruch auf Gegendarstellung, zur Verfügung.

Der Unterlassungsanspruch ist neben der Gegendarstellung der am häufigsten geltend gemachte Anspruch. Er dient der Abwehr künftiger Verletzungen. Er ist nicht in den Mediengesetzen normiert, sondern wird aus zivilrechtlichen

Vorschriften abgeleitet. Maßgeblich ist der in § 1004 Abs. 1 BGB zum Ausdruck gekommene Rechtsgedanke. Gegebenenfalls ist der Unterlassungsanspruch sowohl gegen Wortberichterstattung, als auch gegen Bildberichterstattung gegeben, d. h. also auch, wenn das Recht am eigenen Bild verletzt ist.

Der Unterlassungsanspruch dient der Abwehr künftiger Verletzungen. Der Betroffene muss widerrechtlich und objektiv in seinen Rechten (z. B. Schutz der Ehre, wirtschaftlicher Ruf, Persönlichkeitsrecht, Recht am eigenen Bild) verletzt sein. Auch Verstöße gegen strafrechtliche Bestimmungen wie z. B. § 186 StGB (üble Nachrede) können hierbei Ausgangspunkt für eine Unterlassungsklage sein. Der Betroffene kann seinen Unterlassungsanspruch auch im Verfahren der einstweiligen Verfügung im Eilrechtschutz gerichtlich durchsetzen.

Wie ein solches Unterlassungsurteil lautet, ergibt sich beispielsweise aus einer Entscheidung des Bundesgerichtshofs (BGHZ, 39, 124), wo es der Zeitschrift STERN bei Androhung eines Ordnungsgeldes ersatzweise Ordnungshaft für den Chefredakteur verboten wurde, eine Fernsehansagerin als „ausgemolkene Ziege zu bezeichnen, bei deren Anblick dem Zuschauer die Milch sauer werde. Zudem passe sie in ein zweitklassiges Tingeltangel auf der Reeperbahn".

Der Anspruch auf Widerruf und Richtigstellung ist als Ergänzung zum Unterlassungsanspruch zu sehen. Er dient dazu, Beeinträchtigungen, die durch falsche Tatsachenbehauptungen geschaffen wurden, zu beseitigen. Insofern ist der Anspruch, der deshalb zum Teil auch als „Berichtigungsanspruch" bezeichnet wird, ein Beseitigungsanspruch. Auch dieser Anspruch wird analog § 1004 BGB über den „Schutz des Eigentümers vor rechtswidrigen Beeinträchtigungen" begründet.

So hat der langjährige Kapitän der Deutschen Eishockey Nationalmannschaft und Bronzemedaillengewinner der Olympischen Spiele 1976 folgende Richtigstellung gerichtlich durchgesetzt: „Im Wege der ergänzenden Berichterstattung in den inkriminierten Artikeln darauf hinzuweisen, dass Alois Schloder nicht „Dopingtäter" sondern „Dopingopfer" ist und war, indem darauf hingewiesen wird, dass der damalige Mannschaftsarzt des DEB Alois Schloder ohne dessen Wissen ephedrinhaltiges Mittel zur Kreislaufstabilisierung gegeben hat und dass später alle Vorwürfe gegen Alois Schloder völlig entkräftet wurden."

Der Widerrufsanspruch kann dann nicht vom Betroffenen durchgesetzt werden, wenn die Medien unwahre Angaben Dritter wiedergeben, sowie an der Mitteilung ein öffentliches Interesse besteht und eine hinreichende Distanzierung von der Äußerung vorliegt.

Zahlungsansprüche. Neben Unterlassung, Widerruf und Berichtigung steht dem Betroffenen das Recht auf materiellen bzw. immateriellen Schadensersatz zu. Der medienrechtliche Schadensersatzanspruch ist erfüllt, wenn das nach § 823 Abs. 1 BGB geschützte allgemeine Persönlichkeitsrecht oder auch das Recht am Unternehmen verletzt wurde. Die Medien müssen schuldhaft gehandelt haben. Meistens liegt hier Fahrlässigkeit vor.

Die Verpflichtung zum Schadensersatz schließt auch die Pflicht der Medien ein, dem Verletzten alle Kosten zu ersetzen, die dieser selbst aufgewendet hat, um die Folgen des Schadens zu mindern. Dazu gehören auch die Kosten der Rechtsverfolgung.

Ersatz immaterieller Schäden. Die Rechtsprechung gewährt einen Anspruch auf Geldentschädigung bei bestimmten schwerwiegenden Verletzungen des allgemeinen Persönlichkeitsrechts. Der Anspruch besteht – und das ist wichtig – neben demjenigen auf Schadensersatz und muss auch selbstständig und ausdrücklich neben diesem geltend gemacht werden. Er kann nur in Zusammenhang mit Verletzungen einer lebenden Person entstehen.

Ein Schmerzensgeldanspruch wegen Verletzung des allgemeinen Persönlichkeitsrechts ist im BGB nicht vorgesehen. Seit der sog. „Herrenreiter-Entscheidung" des BGH – es ging um die Verwendung des Fotos eines Turnierreiters zu Werbezwecken für ein potenzsteigerndes Mittel ohne Einwilligung des Betroffenen – wird in Fortentwicklung des allgemeinen Persönlichkeitsrechts ein Schmerzensgeldanspruch wegen Persönlichkeitsrechtsverletzungen gewohnheitsmäßig anerkannt, da die unter der Wertentscheidung des Grundgesetzes vollzogene Weiterentwicklung des zivilrechtlichen Persönlichkeitsschutzrechts unzureichend wäre, wenn Verletzungen des Persönlichkeitsrechts ohne Sanktionen blieben. Ob eine schwerwiegende Verletzung vorliegt, ist von verschiedenen Faktoren abhängig, nämlich von der Art, Intensität und Nachhaltigkeit des Eingriffs, dem Anlass und Beweggrund des Handelns des Verletzers und dem Grad des Verschuldens.

Bereicherungsanspruch. Ist ein konkreter Schaden nicht feststellbar und liegen die Voraussetzungen für einen Schmerzensgeldanspruch nicht vor, kommt u. U. eine Ausgleichspflicht aufgrund ungerechtfertigter Bereicherung nach § 812 Abs. 1 Satz 1 BGB in Betracht. Der Betroffene kann z. B. im Fall einer widerrechtlichen Veröffentlichung seines Bildes zu Werbezwecken die Herausgabe des erzielten Erlöses verlangen oder von einer angemessenen „Lizenzgebühr" die zu zahlen gewesen wäre, wenn das Medienunternehmen die Einwilligung des Betroffenen eingeholt hätte. Ein Verschulden muss in diesem Falle nicht vorliegen. Eine

Ausgleichspflicht wegen ungerechtfertigter Bereicherung kommt dann in Frage, wenn jemand ein besonders geschütztes Rechtsgut (z. B. das Recht am eigenen Namen, Recht am eigenen Bild) rechtswidrig verletzt und davon profitiert.

Der Gegendarstellungsanspruch ist ursprünglich ein presserechtliches Instrument gewesen. Der Anwendungsbereich des Gegendarstellungsanspruchs ist indessen nicht mehr nur auf die Pressegesetze beschränkt, entsprechende Vorschriften enthalten auch der Rundfunkstaatsvertrag und die Landesmediengesetze. Für den Gegendarstellungsanspruch in den Landespressegesetzen sei beispielhaft erwähnt:

> **§ 11 Abs. 1 LPG NW**
> (1) Der verantwortliche Redakteur und der Verleger eines periodischen Druckwerks sind verpflichtet, eine Gegendarstellung der Person oder Stelle zum Abdruck zu bringen, die durch eine in dem Druckwerk aufgestellte Tatsachenbehauptung betroffen ist. Die Verpflichtung erstreckt sich auf alle Neben- oder Unterausgaben des Druckwerks, in denen die Tatsachenbehauptung erschienen ist.

Ähnlich – aber im Detail noch ausführlicher – ist die Gegendarstellung im § 56 des Rundfunkstaatsvertrags formuliert.

Die Gegendarstellung muss *ohne Rücksicht auf wahr oder falsch* veröffentlicht werden, wenn der Einsender die formalen Voraussetzungen erfüllt. Wichtig: Nur ein unmittelbar Betroffener kann eine Gegendarstellung verlangen; er muss sich auf tatsächliche Angaben (im Gegensatz zu Wertungen) beschränken.

Wie eine korrekte Gegendarstellung auszusehen hat, zeigt ein Text, den die Fachzeitschrift „Journalist" unter der Überschrift

Gegendarstellung

abdruckte. Einsender war ein ehemaliger Verlagschef; über ihn hatte der „Journalist" Behauptungen aufgestellt, denen der Betroffene jetzt in elf Punkten widersprach. Punkt 11:

> Es wird wahrheitswidrig behauptet, ich hätte oft monatelang die Ankunftszeiten meiner journalistischen Mitarbeiter an der Verlagstür mit der Stoppuhr gemessen und dem, der dreimal zu spät kam, habe der Rausschmiss oder Gratifikationskürzung gedroht. Wahr ist, dass ich nie die Ankunftszeiten meiner journalistischen Mitarbeiter an der Verlagstür mit der Stoppuhr gemessen habe, und dass den genannten Spätkommern – wenn es sie gab

– kein Rausschmiss und keine Gratifikationskürzung drohte, solange ich der ... Verlagschef war.

Informationsanspruch der Medien und Auskunftspflicht der Behörden. Die Grundrechte der Presse- und Rundfunkfreiheit gewährleisten einen unmittelbar gegen staatliche Stellen gerichteten Informationsanspruch der Medien. Der in den Landespressegesetzen normierte Auskunftsanspruch konkretisiert den in Art. 5 GG enthaltenen Anspruch auf Informationsfreiheit und Informationsvielfalt.

Der Auskunftsanspruch gegenüber staatlichen Stellen steht nach dem Wortlaut der meisten Landespressegesetze den Vertretern der Presse zu:

---

§ 4 LPG BW
(1) Die Behörden sind verpflichtet, den Vertretern der Presse die der Erfüllung ihrer öffentlichen Aufgaben dienenden Auskünfte zu erteilen.
(2) Auskünfte können verweigert werden, soweit
   1. hierdurch die sachgemäße Durchführung eines schwebenden Verfahrens vereitelt, erschwert, verzögert oder gefährdet werden könnte oder
   2. Vorschriften über die Geheimhaltung entgegenstehen oder
   3. ein überwiegendes öffentliches oder schutzwürdiges privates Interesse verletzt würde oder
   4. ihr Umfang das zumutbare Maß überschreitet.
(3) Anordnungen, die einer Behörde Auskünfte an die Presse allgemein verbieten, sind unzulässig.

Manche Landespressegesetze sehen eine entsprechende Anwendung der Auskunftsrechte für den Rundfunk vor, auch § 9a im Rundfunkstaatsvertrag enthält eine vergleichbare Regelung.

Der Auskunftsanspruch richtet sich gegen die Behörden. Dabei sind die Auskünfte nicht von jedem Beamten, sondern nur von dem jeweiligen Behördenleiter oder demjenigen zu erteilen, auf den die Verpflichtung zur Auskunft übertragen wurde. Behörden im Sinne der Pressegesetze sind auch Gerichte und Staatsanwaltschaften sowie die Parlamente und ihre Verwaltungen. Sie unterliegen ebenfalls der Auskunftsverpflichtung.

Auch die Informationsfreiheitsgesetze (IFG) sollen die Rechte der Bürgerinnen und Bürger stärken und zu tieferen Einblicken in die Arbeit der Behörde führen. Behördliches Handeln soll transparenter werden, die Verwaltung bürgernäher und bürgerfreundlicher. Es kann Auskunft, Akteneinsicht oder Auskunft in anderer

Form verlangt werden. Der Antragsteller hat ein Bestimmungsrecht, er kann Auskunft in einer bestimmten Form verlangen. Auf diesen Anspruch können sich auch Journalisten gegenüber der Verwaltung stützen.

Der Anspruch der Medien auf Auskunftserteilung kann vor den Verwaltungsgerichten auch klageweise durchgesetzt werden, wenn er sich gegen Behörden richtet. Auch ist ein einstweiliges Rechtsschutzverfahren möglich.

Über ein im einstweiligen Rechtsschutz gestellten Antrag auf Akteneinsicht eines Presseorgans in „Spesenabrechnung des früheren Ministerpräsidenten Platzek" hat das Oberverwaltungsgericht Berlin Brandenburg am 31.07.2012 entschieden: „Der Antragsgegner wird im Wege einstweiliger Anordnung verpflichtet, dem Antragsteller Akteneinsicht in die Unterlagen über die Ausgaben für Repräsentationen und Öffentlichkeitsarbeit der Jahre 2006 bis 2011 (Essenseinladungen im Namen des Ministerpräsidenten, die nicht durch den Ministerpräsidenten persönlich erfolgen, z. B. protokollarische Empfänge, Ehrenamtsempfänge oder Pressegespräche) unter Schwärzung rein privater Daten zu gewähren abgelehnt. Die Kosten des Verfahrens beider Rechtszüge trägt der Antragsgegner."

Urheberrechtsschutz. In der Praxis von Journalisten wird immer wieder die Frage gestellt, ob Ideen urheberrechtlichen Schutz genießen. Abstrakte Gedanken, Ideen müssen im Interesse der Allgemeinheit grundsätzlich frei bleiben. Auch bloße Handlungsideen und „Handlungsansätze" sowie generelle Anregungen sind grundsätzlich noch nicht geschützt. Themenvorschläge sind nur dann vor dem Zugriff von Kollegen geschützt, wenn sie als Text ausformuliert sind. Dabei genießt aber auch schon ein noch überarbeitungswürdiges Konzept Schutz, wenn es gewisse individuelle und kreative Züge erkennen lässt. Entsprechendes gilt für Grafiken, Bilder und Filmsequenzen.

In der Praxis des Fernsehjournalisten stellt sich oft die Frage, ob die Übernahme von Filmszenen in Fernsehfilmen, Fernsehsendungen oder Dokumentarfilmen zulässig ist. Dies beurteilt sich – sofern keine Erlaubnis vorliegt – zuerst nach folgenden Normen:

- **Gemeinfreie Werke:** Sobald ein Werk keinen urheberrechtlichen Schutz genießt, ist das „gemeinfrei" und kann im Ganzen oder in Teilen von Dritten unentgeltlich genutzt werden. Das Urheberrecht erlischt grundsätzlich gem. § 64 UrhG 70 Jahre nach dem Tod des Urhebers.
- **Freie Benutzung (§ 24 UrhG):** Die Nutzung eines vorbestehenden Werkes bedarf auch dann keines Rechtserwerbs, wenn eine sog. freie Benutzung vorliegt.
- **Zitatrecht (§ 51 UrhG):** Von großer Bedeutung in der Praxis ist das sog. Zitatrecht des § 51 UrhG. Das Recht erlaubt grundsätzlich, im Interesse der geistigen

und kulturellen Auseinandersetzung fremde Werke im eigenen Werk durch einen durch den Zweck gebotenen Umfang einzuführen. Es wird unterschieden zwischen dem „Großzitat" (Ziff. 1) und dem „Kleinzitat" (Ziff. 2) und dem „Musikzitat" (Ziff. 3).

Häufig scheitern Zitatversuche von Fernsehjournalisten in der Praxis daran, dass sie den sog. Zitatzweck verfehlen. Nach diesem ist ein Zitat nur zulässig, wenn er als Beleg für die eigene Gedankenführung dient, also beispielsweise zum besseren Verständnis der eigenen Darstellung oder etwa zur Begründung oder Vertiefung des Dargestellten. Es muss unbedingt ein innerer Bezug zwischen dem Werk und dem Zitat bestehen.

Das Recht am eigenen Bild stellt nach den Ausführungen des Bundesverfassungsgerichts zum Fall Lebach eine Ausprägung des allgemeinen Persönlichkeitsrechts dar. Seine einfache gesetzliche Ausgestaltung wird in den §§ 22 ff. KUG aus dem Jahr 1907 geregelt. Der Gesetzgeber hat damals das Recht am eigenen Bild im Rahmen des Strafrechts angesiedelt, da der zivilrechtliche Schutz des allgemeinen Persönlichkeitsrechts noch nicht entwickelt war.

Auch heute noch kann gemäß § 33 KUG mit Geldstrafe bestraft werden, wer ein Bildnis vorsätzlich, entgegen den Bestimmungen des Rechts am eigenen Bild verbreitet oder öffentlich zur Schau stellt.

> **§ 22 KUG**
> Bildnisse dürfen nur mit Einwilligung des Abgebildeten verbreitet oder öffentlich zur Schau gestellt werden. Die Einwilligung gilt im Zweifel als erteilt, wenn der Abgebildete dafür, dass er sich abbilden ließ, eine Entlohnung erhielt. Nach dem Tod des Abgebildeten bedarf es bis zum Ablaufe von 10 Jahren der Einwilligung der Angehörigen des Abgebildeten. Angehörige im Sinne dieses Gesetzes sind der überlebende Ehegatte und die Kinder des Abgebildeten und, wenn weder ein Ehegatte noch Kinder vorhanden sind, die Eltern des Abgebildeten.

Ausnahmen vom Erfordernis der Einwilligung bestehen dann, wenn einer der in § 23 Abs. 1 Nr. 1 – 4 KUG normierten Ausnahmetatbestände vorliegt oder Ausnahmen im öffentlichen Interesse bestehen (§ 24 KUG).

> **§ 23 KUG Abs. 1**
> (1) Ohne die nach § 22 erforderliche Einwilligung dürfen verbreitet und zur Schau gestellt werden:
> 1. Bildnisse aus dem Bereich der Zeitgeschichte;
> 2. Bilder, auf denen die Personen nur als Beiwerk neben einer Landschaft oder sonstigen Örtlichkeit erscheinen;
> 3. Bilder von Versammlungen, Aufzügen und ähnlichen Vorgängen, an denen die dargestellten Personen teilgenommen haben;
> 4. Bildnisse, die nicht auf Bestellung angefertigt sind, sofern die Verbreitung oder Schaustellung einem höheren Interesse der Kunst dient.

> **§ 24 KUG**
> Für Zwecke der Rechtspflege und der öffentlichen Sicherheit dürfen von den Behörden Bildnisse ohne Einwilligung des Berechtigten sowie des Abgebildeten oder seiner Angehörigen vervielfältigt, verbreitet und öffentlich zur Schau gestellt werden.

Aber auch in den Fällen der §§ 23 Abs. 1 KUG, 24 KUG sind die sog. „berechtigten Interessen" (§ 23 Abs. 2 KUG) des Abgebildeten bzw. seiner Angehörigen zu berücksichtigen.

> **§ 23 Abs. 2 KUG**
> (2) Die Befugnis erstreckt sich jedoch nicht auf eine Verbreitung und Schaustellung durch die ein berechtigtes Interesse des Abgebildeten oder, falls dieser verstorben ist, seiner Angehörigen verletzt wird.

Die §§ 823 Abs. 1 BGB, 22 f. KUG greifen gemeinsam ein, wenn der Betroffene in einer für Dritte erkennbaren Weise abgebildet ist.

Unter Bildnis ist die Abbildung einer Person, aus der die Identität des Abgebildeten mit hinreichender Deutlichkeit hervorgeht, zu verstehen. Der Betroffene muss also erkennbar sein. Die Erkennbarkeit für einen mehr oder minder großen Bekanntenkreis ist dabei ausreichend.

§ 22 KUG legt fest, dass Bildnisse nur mit Einwilligung des Abgebildeten verbreitet oder zur Schau gestellt werden dürfen. Die Einwilligung ist an keine bestimmte Form gebunden, sie kann schriftlich, mündlich oder durch sog. konkludentes Tun (Fotoshooting mit Fotografen) einseitig oder mit Vertrag erfolgen.

Die Strafvorschrift des § 33 KUG lautet wie folgt, dass derjenige mit Freiheitsstrafe bis zu einem Jahr oder mit Geldstrafe bestraft wird, der entgegen den §§ 22, 23 ein Bildnis verbreitet oder öffentlich zur Schau stellt.

Weiterführende Literatur
Axel Beater, Medienrecht (Tübingen: Mohr Siebeck, 2. Aufl. 2016).
Udo Branahl, Medienrecht. Eine Einführung (Wiesbaden: Springer VS, 7. Aufl. 2013).
Frank Fechner, Medienrecht (Tübingen: Mohr Siebeck, 17. Aufl. 2016).
Ernst Fricke, Recht für Journalisten. Presse – Rundfunk – Neue Medien (Konstanz: UVK, 2. Aufl. 2010).
Christian Kirchberg, Öffentliches Medienrecht mit privatrechtlichen Bezügen: Ein Studienbuch in 12 Lektionen (Baden-Baden: Nomos, 2016).
Wolfgang Mitsch, Medienstrafrecht (Heidelberg: Springer, 2012).
Jens Petersen, Medienrecht (München: C.H. Beck, 5. Aufl. 2010).

Die Ausbildungswege 10

Zusammenfassung

Es gibt keinen vorgeschriebenen Weg in den Journalismus, aber bewährte Empfehlungen. Dazu gehört ein Hochschulstudium. Welche Möglichkeiten Bachelor- und Masterstudiengänge an deutschen Hochschulen bieten, nennt dieses Kapitel.

Schlüsselwörter

Journalismus · Journalistik · Studium · Bachelor · Master · Deutschland

Im Buchteil „Ausbildungswege" beschreiben wir zunächst die Zugänge zum Journalistenberuf, die sich mit einem *Hochschulstudium* verbinden. Danach informieren wir über das *Volontariat* bei Presse und Rundfunk sowie über *Praktika* und *Kurse für Volontäre und Berufseinsteiger.*

Hochschulstudium und Volontariat sind kein Entweder-Oder: Die meisten Volontäre haben vorher studiert; wenn nicht, streben sie häufig ein Studium nach dem Volontariat an. In vielen Verlagen und Rundfunkanstalten kommt als Volontär nur in Frage, wer sein Studium abgeschlossen hat.

Ein weiteres Kapitel ist den *Journalistenschulen* sowie den *Lehrgängen zur beruflichen Weiterbildung* gewidmet.

Den Schluss bildet ein Streifzug durch mehr am Rande liegende, aber nützliche Angebote und Möglichkeiten, journalistische Kenntnisse und Erfahrungen zu erwerben (*„Journalistenausbildung – do it yourself"*).

Ergänzt wird der Ausbildungsteil durch die Kapitel *Österreich* und *Schweiz*.

Wer in den Journalismus möchte, hat viele Wege zur Auswahl. *Den* Königsweg in den Beruf gibt es nicht. Selbst wer während des Studiums ein Praktikum nach dem anderen macht, sogar, wer anschließend ein Volontariat oder einen der raren Plätze an einer renommierten Journalistenschule ergattert, hat den gut bezahlten Job als festangestellter Redakteur oder gefragter freier Mitarbeiter anschließend noch lange nicht in der Tasche.

Der gerade Weg von der Schule übers Studium ins Volontariat zur Festanstellung in der Redaktion ist inzwischen die Ausnahme. Nach wie vor ist ein Hochschulstudium eine gute Ausgangsbasis für den Beruf. Es reicht jedoch in den seltensten Fällen aus. Möglichst früh sollten Ihnen Praktika, die ersten am besten noch während der Schulzeit, die Anforderungen des Berufs nahe bringen: rasche Auffassungsgabe, Neugier, Gewandtheit im Formulieren und Redigieren, sicheres Umgehen mit der Technik, Genauigkeit und Teamgeist – das alles auch unter Zeitdruck.

Nach wie vor finden aber auch *Quereinsteiger* nach Studium oder Tätigkeit in einem ganz anderen Beruf in den Journalismus oder die Pressearbeit hinein. Sie erwerben die journalistischen Fähigkeiten durch „Learning by doing", in Kurz- oder Fernkursen, in Aufbaustudiengängen und Weiterbildungen, kompakt oder berufsbegleitend.

Die Stationen, die wir im folgenden Kasten skizzieren, sind nicht nur von links nach rechts oder von oben nach unten zu lesen, sondern eher wie ein Schachbrett oder ein anderes Spielfeld zu sehen. Sie beruhen auf den vier Kapiteln „Die Zugänge über die Hochschule", „Das Volontariat" „Die Journalistenschulen" und „Journalistenausbildung: Do it yourself".

Journalistische Berufswege

Schule	**Studium**	**Hauptberufliche journalistische Arbeit**
Schülerzeitung	Praktika bei verschiedenen Medien	Anstellung oder freie Mitarbeit bei Verlag, Sendeanstalt, Unternehmen
Erste journalistische Arbeiten	Volontariat Journalistenschule	Aufbaustudium, Weiterbildung
Praktikum bei Lokalzeitung, Lokalsender, Online-Portal	Kurse zur Aus- und Weiterbildung	Andere Tätigkeit: Public Relations, Medienproduktion, Management …

Informationsquellen: In der Datenbank „Kursnet" der Arbeitsagentur ist eine umfangreiche Sammlung von Aus- und Weiterbildungsmöglichkeiten gespeichert: von eintägigen oder Wochenend-Seminaren bis zu mehrjährigen Kursen. Über die Eingabe von Stichworten können auch Angebote aus dem journalistischen Bereich recherchiert werden. Die Datenbank ist über die Website der Arbeitsagentur erreichbar. Dort ist auch eine *Praktikumsbörse* mit in der Regel mehr als 100 Angeboten zum Bereich „Medien, Verlagswesen" zu finden, allerdings häufiger im Bereich Öffentlichkeitsarbeit als im Journalismus.
(www.arbeitsagentur.de)

Im Internet werden viele Jobs angeboten, meist auch Hinweise auf freie Praktikumsplätze. Zum einen finden sich Angebote direkt auf den Internet-Seiten der *Medien* – zum Beispiel unter *www.hubert-burda-media.de* oder unter *www.br.de/ unternehmen/inhalt/karriere*. Zum anderen pflegen Fachzeitschriften oder andere Medien *Jobbörsen*, die regelmäßig aktualisiert werden. Ergiebig sind folgende Adressen: www.newsroom.de, jobs.pr-journal.de, www.journalist.de, www.jobs.zeit.de.

Weiterführende Literatur
Bernhard Pörksen (Hrsg.), Trendbuch Journalismus. Erfolgreiche Medienmacher über Ausbildung, Berufseinstieg und die Zukunft der Branche (Köln: Herbert von Halem Verlag, 2005).

10.1 Die Zugänge über die Hochschule

Viele Wege führen über die Hochschule in den Journalismus:
- Man kann ein *herkömmliches Fachstudium* absolvieren und sich daneben um den Erwerb journalistischer Kenntnisse und Erfahrungen bemühen. Zum Beispiel kann man sich bei einem der Institute bewerben, die *studienbegleitende Journalistenausbildung* betreiben.
- Man kann *Journalistik* direkt studieren und mit dem Bachelor- oder Master-Grad abschließen. Dabei gibt es viele Möglichkeiten der Schwerpunktsetzung und Spezialisierung.
- Man kann beides *kombinieren*, also nach abgeschlossenem Studium eines anderen Fachs (Bachelor) ein Masterstudium Journalistik bzw. Medienwissenschaft anhängen. Und umgekehrt kann man nach einem Bachelorabschluss in Journalistik ein anderes Fach im Master studieren. Ob die Anschlüsse möglich sind, regeln die jeweiligen Prüfungs- und Zulassungsordnungen der Master-Studiengänge. Auch das Studium im *Nebenfach* Journalistik mit einzelnen Modulen ist möglich.

- Man kann als Haupt- oder Nebenfach *Publizistik- und Kommunikationswissenschaft* studieren und dabei möglichst viele journalistikorientierte Studienangebote wahrnehmen.
- Man kann schließlich an einer *Hochschule bzw. Akademie für Fernsehen und Film* studieren.

Diese Berufszugänge über die Hochschule werden wir im Folgenden darstellen. Zunächst aber müssen wir deutlich machen, wie wichtig es heute auch und gerade für den Journalisten ist, dass er überhaupt *studiert* – und sein Studium auch *abschließt*.

Argumente für den Studienabschluss: Ein Studium vermittelt Grunderfahrungen *wissenschaftlichen, das heißt kritischen Arbeitens.* Dieses Wissen um die Relativität menschlicher Erkenntnisarbeit und den aus dieser Skepsis folgenden besonderen Umgang mit „Fakten" braucht der Journalist in einem Beruf, der zum größten Teil im Vermitteln fremder Entscheidungen, Projekte, Erkenntnisse und Aussagen besteht.

Sich durch eine Abschlussprüfung zu quälen, ist ein Akt der *Konzentration*, der *Disziplinierung* und *Willensanstrengung*. In diesem, charakterlichen, Sinne betrachten wir ein abgeschlossenes Studium als zusätzliche Qualifizierung. Der frühere ZDF-Redakteur Horst Schättle erzählt, dass die „Heute"-Redaktion die Probezeit eines zur Festanstellung anstehenden Nachrichtenredakteurs über den Examenstag legte, weil man erst Klarheit haben wollte, ob er die Prüfung schafft.

Wenn bereits der Lehrer der ersten Grundschulklasse nur mit Hochschulabschluss Unterricht erteilen darf – mit welchem Maß an *innerer Sicherheit* und *äußerer Anerkennung* will sich da künftig ein unzureichend vorgebildeter Journalist an die Öffentlichkeit wenden? Arbeitsplatzerwartung und gesellschaftliche Position des Uni-Absolventen haben sich in den Jahren des Massenstudiums so weitreichend nivelliert, Studium ist so selbstverständlich geworden, dass es reaktionärer Anachronismus wäre, ausgerechnet für den Journalisten das Bildungsniveau von einst genügen zu lassen. Zudem zeigen Untersuchungen, dass der Anteil der Akademiker mit der höheren Stellung in der Redaktionshierarchie steigt: Nur Journalisten mit Studium erreichen die höheren Einkommenskategorien.

Und sie sind besser vor Arbeitslosigkeit geschützt, stellt die Bundesagentur für Arbeitsvermittlung fest: „ … dass Personen mit einer besonders hohen

10.1 Die Zugänge über die Hochschule

Qualifikation auch in diesem (= journalistischen) Bereich ein geringeres Risiko hinsichtlich des Verlustes ihres Arbeitsplatzes eingehen".[1]

„Die *Berufszufriedenheit* wächst mit dem Ausbildungsniveau", stellt der Sozialwissenschaftler Rüdiger Schulz[2] fest. „Akademiker sind zufriedener als Nicht-Akademiker." Schulz führt das nicht allein auf die bessere Bezahlung zurück, „eher auf die *größere Freiheit und Unabhängigkeit* der qualifizierter Ausgebildeten".

Lassen Sie sich durch journalistische Anfangserfolge bzw. zunehmende Beschäftigung bei den Medien nicht davon abhalten, *Ihr Studium abzuschließen*. Wer so gut als Journalist befähigt und ausgebildet ist, dass man ihn schon während seines Studiums brauchen kann, wird auch die Enthaltsamkeit in der Zeit vor dem Studienabschluss überbrücken und danach wieder ins Geschäft kommen. Im Jahr 2016 hatten 96 Prozent der Volontäre studiert (1979 waren es noch 17 Prozent) und gut 90 Prozent das Studium erfolgreich abgeschlossen; der Anteil der *Studienabbrecher* unter den Volontären ging von 28 Prozent (1993) auf fünf Prozent zurück.[3]

Wegen der Seminar- und Buchlastigkeit der meisten Studien empfiehlt es sich, die Lebenswirklichkeit – auch außerhalb von Medien und Journalismus – nicht aus den Augen zu verlieren. Ein *Betriebspraktikum* zum Beispiel lässt sich bestimmt einmal für die Semesterferien einplanen. Grundsätzlich eignet sich jeder Platz: die Werkhalle wie der Schalter, das Büro eines Verbandes wie das Paketauto der Post.

Zu den Bachelor- und Masterstudiengängen, die wir in den folgenden Abschnitten beschreiben, kommen beständig neue Angebote hinzu, vor allem an den Fachhochschulen, aber auch an den Universitäten. Über die folgende Auflistung hinaus lohnt sich deshalb eine aktuelle Recherche im Internet.

Was modern und international klingt, kann, muss aber nicht unbedingt besser sein. Die Zahl der Studiengänge, die „irgendetwas mit Medien" machen, ist in den

---

[1] Zentralstelle für Arbeitsvermittlung der Bundesanstalt für Arbeit – Arbeitsmarkt-informationsstelle (Hrsg.), Arbeitsmarkt – Information, Qualifizierte Fach- und Führungskräfte: Journalistinnen und Journalisten, Seiten 27/28 (Frankfurt am Main 8/98).

[2] Rüdiger Schulz, Der Journalist als Objekt der Sozialforschung. Fragestellungen und Erkenntnisse. Referat im Rahmen der Informationsbörse für junge Journalisten „Journalist werden – lohnt sich das?", Hanns Seidel-Stiftung e. V., München, am 31. Januar 1981, Seite 8 des verteilten Manuskripts.

[3] vgl. Initiative Qualität: Umfrage zur Journalistenausbildung. Auswertung für die IQ-Fachkonferenz „Die Besten gewinnen: Frischer Wind im Volontariat" am 15. September 2016 in Bonn. http://www.initiative-qualitaet.de/fileadmin/IQ/Aktuelles/Referat_und_Auswertung_Umfrage.pdf.

letzten Jahren geradezu explodiert. Es lohnt sich immer ein Blick in die *Studienordnung*, auf die *technische Ausstattung* und die *Qualifikation der Dozenten*.

Alle Bachelor- und Master-Angebote müssen spätestens nach ein paar Jahren Studienbetrieb *akkreditiert* – also durch ein externes Institut und durch Gutachter bewertet werden. Fragen Sie nach, ob der betreffende Studiengang akkreditiert ist – und wenn ja, mit welchen Auflagen, und ob das Akkreditierungsgutachten einsehbar ist.

Generelle Studiengebühren an öffentlichen Hochschulen gibt es seit 2014 in keinem deutschen Bundesland mehr. Allerdings finanzieren sich private Hochschulen zu einem großen Teil über Gebühren, die wir im Folgenden bei den einzelnen Angeboten erwähnen.

Weiterführende Webseiten
www.medienstudienfuehrer.de

10.2 Fachstudium und Journalismus

Das abgeschlossene Fachstudium hat zwei Vorteile: Erstens bietet es die Möglichkeit, *auf einen anderen Beruf umzusatteln*, falls man im Journalismus nicht befriedigend Fuß fasst oder später einmal (aus welchen Gründen immer) wieder aussteigen will. Zweitens *qualifiziert* es den angehenden Journalisten als Mitarbeiter gerade bei solchen Zeitungen und Zeitschriften sowie bei Funk und beim Fernsehen, die auch auf Spezialgebieten kompetent informieren und kommentieren möchten. Wirtschaft und Börsen, Recht und Justiz, Forschung und Technik, Medizin, Städtebau – wir haben willkürlich einige Spezialgebiete herausgegriffen.

Auch als allgemeinere Vorbildung im Journalismus lässt sich ein Studium mit akademischem Abschluss verwenden (wenn man nicht in Seminaren verstaubt und im Seminarstil sein Deutsch verlernt): Für den politischen Redakteur und den Lokalredakteur zum Beispiel ist es auf jeden Fall von Vorteil, wenn er Rechtswissenschaften, Volkswirtschaft, Politologie oder Geschichte studiert hat, wie sich der Kulturredakteur in seinem Horizont und seiner Urteilsfähigkeit bereichert fühlen wird durch ein Studium der Germanistik oder Romanistik, der Kunstgeschichte oder Theaterwissenschaft.

Den Ausschlag bei der Wahl des Studiums sollte aber nicht eine Karriere-Spekulation geben, sondern das persönliche Interesse am Fach.

So weit, so gut. Schlimm wird es nur, wenn dann der Träger oder die Trägerin eines soeben erworbenen Master- oder Doktor-Titels die Redaktion aufsucht mit dem schlichten Wunsch nach einer Anstellung; und auf die Frage, was er oder sie denn schon alles journalistisch getrieben habe, die Antwort kommt: „Nichts. Bisher habe ich ja studiert."

Der Erwerb journalistischer Kenntnisse und das Fachstudium sollten Hand in Hand gehen; beides ist nebeneinander zu bewältigen. „Allerdings dürfen die Schwierigkeiten, die sich aus dieser *Doppelbelastung* ergeben, nicht verschwiegen werden", sagt Ernest Lang, M.A. in Politischen Wissenschaften und Radiojournalist, im Rückblick. „So ist meist eine Folge dieser zweigleisigen Ausbildung, dass sich die Studiendauer um zwei oder drei Semester verlängert, selbst wenn der angehende Journalist Praktika in erster Linie während der Semesterferien absolviert. Wer sich als Journalist engagiert und gleichzeitig sein Studium ernst nimmt, sitzt leicht zwischen zwei Stühlen. Deswegen hat es sich bewährt, die journalistische Arbeit im letzten Jahr vor dem Studienabschluss fast gänzlich zu unterbrechen und sich hinter die Bücher zu setzen."

Wie man sich im Do-it-yourself-Verfahren *Kenntnisse des Journalismus* erwerben kann, besprechen wir im Beitrag „Journalistenausbildung – do it yourself". Erwähnt sei auch der Beitrag „Journalistenschulen" und das folgende Kapitel.

10.3 Studienbegleitende Journalistenausbildung

Gemeinsam ist den nachfolgend beschriebenen Instituten, dass sie Studenten während ihres *Fachstudiums* geplant und koordiniert journalistische Kenntnisse und Erfahrungen vermitteln.

Das ifp – Institut zur Förderung publizistischen Nachwuchses in München ist die „Journalistenschule in Trägerschaft der katholischen Kirche" und bildet studienbegleitend jährlich 15 Nachwuchsjournalisten aus, die sich „in ihrem Beruf von den Grundlagen des christlichen Glaubens leiten lassen". Die Ausbildung findet in den Semesterferien statt. In mehrwöchigen Intensivseminaren (Print, Hörfunk, Fernsehen) lernen die Studierenden das journalistische Handwerk; anschließend werden Praktika bei Zeitungen, Nachrichtenagenturen, Onlinemedien und Rundfunkstationen vermittelt. Bewerber müssen der Bewerbung ein Gutachten eines persönlich bekannten Seelsorgers, Journalisten, Dozenten oder Lehrers beilegen. Das Auswahlverfahren ist mehrstufig *(www.ifp-kma.de)*.

Die Dr.-Hans-Kapfinger-Stiftung bietet in Zusammenarbeit mit dem „Institut für Journalistenausbildung und Kommunikationsforschung an der Universität

Passau e. V." Studenten die Möglichkeit, neben dem regulären Studium zusätzliche Vorlesungen und Seminare über Journalismus zu belegen und jeweils während der Semesterferien ein Volontariat zu absolvieren. Es wird 18 Monate in verschiedenen Redaktionen der „Passauer Neuen Presse" und in anderen Medienhäusern geleistet. Jährlich werden sechs Studierende aufgenommen. Sie erhalten über drei Jahre ein Stipendium von monatlich 350 Euro. Bewerber sollten, aufgrund der räumlichen Nähe, an der Universität Passau oder der Hochschule Deggendorf studieren und nicht älter als 24 Jahre sein *(www.institut-journalisten.de)*.

Die Kölner Journalistenschule für Politik und Wirtschaft bildet Fachjournalisten für Politik und Wirtschaft bei Presse, Online und Hörfunk aus; die Ausbildung dauert acht Semester. Die ersten beiden Semester bieten eine journalistische Grundausbildung. Danach nehmen die Teilnehmer parallel zur journalistischen Ausbildung ein Bachelor-Studium der Volkswirtschaft, Betriebswirtschaft oder Sozialwissenschaft an der Universität Köln auf. Während der Semesterferien werden mindestens fünf achtwöchige Pflicht-Praktika absolviert.

Zugangsvoraussetzung ist neben dem Abitur die erfolgreiche Teilnahme an einem schriftlichen Vortest und einem zweitägigen Qualifikationstest. Bewerben sollte man sich während des letzten Schuljahres zum 31. Mai. Die Studiengebühr beträgt im Höchstsatz 500 Euro im Monat und kann, abhängig vom Einkommen der Eltern, ermäßigt werden *(www.koelnerjournalistenschule.de)*.

Die Journalistenschule Mitteldeutschland im sächsischen Mittweida bietet ein studienbegleitendes Volontariat in Form von journalistischen Lehrredaktionen an. Die Schule ist als Aktiengesellschaft an die Hochschule Mittweida gebunden und wurde auch hauptsächlich dafür eingerichtet, den eigenen Studierenden im Medienbereich praktische Erfahrungen zu ermöglichen. Die Journalistenschule kooperiert mit der Europäischen Medien- und Business-Akademie in Hamburg *(www.mitteldeutsche-journalistenschule.de* und *www.emba-medienakademie.de)*.

Begabtenförderungswerke: Wer meint, dass er für die vom Bundeswissenschaftsministerium finanzierte Begabtenförderung in Frage kommt, kann sich bei Begabtenförderungswerken bewerben, die nicht nur das Studium finanzieren helfen, sondern auch unterschiedliche studienbegleitende Betreuungsprogramme für journalistisch interessierte Stipendiaten haben.

Die Ausbildung an der Journalisten-Akademie der *Konrad-Adenauer-Stiftung* beispielsweise umfasst Print-, Hörfunk-, Fernseh- und Online-Seminare und wird um die Vermittlung von Praktika und freier Mitarbeit ergänzt. Die Absolventen erhalten ein Zertifikat, das eine volontariatsadäquate Ausbildung

10.3 Studienbegleitende Journalistenausbildung

bestätigt *(www.journalisten-akademie.com)*. Ein ähnliches Programm bietet zum Beispiel auch die *Friedrich-Ebert-Stiftung (www.fes.de/journalistenakademie)*. Die *Heinrich-Böll-Stiftung* bietet seit 2008 eine studienbegleitende Stipendienförderung für Journalismus-Interessierte mit Migrationshintergrund. Praktika und Volontariate bei Medienpartnern – u. a. der Deutschen Welle, der „tageszeitung" (taz), sueddeutsche.de, dem Tagesspiegel und dem radiomultikulti des RBB sowie der Agentur „Zum goldenen Hirschen" – runden das Förderprogramm ab. Es richtet sich an Abiturienten und Studierende aus Einwandererfamilien bzw. binationaler oder bikultureller Herkunft. Bewerbung ist halbjährlich beim Studienwerk der Heinrich-Böll-Stiftung möglich *(www.boell.de/studienwerk)*.

Übereinstimmend nennen die Förderungswerke als Kriterien: überdurchschnittliche Schul- und Studienleistungen sowie gesellschaftspolitisches Engagement.

Begabtenförderungswerke

Cusanuswerk	katholisch	www.cusanuswerk.de
Evangelisches Studienwerk	evangelisch	www.evstudienwerk.de
Friedrich-Ebert-Stiftung	SPD-nah	www.fes.de
Friedrich-Naumann-Stiftung	FDP-nah	www.fnst.de
Hanns-Seidel-Stiftung	CSU-nah	www.hss.de
Hans-Böckler-Stiftung	gewerkschaftsnah	www.boeckler.de
Heinrich-Böll-Stiftung	Grünen-nah	www.boell.de
Konrad-Adenauer-Stiftung	CDU-nah	www.kas.de
Rosa-Luxemburg-Stiftung	DIE LINKE-nah	www.rosalux.de
Stiftung der deutschen Wirtschaft	arbeitgebernah	www.sdw.org
Studienstiftung des deutschen Volkes	unabhängig	www.studienstiftung.de

10.4 Allgemeine Bachelor-Studiengänge Journalistik

Es gibt immer mehr Journalistik-Studiengänge. Und das ist durchaus sinnvoll, weil akademische Journalistenausbildung dazu beiträgt, den Beruf zu professionalisieren. Im derzeitigen dynamischen Wandel der Medienmärkte, -techniken und -produkte reicht es nicht mehr, sich das „Handwerk" im Learning-by-doing-Verfahren durch Praktikum/Volontariat selbst beizubringen, sondern das „Kopfwerk" des Journalisten wird immer wichtiger. Dazu gehören zum Beispiel profunde Kenntnisse über das Publikumsverhalten, über die Rolle des Journalismus in der Gesellschaft, über digitale Medienwelten oder Qualität(smanagement) und Ethik. Vom Nachwuchs wird zunehmend gefordert, neue Produkte und Formate für die digitalen Ausspielkanäle zu entwickeln. Wir raten deshalb, sich schon im Studium mit Medienentwicklung und Journalismus wissenschaftlich fundiert und reflektiert zu beschäftigen und Theorie und Praxis zu integrieren.

Zwischen vier Typen von Journalistik-Angeboten kann man grundsätzlich unterscheiden. Sie werden in diesem und in den folgenden drei Beiträgen vorgestellt:

- Ein allgemeines *Bachelor-Studium* der Journalistik ermöglicht zwar in der Regel eine individuelle Schwerpunktsetzung bei der Wahl eines Nebenfachs, bietet aber nicht schon von vorne herein und für alle Studierenden die gleiche Spezialisierung an.
- Ein spezialisiertes *Bachelor-Studium* der Journalistik konzentriert sich in der Regel auf ein Berichterstattungs- und Themengebiet.
- Beim *Journalistik-Master* gibt es ebenfalls Studiengänge ohne oder mit Spezialisierung.

Es ist auch möglich im Bachelor ein anderes Fach zu studieren und erst im Master-Programm zum Journalismus zu wechseln – und umgekehrt. Die Zugangsvoraussetzungen und Aufnahmebedingungen variieren allerdings bei den Master-Studiengängen erheblich, weshalb sich eine Recherche dazu empfiehlt: Es gibt Studiengänge, die explizit einen Bachelor im gleichen Fach voraussetzen, weil man das Studium auf höherem Niveau vertiefen möchte; andere bevorzugen einen Bachelorabschluss in einem anderen Fachgebiet und können deshalb in den vier Semestern Master nur eine Grundausbildung, zum Beispiel in der Journalistik, bieten.

Viele Studienangebote aus verschiedenen Disziplinen integrieren Journalistik, kommunikationswissenschaftliche und/oder praktische Module als Nebenfach: Hier lohnen sich Recherchen an vielen Universitäten.

10.4 Allgemeine Bachelor-Studiengänge Journalistik

Die Tendenz bei den Journalistik-Angeboten in Deutschland ist eindeutig: Während sich *Universitäten* häufig auf Journalistik-Master-Programme oder kommunikationswissenschaftliche BA- und MA-Studiengänge beschränken, bauen *Fachhochschulen* praxisorientierte Bachelor-Programme für Journalismus und Public Relations aus.

Zudem konzentrieren sich immer mehr Studiengänge entweder auf ein *Themengebiet* (z. B. Fachjournalismus im Bereich Technik, Naturwissenschaft, Musik, Geschichte oder Wirtschaft) oder auf ein *Medium* (z. B. Online-, Hörfunk- oder Fernsehjournalismus). Mitunter werden Berufsfelder, die früher in der Ausbildung oft getrennt waren, integriert: Sie wollen sowohl für den Journalismus als auch die Public Relations ausbilden, entweder gleichzeitig oder als alternatives Wahlfach in einem Studiengang.

Im Studiengang Journalistik der Universität Dortmund sind Hochschulstudium und Volontariat zu einer einheitlichen Ausbildung integriert. Jährlich werden 35 Studenten zum *Bachelor-Programm* zugelassen, die zuvor mindestens sechs Wochen in einer Zeitungs-, Zeitschriften- oder Rundfunkredaktion hospitiert haben. Über die Zulassung entscheidet ein institutseigener Numerus Clausus. Das Bachelor-Studium ist in Dortmund acht Semester lang: Nach zwei Jahren Studium folgen zwei Semester Volontärpraktikum und dann wieder zwei Semester Studium, inkl. Bachelor-Arbeit. In der ersten Phase arbeiten die Studierenden während eines Jahres in den Lehrredaktionen für Print, Hörfunk, Fernsehen und Internet mit, wo sie Redaktionsabläufe, Teamarbeit und journalistisches Handwerk in der Praxis lernen und die institutseigenen Publikationen verantworten. Das Bachelor-Studium wird in zwei Fächern absolviert. Zum Schwerpunktfach Journalistik kommen Lehrveranstaltungen zum Beispiel aus den Feldern Kultur-, Sozial- und Wirtschaftswissenschaften *(www.journalistik-dortmund.de)*.

An der Katholischen Universität Eichstätt-Ingolstadt gibt es seit 2008 den Bachelor-Studiengang Journalistik, der den traditionellen 25-jährigen Diplomstudiengang abgelöst hat. Bewerber müssen den Nachweis über ein zweimonatiges Redaktionspraktikum erbringen, das bis spätestens zum Studienbeginn zu absolvieren ist. Jährlich werden 50 Bewerber zugelassen, die nach der Abiturdurchschnittsnote ausgewählt werden. Das Studium beruht auf drei Säulen: Kommunikationswissenschaftliches Basiswissen, journalistische Praxis sowie gesellschaftliche Grundkompetenz und vertiefendes Sachwissen als Wahlbereich (Politik und Gesellschaft, Wirtschaft, Kultur). Verpflichtend sind ein Auslandsstudium im fünften Semester und zwei interne Praktika („Medienwerkstätten") in den Semesterferien, in denen Journalisten aus der Medienpraxis in der Lehrredaktion und in den Studios der Universität unterrichten. Zudem muss ein externes Praktikum in einer Redaktion absolviert werden (acht Wochen) *(www.journalistik-eichstaett.de)*.

Die Hochschule Hannover bietet gemeinsam mit der Hochschule für Musik, Theater und Medien die drei *Bachelor-Studiengänge* Journalistik, Public Relations und Fotojournalismus und Dokumentarfotographie an. Zulassungsvoraussetzung für alle drei Studiengänge ist die allgemeine Hochschulreife (NC). Beim Studiengang Journalistik werden dabei für rund die Hälfte der Studienplätze die Noten der Schulfächer Deutsch und Englisch höher gewichtet. Außerdem müssen Bewerber ein mindestens sechswöchiges, redaktionelles Praktikum nachweisen. Ziel des Journalistik-Studiengangs ist es, „spezialisierungsfähige Generalisten" auszubilden: Man lernt die Arbeit für verschiedene Mediengattungen kennen (Zeitung, Radio, Fernsehen, Online) und bekommt einen ersten Einblick in das Spezialwissen unterschiedlicher Ressorts. Hinzu kommt kommunikationswissenschaftliches Basiswissen sowie im 4. Semester ein viermonatiges Praktikum in einem Medienbetrieb *(www.hs-hannover.de)*.

Journalismus & Public Relations heißt ein dreijähriger *Bachelor-Studiengang* an der Westfälischen Hochschule Gelsenkirchen, der pro Jahr 73 Anfänger aufnimmt. Voraussetzung ist ein sechswöchiges Praktikum. Der Studiengang soll Absolventen in die Lage versetzen, komplexe Sachverhalte – vor allem aus Wirtschaft und Technik – zu recherchieren und in Text und Bild darzustellen. Redaktionspraxis wird u. a. in Projekten und Lehrredaktionen vermittelt. Die ersten vier Semester dienen dabei der Grundausbildung, in den letzten beiden Semestern kann entweder Journalismus oder PR als Spezialisierung gewählt werden *(https://www.w-hs.de/)*.

An der Universität Trier gibt es den Bachelor-Studiengang Medien – Kommunikation – Gesellschaft. Neben kommunikationswissenschaftlichen Grundlagen stehen Soziologie, empirische Sozialforschung und journalistische Medienpraxis auf dem Studienplan *(medien.uni-trier.de)*.

An der Universität Tübingen wird der Bachelor-Studiengang Medienwissenschaft – Medienpraxis angeboten. Unterteilt in ein Basis- und ein Profilstudium kombiniert er eine medienwissenschaftliche Ausbildung mit medienpraktisch ausgerichteten Kursen: „Die Praxis steht der Theorie gleichberechtigt zur Seite", so die Studiengangsverantwortlichen *(www.medienwissenschaft.uni-tuebingen.de)*.

Die Fachhochschule des Mittelstands in Bielefeld – eine private, staatlich anerkannte Hochschule – legt im *Bachelor-Studiengang* Medienkommunikation

& Journalismus neben der Medien- und Journalismuskompetenz viel Wert auf betriebswirtschaftliche Grundkenntnisse und bildet deshalb insbesondere für die Öffentlichkeitsarbeit von Unternehmen aus. Der Studiengang wird in Vollzeit in drei Jahren (inklusive einem halben Jahr Praktikum) absolviert. Die Studiengebühr beträgt 625 Euro pro Monat an den Standorten Bielefeld, Köln und Hannover, 525 Euro am Standort Bamberg. Dafür erhalten die Studierenden ein dichtes praxisorientiertes Studienprogramm in Kooperation mit regional ansässigen Unternehmen *(www.fhm-mittelstand.de)*.

Einen Bachelor-Studiengang Journalism & Business Communication startete die private, staatlich anerkannte Fachhochschule Business and Information Technology School (BiTS) in Iserlohn zum Sommersemester 2006. Das Programm dauert drei Jahre und enthält neben volks- und betriebswirtschaftlichen Inhalten eine crossmediale journalistische Basisausbildung und Einblicke in die Unternehmenskommunikation. Zwei Studienblöcke werden im Ausland verbracht: Im dritten Semester ist ein Aufenthalt in Brüssel vorgesehen, das vierte Semester wird an einer beliebigen Partneruniversität im Ausland verbracht. Das Studium kostet 745 Euro pro Monat. In Kooperation mit der Journalistenschule Ruhr und der Funke Mediengruppe kann ein einjähriges Volontariat angeschlossen werden *(www.bits-iserlohn.de)*.

An der Hochschule Mittweida in Sachsen gibt es ein ganzes Bündel an Studiengängen im Medienbereich (z. B. Medienmanagement, Media and Acoustical Engineering oder Film und Fernsehen). Interessant für Anfänger, die später in Journalismus oder Public Relations arbeiten wollen, ist die Möglichkeit, an der *Mitteldeutschen Journalistenschule* ein studienbegleitendes Volontariat zu absolvieren. Diese Journalistenschule wird zwar privat betrieben, gehört aber zur Hochschule *(www.htwm.de; www.mitteldeutsche-journalistenschule.de)*.

Die Hochschule Magdeburg-Stendal bietet den dreijährigen *Bachelor-Studiengang* Journalismus an. Die Studienmodule legen einen Schwerpunkt in den Bereichen Wirtschaft/Medienwirtschaft sowie Journalistische Grundlagen/Medienpraxis. Zum Studiengang gehören ein Praktikum von insgesamt zwölf Wochen Dauer im Inland und ein Studienanteil von zwölf Wochen Dauer im Ausland. Im Auswahlverfahren wird sowohl die Durchschnittsnote der Hochschulzugangsberechtigung als auch einschlägige praktische Tätigkeiten bewertet *(www.hs-magdeburg. de/studium/bachelor/journalismus.html)*.

Im Bachelor-Studiengang Medienwirtschaft und Journalismus an der Jade Hochschule Wilhelmshaven/Oldenburg/Elsfleth sollen die Studenten in sieben

Semestern dazu befähigt werden, Managementfunktionen für Medienprojekte zu übernehmen – vorwiegend in den Bereichen Print und Online. Dementsprechend sind journalistische Inhalte nur ein Baustein unter mehreren (daneben u. a. Wirtschaft, Informatik, Gestaltung und Statistik). Jährlich werden 35 Studenten zugelassen; Voraussetzung ist ein vierwöchiges Praktikum *(www.jade-hs.de)*.

Der Bachelor-Studiengang Online-Redakteur an der Fachhochschule Köln vermittelt in drei Jahren Content-Erstellung, Online-Redaktion, Online-Recherche, Journalismus, Webdesign, Medienrecht und Wirtschaftskommunikation. 60 Studenten werden pro Jahr – jeweils zum Sommersemester – aufgenommen. Voraussetzung ist ein sechswöchiges Praktikum *(www.online-redakteure.com)*.

Der Studiengang Onlinejournalismus an der Hochschule Darmstadt bildet in sieben Semestern Studierende für journalistische Online- und Social Media-Redaktionen aus. Vermittelt werden journalistische Kernqualifikationen und ein grundlegendes Verständnis für technische, gestalterische, ökonomische und rechtliche Aspekte der Arbeit für Onlinemedien. Ein Praxissemester gibt zusätzlich intensiven Einblick in den Beruf. Aufnahmebedingungen sind Abitur oder Fachhochschulreife und sechs Wochen Praktikum *(oj.mediencampus.h-da.de)*.

Die Macromedia Fachhochschule der Medien bietet in Köln, München, Stuttgart, Hamburg und Berlin jeweils einen *Bachelor-Studiengang* Journalistik an. Das siebensemestrige Studium an dem privaten, staatlich anerkannten Institut basiert auf einer praktischen journalistischen Ausbildung, ergänzt durch medienwissenschaftliche Seminare, Managementkompetenz und Fachwissen in speziellen Berichterstattungsfeldern. Das Studium kostet 880€ monatlich. Es gibt vier Studienrichtungen: allgemeiner Journalismus, Kulturjournalismus, Politikjournalismus und Sportjournalismus *(www.macromedia-fachhochschule.de)*.

An der Fachhochschule Ansbach wird der *Bachelor-Studiengang* Ressortjournalismus angeboten. In den sieben Semestern beschäftigen sich die Studierenden mit praktischem Journalismus in Print, Online, Radio und Fernsehen und mit medienwissenschaftlichen Seminaren. Daneben kann in einzelnen Modulen Ressortwissen, zum Beispiel aus den Bereichen „Politik und Wirtschaft", „Energie und Umwelt" oder „Medizin- und Biowissenschaften", gewählt werden *(http://www.hs-ansbach.de/)*.

Die Hochschule der Medien in Stuttgart bietet traditionell eine Ausbildung mit den Schwerpunkten Medientechnik, -gestaltung und -wirtschaft an. Sie verfügt über eine sehr gute technische Ausstattung: von Fernsehstudios und einem

10.5 Spezialisierte Bachelor-Studiengänge Journalistik

Hochschulradio bis zu Druckmaschinen. Seit dem Wintersemester 2012/2013 werden im Studiengang Crossmedia-Redaktion Studierende aufgenommen, die zu Crossmedia-Spezialisten mit dem Schwerpunkt Internet ausgebildet werden. Voraussetzung ist ein sechswöchiges Vorpraktikum *(www.hdm-stuttgart.de/cr).*

An der Universität Passau verbindet der Bachelor-Studiengang Medien und Kommunikation die empirisch-sozialwissenschaftliche Kommunikationswissenschaft mit medienpädagogischen und medienphilologischen Inhalten. Dazu gibt es ein Angebot an Übungen zur journalistischen Praxis und zur Medienproduktion. Der Studiengang soll auf eine Vielzahl von Medien- und Kommunikationsberufen vorbereiten *(www.uni-passau.de/bachelor-medien).*

Journalismus und Unternehmenskommunikation heißt der Bachelor-Studiengang der privaten Hochschule für Medien, Kommunikation und Wirtschaft in Köln, Frankfurt oder Berlin. Ein Viertel der Studienzeit nehmen allgemeinbildende Module über Medien und Gesellschaft, Wirtschaft, Sprache und Kultur ein, drei Viertel die beiden Schwerpunkte Journalismus und Unternehmenskommunikation, ein sechsmonatiges Praktikum und Projektwerkstätten. Pro Semester entfallen 595 Euro monatlich. Auch ein duales Studium ist möglich *(www.hmkw.de).*

Die DEKRA Hochschule in Berlin bietet den Bachelor-Studiengang Journalismus an. Neben publizistischen und medienwissenschaftlichen Grundlagen wie Recherche, journalistische Darstellungsformen und Medienethik vermittelt das Studium vor allem praktisches Wissen. Die Studierenden können sich zwischen den Schwerpunkten Media Acting/Moderation, Video-Journalismus und Online-Journalismus wählen. Das sechssemestrige Studium beinhaltet ein zwölfwöchiges Praktikum und kostet 675 Euro pro Monat *(dekra-hochschule-berlin.de/).*

Weiterführende Literatur
Klaus Meier, Journalistik (Konstanz: UVK, 3. Aufl. 2013).

10.5 Spezialisierte Bachelor-Studiengänge Journalistik

Im Bachelor Wissenschaftsjournalismus an der Universität Dortmund kann neben einer praktischen, journalistischen Ausbildung als Zweitfach entweder Naturwissenschaften (mit bio-wissenschaftlichem, medizinischem oder physikalischem Schwerpunkt), Ingenieurwissenschaften (Maschinenbau oder Elektrotechnik) oder Datenjournalismus gewählt werden *(www.wissenschaftsjournalismus.org).*

Im Bachelorstudiengang Musikjournalismus an der Universität Dortmund steht die Vermittlung von Wissensgrundlagen sowohl im musikalischen als auch im journalistischen Bereich im Vordergrund *(www.musikjournalismus.tu-dortmund.de/)*.

Der Bachelor Wirtschaftspolitischer Journalismus an der Universität Dortmund verbindet Kenntnisse in der Volkswirtschaftslehre mit einer praktischen journalistischen Ausbildung *(journalistik.tu-dortmund.de/studium/studienangebot/wirtschaftspolitischer-journalismus/bachelor/)*.

Der Bachelor-Studiengang Technikjournalismus/PR wird an der Fachhochschule Bonn-Rhein-Sieg in Sankt Augustin bei Bonn angeboten. Die Absolventen sollen später sowohl über Technik kompetent schreiben als auch mit Technik umgehen können – etwa im Multimediabereich *(www.fh-bonn-rhein-sieg.de)*.

Seit 2010 werden an der **Georg-Simon-Ohm-Hochschule in Nürnberg** im Bachelor-Studiengang Technikjournalismus qualifizierte Nachwuchskräfte für Technikredaktionen ausgebildet *(www.ohm-hochschule.de/technikjournalismus)*.

Im Bachelor-Studiengang Musikjournalismus für Rundfunk und Multimedia an der Hochschule für Musik in Karlsruhe werden durch praxisorientierte Projekte Musikjournalisten ausgebildet, die in Radio, Fernsehen und Neuen Medien für Programm- und Produktionsaufgaben in den Bereichen Kultur, Klassik und Pop arbeiten sollen *(www.hfm-karlsruhe.de* oder *www.lernradio.de)*.

Der Bachelor-Studiengang Fachjournalistik Geschichte an der Universität Gießen bietet durch wissenschaftliche Module aus Medien und Geschichte in Kombination mit praxisbezogenen Übungen eine historisch fundierte Ausbildung *(www.uni-giessen.de/cms/fbz/fb04/institute/geschichte/fachjournalistik)*.

Die Universität der Bundeswehr in München vermittelt im Bachelor-Studiengang Management und Medien Kompetenzen in Fernseh-, Hörfunk-, Print- und Online-Journalismus sowie in Betriebswirtschaftslehre und Kommunikationsmanagement und soll so für die Medienkommunikation der Bundeswehr sowie für PR/Öffentlichkeitsarbeit in der zivilen Wirtschaft vorbereiten *(www.unibw.de/bw/studium* und *www.treff.bundeswehr.de)*.

Der Bachelorstudiengang Sportjournalismus und Sportmanagement an der Medienakademie München, Hamburg und Berlin verbindet in Kooperation mit der Hochschule Mittweida journalistische Kenntnisse mit den Grundlagen des

Sportmanagements und der Betriebswirtschaftslehre. Die Studiengebühren betragen bei Einmalzahlung 24.000 Euro *(www.diemedienakademie.de)*.

Der Bachelorstudiengang Sportjournalismus und Sportmarketing an der staatlich anerkannten, privaten Fachhochschule des Mittelstands bildet in Hannover oder Köln sowohl für Berufe im Sportjournalismus als auch durch Module im Sportmarketing für die PR aus. Die Studiengebühr beträgt 625 Euro pro Monat *(www.fh-mittelstand.de/sportjournalismus/)*.

Der Bachelorstudiengang Kreatives Schreiben und Kulturjournalismus an der Universität Hildesheim vermittelt Kenntnisse im Bereich der Medien- und Kulturwissenschaft sowie im kulturjournalistischen Schreiben *(www.uni-hildesheim. de/fb2/kultur-studiengaenge/ba-kreatives-schreiben-und-kulturjournalismus/)*.

Der Bachelorstudiengang Sportjournalismus an der Deutschen Sporthochschule Köln bietet eine sowohl wissenschaftlich als auch praktisch fundierte Ausbildung für alle sportjournalistischen Berufsfelder *(www.dshs-koeln.de/studium/ studienangebot/bachelor-studiengaenge/ba-sportjournalismus/)*.

Wissenschaft – Medien – Kommunikation heißt ein neuer Bachelorstudiengang am Karlsruher Institut für Technologie (KIT), einer Universität des Landes Baden-Württemberg. Ziel ist nicht nur die Ausbildung von Wissenschaftsjournalisten, sondern für das Berufsfeld Wissenschaftskommunikation im Allgemeinen *(www.kit.edu)*.

10.6 Allgemeine Master-Studiengänge Journalistik

Im Master Journalistik an der Universität Dortmund lernen die Studierenden, wie praktische journalistische Angebote mit Hilfe wissenschaftlicher Forschung verbessert werden können und wie auf medienspezifische Innovationen qualifiziert reagiert werden kann. Wer den Bachelor nicht in Dortmund gemacht hat, muss zusätzlich ein zweijähriges Volontariat mitbringen *(www.journalistik-dortmund.de)*.

Im Master-Programm Journalistik mit dem Schwerpunkt Innovation und Management an der KU Eichstätt-Ingolstadt mit 20 Studienplätzen werden nicht nur Journalistik-Absolventen, sondern auch Bachelor-Absolventen anderer Medienstudiengänge – nach einem Eignungsverfahren – aufgenommen. Das Studium konzentriert sich auf den aktuellen Journalismus- und Medienwandel: Die Veränderung der Medienformate und Organisationsformen werden in Projekten erforscht und neue Konzepte zusammen mit Partnern aus Redaktionen und Medienunternehmen erarbeitet *(www.journalistik-eichstaett.de)*.

Der Master-Studiengang Journalistik und Kommunikationswissenschaft an der Universität Hamburg soll eine Brücke zwischen Theorie und Praxis schlagen. Im zweijährigen Studienprogramm stehen Seminare mit praktischen Übungen neben Seminaren zu Ergebnissen und Methoden der Kommunikationswissenschaft. Zugangsvoraussetzungen sind ein Abschluss in Journalistik, Kommunikations-, Publizistik- oder Medienwissenschaft, Kenntnisse in der empirischen Sozialforschung und ein achtwöchiges Praktikum *(http://www.wiso.uni-hamburg.de/professuren/ijk/)*.

In München hat ein Master-Studiengang den Diplomstudiengang Journalistik ersetzt, der nach 25 Jahren eingestellt wurde. Der neue Studiengang Journalismus führt in Zusammenarbeit mit der Deutschen Journalistenschule innerhalb von vier Semestern zum Master. Die Bewerber müssen an einem Auswahlverfahren an der Journalistenschule teilnehmen. Jährlich werden 30 Studenten aufgenommen *(www.ifkw.uni-muenchen.de* und *www.djs-online.de)*.

Der Master-Studiengang Journalismus an der Universität Mainz bildet in vier Semestern im Zeitungs-, Zeitschriften-, Radio-, Fernseh- und Online-Journalismus aus. Ergänzt wird die Ausbildung durch den Besuch von Seminaren und Übungen aus benachbarten einschlägigen Wissensgebieten. In den Semesterferien sind zwei journalistische Praktika von mindestens sechs Wochen zu absolvieren *(www.journalistik.uni-mainz.de)*.

An der Universität Leipzig verknüpft der sechssemestrige Master-Studiengang Journalistik wissenschaftliches Studium mit beruflicher Orientierung und praktischer Übung. Voraussetzung ist ein dreimonatiges redaktionelles Praktikum und das Bestehen eines Eignungstests. Das Studium dauert mindestens zwei Jahre und neun Monate: Nach der zweijährigen Regelstudienzeit absolvieren die Studierenden ein Volontariat von neun Monaten und erhalten dann den Master-Titel *(www.kmw.uni-leipzig.de)*.

Die „Leipzig School of Media" bietet vier berufsbegleitende Masterstudiengänge an, die sich an „Medienschaffende mit erster Berufs- oder Studienerfahrung in allen medialen Tätigkeitsfeldern" wenden: Corporate Media, Crossmedia Management, Mobile Marketing und New Media Journalism. Dieser Studiengang konzentriert sich auf multimediales Arbeiten im Journalismus und findet in Zusammenarbeit

10.6 Allgemeine Master-Studiengänge Journalistik

mit der Akademie für Publizistik, Hamburg, dem Kuratorium für Journalistenausbildung, Salzburg, und der Schweizer Journalistenschule MAZ, Luzern statt. Die Kosten liegen zwischen 3000 und 5500 Euro pro Semester *(www.leipzigschoolofmedia.de)*.

Der Master-Studiengang Multimedia & Autorschaft an der Universität Halle-Wittenberg qualifiziert für das Texten für neue Medien. In Kooperation mit der „Halleschen Europäischen Journalistenschule für Multimediale Autorschaft" und der Verlagsgruppe DuMont Schauberg sollen insbesondere Online-Journalisten ausgebildet werden *(www.mmautor.net)*.

Der Master-Studiengang Journalism, Media & Globalisation wird in Kooperation zwischen einer dänischen, einer niederländischen und zwei britischen Hochschulen sowie der Universität Hamburg angeboten. Für das Aufnahmeverfahren ist die Dänische Journalistenschule in Aarhus zuständig. Voraussetzungen sind ein erster Studienabschluss, sehr gute Englischkenntnisse und drei Monate journalistische Berufserfahrung. Das erste Jahr wird in Dänemark verbracht; das zweite entweder in Großbritannien, den Niederlanden oder in Hamburg. Die Studiengebühr beträgt für das zweijährige Gesamtprogramm 9000 Euro *(www.mundusjournalism.com)*.

Den Masterstudiengang Deutsch-Französische Journalistik bietet das Frankreich-Zentrum der Albert-Ludwigs-Universität Freiburg an. Verliehen wird der Doppelabschluss als „Master of Arts (M.A.)" in Kooperation mit dem CUEJ (Centre d'enseignement du journalisme) an der Université Robert Schuman, Strasbourg. Der Masterstudiengang richtet sich an deutschsprachige Bachelor-Absolventen aller Disziplinen – insbesondere an Bewerber, die bereits erste journalistische Erfahrungen erworben haben und eine berufliche Tätigkeit im Bereich der Medien in Deutschland oder Frankreich anstreben *(www.fz.uni-freiburg.de/studium/dfj)*.

An der Hochschule Hannover gibt es das *Master-Programm* Fernsehjournalismus. Studienvoraussetzungen sind ein Bachelor für einen Medienberuf und mindestens vier Monate praktische Erfahrung im Fernsehen. Die Hochschule arbeitet mit Sendern wie zum Beispiel RTL, SAT 1, BR oder NDR zusammen *(www.fakultaet3.fh-hannover.de)*.

Seit 2012 bietet die Hochschule Darmstadt den **Masterstudiengang Medienentwicklung** an. Ein viersemestriges Programm qualifiziert für Beratungs- und Führungspositionen in den Medien sowie für Tätigkeiten in der Medienforschung und Medienentwicklung (Journalismus und PR) *(journalismus.h-da.de)*.

Der Masterstudiengang Konvergenter Journalismus an der Hochschule für Medien, Kommunikation und Wirtschaft in Berlin und Köln fokussiert die Konvergenz zwischen Print, Rundfunk und Online und vermittelt crossmediales Handwerk. Voraussetzung ist ein grundständiges geisteswissenschaftliches Studium. Die Studiengebühren betragen 670 Euro monatlich *(www.hmkw.de/studium/ master-studium/ma-konvergenter-journalismus/)*.

Der Masterstudiengang Digital Journalism an der Media School Hamburg leistet eine journalistische Ausbildung für den „digitalisierten Medienmarkt". Zusätzlich zu handwerklichen Kompetenzen werden auch Führungs- und Managementkompetenz vermittelt. Voraussetzungen sind ein grundständiger Hochschulabschluss sowie journalistische Berufserfahrung. Die Studiengebühren betragen 21.500 Euro *(www.hamburgmediaschool.com/studium/digital-journalism-emaj)*.

Der berufsbegleitende Masterstudiengang Journalismus und Medienwirtschaft an der Fachhochschule Kiel ergänzt ein Volontariat mit medienwissenschaftlichen Kernkompetenzen. Um eine bestmögliche Verbindung zur Berufstätigkeit zu ermöglichen, sind sowohl Online- als auch Präsenzmodule in den Lehrplan integriert *(www.fh-kiel.de/index.php?id=7567)*.

Im Studiengang Medienwissenschaft: Film und Fernsehen an der Universität Kiel werden medienwissenschaftliche Fachkenntnisse durch eine praktische Ausbildung ergänzt. Spezialisiert ist der Studiengang auf die Bereiche Film und Fernsehen. Zusätzlich wird ein Zweitfach gewählt. Voraussetzung ist ein Bachelorabschluss in Medienwissenschaft oder einem verwandten Studiengang *(www.studium.uni-kiel.de/de/ studienangebot/studienfaecher/medienwissenschaft-film-und-fernsehen-ma-2-fach)*.

An der Universität Tübingen bietet der Master-Studiengang Medienwissenschaft eine zweijährige medienwissenschaftliche und medienpraktische Ausbildung in den Bereichen Film/Fernsehen, Hörfunk sowie Print- und Onlinemedien *(www.medienwissenschaft.uni-tuebingen.de)*.

An der Universität Passau verbindet der Master-Studiengang Medien und Kommunikation die empirisch-sozialwissenschaftliche Kommunikationswissenschaft mit medienpädagogischen und medienphilologischen Inhalten. Dazu gibt es – ähnlich wie im Bachelor-Studiengang – ein Angebot an Übungen zur journalistischen Praxis und zur Medienproduktion *(www.uni-passau.de/master-medien/)*.

Der berufsbegleitende Master Cross Media an der Hochschule Magdeburg-Stendal will durch Cross Media-Projekte und Managementseminare auf Führungspositionen in Medienunternehmen vorbereiten. 80 Prozent des Studiengangs werden hierbei online absolviert, pro Halbjahr gibt es drei Präsenzen auf dem Magdeburger Campus. Die Studiengebühren betragen 2500 Euro pro Semester *(www.ma-crossmedia.de/)*.

10.7 Spezialisierte Master-Studiengänge Journalistik

Im Master Wissenschaftsjournalismus an der Universität Dortmund wird der Schwerpunkt auf die forschungstheoretische Betrachtung von Wissenschaftsjournalismus gelegt und auf Führungspositionen im Journalismus vorbereitet *(www.wissenschaftsjournalismus.org/master-studium.html)*.

Der Master Musikjournalismus an der Universität Dortmund vertieft grundlegende Kenntnisse zum Musikjournalismus durch praktische Projekte und forschungstheoretische Seminare. Voraussetzung ist ein Bachelorabschluss im Studiengang Musikjournalismus in Dortmund oder einem vergleichbaren Studiengang *(www.musikjournalismus.tu-dortmund.de/musikjournalismus/)*.

Der Masterstudiengang Economics & Journalism an der Universität Dortmund verbindet eine praktische Journalistenausbildung mit einer volkswirtschaftlichen Ausbildung in Kooperation mit der Ruhr-Universität Bochum *(journalistik.tu-dortmund.de/studium/studienangebot/wirtschaftspolitischer-journalismus/master/)*.

Der Master-Studiengang Sozial- und Gesundheitsjournalismus an der Hochschule Magedeburg Stendal setzt einen Bachelor-Abschluss in Journalistik, Publizistik oder Sozialwissenschaft inkl. journalistischer Praxis voraus. Neben Journalistik-Dozenten unterrichten auch Professoren aus den Bereichen Soziale Arbeit und Gesundheitswesen *(www.hs-magdeburg.de)*.

Einen Masterstudiengang Fachjournalismus und Unternehmenskommunikation mit den Schwerpunkten Wirtschaft und Technik gibt es an der Hochschule Würzburg-Schweinfurt. Ziel der Ausbildung ist es, kommunikative Fachkompetenz (Journalismus und PR) mit fachlicher Expertise aus Technik und Wirtschaft zu verschränken *(fang.fhws.de/studium/master_fachjournalismus_und_unternehmenskommunikation.html)*.

Der Weiterbildungsstudiengang Kulturjournalismus an der Universität der Künste in Berlin dauert zwei Jahre und schließt mit dem Master ab. Pro Jahr werden 25 Studierende zugelassen. Die Studiengebühr beträgt 500 Euro pro Monat. Die Studieninhalte konzentrieren sich auf das journalistische Handwerkszeug, journalistische Praktika und Hospitanzen bei künstlerischen Projekten *(www.udk-berlin.de)*.

Der Masterstudiengang Management und Medien an der Universität der Bundeswehr schließt an den dort angebotenen Bachelorstudiengang an und führt in einem Jahr zum Masterabschluss. Im Masterprogramm wird vor allem ein forschungstheoretischer Schwerpunkt gelegt *(www.unibw.de/bw/studium)*.

Der Ergänzungsstudiengang Theater-, Film- und Fernsehkritik an der Bayerischen Theaterakademie August Everding in München dauert zwei Jahre; er wird von dem Feuilletonredakteur C. Bernd Sucher („Süddeutsche Zeitung") geleitet und in Kooperation mit der Hochschule für Fernsehen und Film, der LMU München sowie der Hochschule für Musik und Theater angeboten. Voraussetzung ist eine schriftliche und mündliche Aufnahmeprüfung; pro Jahr werden nur fünf bis sieben Studierende aufgenommen. Das Studium wird mit einem „bewerteten Zertifikat" abgeschlossen *(www.theaterakademie.de)*.

Der Masterstudiengang Musikjournalismus im öffentlich-rechtlichen und privaten Rundfunk an der Musikhochschule München bereitet durch einen hohen Praxisbezug sowie musikjournalistische Projekte auf Tätigkeiten bei öffentlich-rechtlichen und privaten Medienunternehmen vor *(website.musikhochschule-muenchen.de/de/index.php?option=com_content&task=view&id=859&Itemid=729)*.

Der Masterstudiengang Wissenschaft – Medien – Kommunikation am Karlsruher Institut für Technologie (KIT), einer Universität des Landes Baden-Württemberg, bildet nicht nur Wissenschaftsjournalisten aus, sondern qualifiziert für das Berufsfeld Wissenschaftskommunikation im Allgemeinen *(www.kit.edu)*.

An der Universität Erlangen-Nürnberg wird der Master-Studiengang „Medien – Ethik – Religion" angeboten. Neben kommunikationswissenschaftlichen Grundlagen und journalistischer Praxis werden auch medienethische und religiöse Inhalte gelehrt *(www.medien-ethik-religion.de)*.

10.8 Studium der Publizistik- und Kommunikationswissenschaft

Das Studium der Publizistik- und Kommunikationswissenschaft bereitet in unterschiedlicher Breite und mit unterschiedlicher Gewichtung auf folgende Tätigkeitsgebiete vor:

- *Kommunikationswissenschaft*, d. h. professionelle kommunikationswissenschaftliche Forschung und/oder Lehre
- *Kommunikationsmanagement und -politik, Öffentlichkeitsarbeit und Werbung* bei Behörden, Verbänden und Unternehmen
- *Kommunikationslehre* (z. B. Medienpädagogik und Mediendidaktik). Die Bedeutung dieses Fachs in den Bildungseinrichtungen steigt.
- *Journalismus*, d. h. Tätigkeiten in den Redaktionen der Massenmedien.

Der Anteil der Journalistik (als Studienangebot für künftige Journalisten) ist von Ort zu Ort recht verschieden. Allgemein lässt sich feststellen, dass die Publizistik-Institute von Aufgabe und Möglichkeiten her nicht *Aus*bildung, wohl aber „*Vor*bildung für den Journalistenberuf" leisten. Viele Universitäten achten im Zuge des verschärften Wettbewerbs darauf, sich gegenüber den Fachhochschulen durch stärker forschende – und weniger berufspraktische – Orientierung zu profilieren.

An den meisten Instituten ist die Vermittlung von Praxis fast ausschließlich Sache der Lehrbeauftragten aus Presse, Rundfunk, Film und Öffentlichkeitsarbeit.

Aachen: Institut für Sprach- und Kommunikationswissenschaft *(www.isk.rwth-aachen.de/)*
Augsburg: Bachelor- und Masterprogramm „Medien und Kommunikation" der Universität *(www.imwk.uni-augsburg.de/)*
Bamberg: Bachelor- und Masterprogramm Kommunikationswissenschaft an der Universität *(www.uni-bamberg.de/kowi/)*
Bayreuth: Medienwissenschaft und Medienpraxis *(www.uni-bayreuth.de/de/studium/bachelorstudium/medienwissenschaft_medienpraxis/index.html)*
Berlin: Institut für Publizistik und Kommunikationswissenschaft der Freien Universität *(www.kommwiss.fu-berlin.de)*
Berlin: Fachgebiet Kommunikationswissenschaft an der Technischen Universität *(www.kw.tu-berlin.de)*
Bochum: Institut für Medienwissenschaft der Universität *(www.ruhr-uni-bochum.de/ifm)*

Bonn: Institut für Sprach-, Medien- und Musikwissenschaft der Universität *(www.ismm.uni-bonn.de)*
Braunschweig: Abteilung Medienwissenschaften der Technischen Universität *(www.tu-braunschweig.de/medienwissenschaften)*
Braunschweig: BA/MA Medienwissenschaft an der Hochschule der Bildenden Künste *(www.hbk-bs.de/studiengaenge/medienwissenschaften/)*
Bremen: vier Medienstudiengänge an der Universität *(www.medien.uni-bremen.de)*
Bremen: Mass Communication an der privaten Jacobs University *(www.jacobs-university.de)*
Chemnitz: Institut für Medienforschung an der Technischen Universität Chemnitz *(www.tu-chemnitz.de/phil/imf/)*
Dresden: Institut für Kommunikationswissenschaft der Technischen Universität *(tu-dresden.de/gsw/phil/ifk)*
Duisburg: Bachelorstudiengang Angewandte Kognitions- und Medienwissenschaft sowie Masterstudiengang Literatur und Medienpraxis an der Universität *(www.uni-due.de)*
Düsseldorf: Fachgebiet Kommunikations- und Medienwissenschaft am Sozialwissenschaftlichen Institut der Heinrich-Heine-Universität *(www.phil-fak.uni-duesseldorf.de/kommunikations-und-medienwissenschaft)*
Erfurt: Seminar für Medien- und Kommunikationswissenschaft an der Universität *(www.uni-erfurt.de/kommunikationswissenschaft/)*
Erlangen: Institut für Theater- und Medienwissenschaft an der Friedrich-Alexander Universität Erlangen-Nürnberg *(www.theater-medien.de/)*
Frankfurt: Institut für Theater-, Film- und Medienwissenschaft an der Goethe Universität *(www.uni-frankfurt.de/52354746/tfm)*
Freiburg: Fachbereich Medien- und Kommunikationswissenschaft der Universität *(www.unifr.ch/mukw/mukw07)*
Greifswald: Institut für Politik- und Kommunikationswissenschaft an der Ernst-Moritz-Arndt-Universität *(www.phil.uni-greifswald.de/index.php?id=ipk)*
Halle-Wittenberg: Institut für Medien- und Kommunikationswissenschaften an der Martin-Luther-Universität *(www.medienkomm.uni-halle.de)*
Hamburg: Medien- und kommunikationswissenschaftliche Studiengänge an der Universität *(www.slm.uni-hamburg.de)*
Hannover: Institut für Journalistik und Kommunikationsforschung an der Hochschule für Musik und Theater *(www.ijk.hmtm-hannover.de/)*
Hohenheim-Stuttgart: Kommunikationswissenschaft an der Universität Hohenheim *(kowi.uni-hohenheim.de)*

10.8 Studium der Publizistik- und Kommunikationswissenschaft

Ilmenau: Institut für Medien- und Kommunikationswissenschaft an der Technischen Universität *(www.tu-ilmenau.de/ifmk)*

Jena: Bereich Medienwissenschaft an der Friedrich-Schiller-Universität *(www.ifkw.uni-jena.de/)*

Köln: Institut für Theater-, Film- und Fernsehwissenschaft der Universität *(www.mekuwi.phil-fak.uni-koeln.de)*

Leipzig: Institut für Kommunikations- und Medienwissenschaft der Universität *(www.kmw.uni-leipzig.de)*

Mainz: Institut für Publizistik der Johannes Gutenberg-Universität *(www.ifp.uni-mainz.de)*

Mannheim: Seminar für Medien- und Kommunikationswissenschaft der Universität *(mkw.uni-mannheim.de/)*

Marburg: Institut für Medienwissenschaft an der Philipps-Universität *(www.uni-marburg.de/fb09/medienwissenschaft)*

Merseburg: Fachbereich Soziale Arbeit. Medien. Kultur. An der Hochschule Merseburg *(www.hs-merseburg.de/smk/studiengaenge/angewandte-medien-und-kulturwissenschaft-ma/)*

München: Institut für Kommunikationswissenschaft und Medienforschung der Ludwig-Maximilians-Universität *(www.ifkw.lmu.de)*

Münster: Institut für Kommunikationswissenschaft der Westfälischen Wilhelms-Universität *(ifk.uni-muenster.de)*

Nürnberg: Lehrstuhl für Kommunikationswissenschaft der Friedrich-Alexander-Universität Erlangen-Nürnberg *(www.kowi.wiso.uni-erlangen.de)*

Paderborn: Institut für Medienwissenschaften an der Universität Paderborn *(kw1.uni-paderborn.de/institute-einrichtungen/mewi/)*

Potsdam: Bachelor und Master in Europäischer Medienwissenschaft an der Fachhochschule Potsdam *(emw.fh potsdam.de/studium_allg_studiengang.php?PHPSESSID=6bd3emss9vi9bve5bb6lg88sl3)*

Regensburg: Lehrstuhl für Medienwissenschaft an der Universität Regensburg *(www.uni-regensburg.de/sprache-literatur-kultur/medienwissenschaft/)*

Rostock: Institut für Medienwissenschaft an der Universität Rostock *(www.imf.uni-rostock.de/studium/bachelor)*

Siegen: Medienwissenschaft an der Universität *(www.uni-siegen.de/fb3/medienwissenschaft)*

Weimar: Fakultät Medien der Bauhaus-Universität *(www.uni-weimar.de/de/universitaet/profil/fakultaeten/fakultaet-medien)*

Medien- und kommunikationswissenschaftliche und medienkundliche Themen werden an weiteren Hochschulen im Rahmen anderer Fächer (z. B. Erziehungswissenschaft oder Germanistik) behandelt.

Zudem findet sich an Fachhochschulen und Universitäten inzwischen eine Vielzahl von praktisch orientierten Studiengängen, die für andere Berufsfelder im Bereich der Medien und der Kommunikation ausbilden (vor allem Public Relations, aber auch Werbung).

Weiterführende Literatur
Heinz Pürer, Publizistik- und Kommunikationswissenschaft. Ein Handbuch (Konstanz: UVK, 2. Aufl. 2014).
Klaus Beck, Kommunikationswissenschaft (Konstanz: UVK, 3. Aufl. 2013).

Weiterführende Webseiten
www.medienstudienfuehrer.de
www.dgpuk.de

10.9 Film- und Fernsehakademien

Die meisten Film- und Fernsehakademien bilden nicht speziell für Fernseh-Journalismus aus, sondern für Medienkunst (z. B. Spielfilm). Wir stellen drei Hochschulen vor, die sich zumindest *auch* mit Fernseh-Journalismus befassen, dazu die beiden praxisorientierten Akademien in Leipzig und München.

Die Hochschule für Fernsehen und Film (HFF) in München bietet ein Vollstudium, an dessen erfolgreichem Ende ein Diplom erteilt wird. Die *Abteilung Dokumentarfilm und Fernsehpublizistik* bildet Filmemacher, Redakteure, Regisseure und Autoren aus. Das Grundstudium ist vor allem dem Handwerk des Filmemachers und Fernsehpublizisten gewidmet, während sich das Hauptstudium mit einzelnen Film- und Programmformen beschäftigt. Das Studium wird nach mehreren Übungsfilmen – zum Teil in Gruppen – mit der individuellen Abschlussarbeit, zumeist einer Filmproduktion von professionellem Anspruch, beendet.

Bewerber müssen, von wenigen Ausnahmen abgesehen, die allgemeine Hochschulreife haben. Für die Vorauswahl sind Prüfungsaufgaben zu erledigen (z. B. Recherchen, Fotogeschichten, Analysen von Film- und Fernsehproduktionen). Wer in die engere Wahl kommt, hat eine praktische Prüfung (selbstständige Anfertigung eines Treatments o. ä.) und eine mündliche Prüfung zu absolvieren. Zulassungszahl pro Jahr zwölf bis 15 Studenten *(www.hff-muc.de)*.

10.9 Film- und Fernsehakademien

Die Filmuniversität Babelsberg KONRAD WOLF in Potsdam-Babelsberg, auch bekannt als Hochschule für Film und Fernsehen „Konrad Wolf" (HFF), hat als einen von 22 Studiengängen *Film- und Fernsehproduktion* im Programm. Hier werden die Studierenden „künstlerisch-praktisch und wissenschaftlich-theoretisch für die wichtigsten Berufsgruppen im Produktions- und Managementbereich der audiovisuellen Medien ausgebildet". Ein anderer Studiengang heißt Drehbuch/Dramaturgie und tangiert praktischen Journalismus zwar, es wird jedoch nicht gezielt für journalistisches Arbeiten ausgebildet: Im Mittelpunkt steht die Vorbereitung auf Tätigkeiten als Drehbuchautor, Dramaturg oder Redakteur.

Die Regelstudienzeit beträgt 6 Semester *(www.filmuniversitaet.de/)*.

Die Filmakademie Baden-Württemberg in Ludwigsburg bei Stuttgart bietet *Fernsehjournalismus* sowohl als zweijähriges Projektstudium (Quereinstieg) wie auch als vierjähriges Vollstudium, bestehend aus Grund- und Projektstudium an. Gelehrt werden Grundlagen für die Produktion von TV-Beiträgen – wie Bildgestaltung, Tontechnik, Schnitt, Recherche, Dramaturgie, Interviewführung und Texten. Damit verknüpft ist „die vergleichende Analyse der journalistischen Formate im deutschen Fernsehen sowie die Vermittlung von Kenntnissen aus zukunftsweisenden Bereichen wie Transmedia" *(www.filmakademie.de)*.

Die Fernseh Akademie Mitteldeutschland e. V. (FAM) in Leipzig bildet gemeinsam mit der Hochschule für Technik, Wirtschaft und Kultur Leipzig (HTWK) in den siebensemestrigen Bachelor-Studiengängen Fernsehkamera, Fernsehjournalismus und Fernsehmanagement aus. Das duale Studium findet zum Teil bei einem Unternehmen bzw. einer Institution im TV- oder A/V – Bereich statt. Es ist nicht gebührenpflichtig und endet mit dem Abschluss „Bachelor of Arts" *(www.fernseh-akademie.de/)*.

In Kooperation mit der Hochschule Mittweida bieten einige private Akademien einen sechssemestrigen *Bachelor-Studiengang Film und Fernsehen* an. Die ersten vier Semester finden bei den jeweiligen Akademien statt. Für diesen Teil des Studiums sind Gebühren zu zahlen. Zum 5. Semester werden die Studierenden an die Hochschule Mittweida immatrikuliert, an der sie ihr Studium abschließen *(www.me.hs-mittweida.de)*.

Die Bayerische Akademie für Fernsehen (BAF) in München versteht sich als Berufsakademie und bietet ein praxisnahes zehnmonatiges Vollzeitstudium

Fernsehjournalismus. Das Studium soll ein Fundament geben, auf dem man als Jungredakteur, Volontär oder Videojournalist mit Kamera- und Schnittkenntnissen in den Beruf einsteigen kann. Es kostet 690 Euro pro Monat *(www.fernsehakademie.de)*.

Ähnliche Ausbildungsmöglichkeiten für Film und Fernsehen bieten inzwischen einige Hochschulen, die im weitesten Sinne auf dem Gebiet der (digitalen) Mediengestaltung lehren. Teilweise werden vergleichbare Inhalte auch in Studiengängen wie *Medientechnik* vermittelt. Hier sollte man die nicht nur die Studiengangsflyer, sondern auch die Modulbeschreibungen in den Studienordnungen ansehen. Weitere Angebote gibt es an der Hochschule der Medien in Stuttgart – zum Beispiel *Audiovisuelle Medien (www.hdm-stuttgart.de)*.

Das Volontariat 11

> **Zusammenfassung**
>
> Das tarifvertraglich geregelte Volontariat ist bei Zeitungen oder Zeitschriftenredaktionen ein hilfreicher Weg in den Beruf. Andere Arten des Volontariats sind nicht so gut geregelt. Hier ist um so mehr Verhandlungsgeschick gefragt.

> **Schlüsselwörter**
>
> Volontariat · Zeitung · Zeitschrift · Rundfunk · Hospitanz · Praktikum · Agentur · Volontärskurs

Noch gehört das Volontariat bei einer Redaktion zu den wichtigsten Ausbildungswegen in den Journalismus. Inzwischen haben jedoch fast alle (96 Prozent), die ein Volontariat absolvieren, zuvor studiert, gut 90 Prozent haben das Studium auch abgeschlossen. Das ergab eine Studie, die im September 2016 bei einer Tagung von Journalistenausbildern in Bonn vorgestellt wurde. Dazu waren 390 Teilnehmerinnen und Teilnehmer aus Volontärskursen in ganz Deutschland im ersten Halbjahr 2016 befragt worden.[1]

Mehr als 40 Prozent der Volontäre haben Geisteswissenschaften studiert, knapp 37 Prozent ein Studium mit Medienbezug absolviert. Viele (60 Prozent) hatten bereits vor dem Volontariat Berufserfahrung als freie Journalisten vorzuweisen, 35 Prozent brachten solche Erfahrungen nicht mit.

---

[1] Pressemitteilung des Deutschen Journalistenverbands vom 15. September 2016, abgerufen am 23. September 2016, http://www.pressemeldungen.com/2016/09/15/iq-ausbildungsforum-in-bonn-volontariat-im-mittelpunkt-489768/.

© Springer Fachmedien Wiesbaden GmbH 2017
G. Hooffacker, K. Meier, *La Roches Einführung in den praktischen Journalismus*,
Journalistische Praxis, DOI 10.1007/978-3-658-16658-8_11

Insgesamt nimmt die Zahl derjenigen, die ein Volontariat oder ein Praktikum absolvieren, kontinuierlich zu. Dabei verliert das klassische Volontariat bei der Tageszeitung etwas an Bedeutung.

Weiterführende Literatur
Deutsche Journalistinnen- und Journalisten-Union (Hrsg.), Der Volo-Ratgeber (Berlin, 2010).

11.1 Volontariat bei Zeitung und Zeitschrift

Grundlage des Volontariats ist ein *Tarifvertrag* über das Redaktionsvolontariat an Tageszeitungen. In zähen Verhandlungen, begleitet von Streiks, haben der Deutsche Journalisten-Verband (DJV) und die Deutsche Journalisten-Union (dju) 1990 erreicht, dass die Volontäre jetzt einen tarifvertraglich gesicherten *Anspruch* auf Ausbildung haben. Dieser Anspruch richtet sich an alle Mitgliedsverlage des Bundesverbandes Deutscher Zeitungsverleger.

Was im Folgenden über das Volontariat gesagt wird, orientiert sich an den Bestimmungen dieses Tarifvertrags (zum Download angeboten von DJV und dju) *(www.djv.de, dju.verdi.de)*.

Voraussetzungen beim Volontär: Eine Mindest-Vorbildung wird nicht gefordert. Die meisten Verlage erwarten jedoch heute den Studienabschluss als Voraussetzung für ein Volontariat. Wegen dieses Trends liegt das *Alter* solcher Volontäre zunehmend über 22 Jahren. Die Redaktionen stellen meist lieber einen Volontär mit *Studienabschluss* ein als einen Abiturienten, der dann nicht in der Redaktion bleibt, weil er erst noch studieren will.

Das Volontariat dauert zwei Jahre, es darf nicht verlängert werden. Das Volontariat kann auf bis zu 15 Monate verkürzt werden, „wenn aufgrund journalistischer Vorkenntnisse gewährleistet ist, dass der Umfang der Ausbildung in kürzerer Zeit vermittelt werden kann". Auch durch Übernahme in das Redakteursverhältnis kann der Verlag das Volontariat verkürzen.

Die Probezeit beträgt 3 Monate.

Das Tarif-Gehalt des Volontärs ist im Gehaltstarifvertrag für Redakteure an Tageszeitungen festgelegt. 2015 betrug es für den Volontär im ersten Ausbildungsjahr 1853 Euro, im zweiten Ausbildungsjahr 2149 Euro. Dazu kommen Weihnachtsgeld und Urlaubsgeld.

Der *Manteltarifvertrag* für Redakteure an Tageszeitungen gilt weitgehend auch für Volontäre (z. B. Urlaub/Freistellung, Urheberrecht).

Bestandteile der Ausbildung: Neben der *praktischen Ausbildung* gibt es *betriebliche* und *überbetriebliche* Bildungsabschnitte (vgl. den Beitrag „Kurse für Volontäre und Berufseinsteiger").

Die praktische Ausbildung nimmt den größten Zeitraum ein. Sie erstreckt sich auf mindestens drei *Ressorts:* Lokales, Politik (Nachrichten) und ein drittes Ressort (z. B. Wirtschaft, Kultur oder Sport). Bei einer Zeitung ohne Lokalressort „tritt ein anderes Ressort an dessen Stelle".

Kleinere Verlage, die nicht über drei der genannten Ressorts verfügen, müssen sicherstellen, dass der Volontär „in einer Gemeinschaftsredaktion, in anderen Verlagen oder durch Teilnahme an sonstigen Bildungsmaßnahmen für das oder die weiteren Ressorts unterwiesen wird".

Betriebliche Bildungsabschnitte: Der Volontär erhält eine „systematische *Einführung*" in die „betrieblichen Bereiche und den jeweiligen Produktionsablauf". Zu dieser Einführung gehören auch eine „allgemeine Einweisung in die journalistische Tätigkeit" sowie „Informationen über grundsätzliche Fragen des Berufs". Die Einführung dauert „in der Regel zwei Wochen", mindestens aber eine Woche.

Während des Volontariats kommen die Volontäre „zur systematischen Vermittlung fachspezifischer Kenntnisse und zur Vertiefung der in der praktischen Ausbildung erworbenen Kenntnisse" mit dem *Ausbildungsredakteur* zusammen, – „regelmäßig, mindestens aber einmal monatlich".

Was gelehrt und gelernt werden soll: Der Tarifvertrag nennt als *Ausbildungsziel*, „den Volontär/die Volontärin zu befähigen, an der Erfüllung der Funktion einer freien Presse mitzuwirken". Stoff sind die *„journalistischen Tätigkeiten"* (Recherchieren, Schreiben, Redigieren, Auswählen und Bewerten)" sowie die *„Darstellungsformen* (Nachricht, Bericht, Interview, Reportage, Bild, Feature, Glosse und Kommentar)". Hinzu kommen *Layout- und Umbruchtechnik*, die „Arbeit mit einem ggf. vorhandenen *Redaktionssystem*" und „die Einführung in die Arbeitsweise der *übrigen Bereiche* des Verlags einschließlich der technischen Herstellung der Zeitung".

Außerdem: Aufgaben und Arbeitsweisen der Medien, Pressegesetze und einschlägige Grundzüge des Verfassungsrechts, des Urheber- und Verlagsrechts.

Ausbildungsbeauftragter/Ausbildungsredakteur: In jedem Ressort wird ein *Ausbildungsbeauftragter* benannt.
Der Volontär hat außerdem Anspruch „auf Anleitung und Beratung" durch einen (zentral zuständigen) *Ausbildungsredakteur*, der „die Ausbildung fördert und überwacht". Der Ausbildungsredakteur wird hierfür im erforderlichen Umfang „von anderweitiger Arbeitspflicht freigestellt".

Wieviele *Redakteure* vorhanden sein müssen, damit der Volontär „eine ordnungsgemäße Ausbildung nach diesem Tarifvertrag" erhält, ist ebenfalls im Tarifvertrag geregelt. Die von den Tarifpartnern ausgehandelte Verhältniszahl lautet 3:1, also bei drei Redakteuren höchstens ein Volontär. Werden mehr als vier Volontäre ausgebildet, muss das Verhältnis mindestens 4:1 betragen.

Der Volontär als Aushilfe: *Vorübergehend* darf der Volontär *kurzfristig* einen Redakteur vertreten – „nach ausreichender Einarbeitung, sofern die fachliche Anleitung und Beratung" des Volontärs sichergestellt ist. Grundsätzlich aber ist eine Vertretung von Redakteuren durch Volontäre „unzulässig und darf vom Verlag nicht angeordnet werden".

Dem Volontär darf die *presserechtliche Verantwortung* nicht übertragen werden. Der Verlag ist verpflichtet, den Volontär „von jeglicher presserechtlicher *Haftung* freizustellen".

Übernahme als Redakteur. Der Verlag ist verpflichtet, dem Volontär spätestens drei Monate vor Ausbildungsende schriftlich mitzuteilen, ob er übernommen wird. Bei einer Übernahme hat er „mit der Mitteilung einen Anstellungsvertrag ... anzubieten". Diese anschließende Festanstellung „ist heute nicht mehr die Regel", berichtet Gabriele Bartelt-Kircher, die Leiterin der Journalistenschule Ruhr, „so dass mehrmediale Praktika und Kenntnisse des Online-Journalismus für eventuelle Agentur-Gründungen immer wichtiger werden".

Wie man sich um ein Volontariat bemüht. Die Zahl der Volontariatsstellen geht zurück, es stehen jedoch genügend Bewerber vor der Tür. Was sollte man mitbringen? Arbeitsproben und journalistische Praxis, *Führerschein, PC-* und *Fotokenntnisse* werden von der Redaktion erwartet. Ein Praktikum in einer Redaktion, das man vielleicht schon während der Schulzeit gemacht hat, bringt wertvolle Erfahrungen und erhöht die Chancen auf ein Volontariat.

Natürlich liest man die Stellenangebote (z. B. in den journalistischen Fachzeitschriften), gibt vielleicht selbst eine Anzeige auf, und natürlich bewirbt man

11.1 Volontariat bei Zeitung und Zeitschrift

sich *nicht nur bei einer* Zeitung. Dieses An-viele-Redaktionen-schreiben ist mit ein Grund dafür, dass sich Bewerbungen bei den Verlagen zu beängstigend hohen Zahlen summieren.

Unter mehreren gleich guten Bewerbern hat allerdings der *ortsnähere* die größeren Chancen, weil er Land und Leute kennt, und ihm das vor allem in der Lokalredaktion die Arbeit sehr erleichtert. Besonders chancenreich sind, wie gesagt, Bewerber, die sich der Redaktion bereits durch eigene Mitarbeit bekannt gemacht haben.

Manche Verlage haben eine Aufnahmeprüfung, die denen der Journalistenschulen in Aufwand und Anspruch recht ähnlich ist. Andere Redaktionen lassen zumindest eine *Probearbeit* schreiben, wieder anderen genügt ein *Vorstellungsgespräch*. „In manchen Regionen", berichtet der DJV, „sind Verlage dazu übergegangen, vor dem Abschluss eines Anstellungsvertrages den Interessenten als freien Mitarbeiter zu testen."

Auch bei Zeitschriften gibt es Volontariate; damit kommen sie in der Stellenzahl gleich nach den Zeitungen. Der *Tarifvertrag* über das Zeitschriften-Volontariat gilt für alle Verlage, die Mitglied des Verbands Deutscher Zeitschriftenverleger sind *(www.vdz.de)*. Er regelt auch das Gehalt, das dem Volontär mindestens bezahlt werden muss.

Neben der Ausbildung in den spezifischen Zeitschriftenstationen sind vier Wochen externe Schulung an anerkannten journalistischen Bildungseinrichtungen und zwei weitere Wochen für fachliche Unterweisung vorgeschrieben.

Kritik am Volontariat: In der bereits oben erwähnten Studie von 2016 gaben 45 Prozent der Befragten an, dass sie nicht nach Tarifniveau bezahlt werden, sondern deutlich weniger Gehalt bekommen. Weniger als die Hälfte, 46,1 Prozent, wurden gemäß Tarif bezahlt, knapp fünf Prozent erhielten ein Gehalt über Tarif. Die Volontäre wünschen sich eine kürzere Dauer des Volontariats, da sie meist genauso eingesetzt würden wie Redakteure, die Arbeitgeber wünschen sich eine längere Dauer. Kritisiert haben die Volontärinnen und Volontäre vor allem die Arbeitsbedingungen und die Gehälter, aber auch mangelnde Systematik des Ausbildungsgangs. Sie wünschen sich mehr Feedback zu ihrer Arbeit und mehr überbetriebliche Schulungen und externe Praktika.

Nachschlagewerke: Einen Überblick über die in Deutschland erscheinenden Zeitungen und Zeitschriften findet man online bei Journalismus-Katalogen wie *www.journalismus.com* oder *www.journalistenlinks.de*.

11.2 Volontariat bei Funk und Fernsehen

Bei ARD und ZDF kann nach dem „Rahmenkonzept für die interne Ausbildung" Volontär nur werden, wer alternativ eine der folgenden drei *Voraussetzungen* erfüllt:

- abgeschlossenes Hochschulstudium
- abgeschlossenes Studium an einer Fachhochschule oder einem Fachinstitut
- einschlägige mehrjährige Tätigkeit bei Zeitungen, Rundfunk, Presse, Nachrichten- oder Fernsehagenturen, Verlagen, Bühnen oder in vergleichbaren Berufen.

ARD und ZDF bieten insgesamt rund 200 Volontärsplätze an. Das Volontariat dauert in der Regel 18 Monate. Die besten Chancen haben Akademiker mit möglichst viel journalistischer Praxis.

Jede Rundfunkanstalt hat einen *Ausbildungsbeauftragten*, an den man sich mit seinen Fragen wenden kann. Adresse und Redaktionsstruktur (Hörfunk und Fernsehen) jeder ARD-Anstalt und des ZDF finden sich im Internet *(www.ard.de; www.zdf.de).*

Der Rundfunk Berlin-Brandenburg (RBB), der selbst keine Volontäre ausbildet, hat als attraktiven Ersatz zusammen mit der Medienanstalt Berlin-Brandenburg (MABB) und dem Technik-Unternehmen Media Consult International (MCI) die *ems – Electronic Media School*/Schule für elektronische Medien gegründet, also für Hörfunk, Fernsehen und Internet. Die kostenlose Ausbildung dauert 18 Monate, die Ausbildungsvergütung beträgt 720 bis 850 Euro. 16 Bewerber werden jeweils aufgenommen *(www.ems-babelsberg.de).*

Der private Rundfunk bildet nach Schätzung des Deutschen Journalisten-Verbandes über 400 Volontäre aus; wie gut, das hängt von der Qualität der Redakteure und des Programms ab, nicht zuletzt auch von der Größe und finanziellen Stärke der Station.

Die meisten Volontäre arbeiten beim *Radio*. Vor allem dort ist der junge Mitarbeiter entsprechend den Programm- und Produktionsbedingungen (und oft auch aus wirtschaftlichen Gründen) Mädchen für alles. Radio-Praxis wird er also in jedem Fall reichlich erwerben, – was man als Gewinn nicht gering einschätzen sollte. Für eine gründliche journalistische Ausbildung fehlt es dagegen mancherorts an den Voraussetzungen. Auf jeden Fall ist ein Ausbildungsvertrag wichtig, der u. a. den Ausbildungsumfang und einen überbetrieblichen Volontärkurs verbindlich vorsieht. Seit 2005 gilt ein Ausbildungstarifvertrag für Volontäre, den die

Gewerkschaften mit dem Tarifverband Privater Rundfunk (TPR) abgeschlossen haben.

Privatradio und Privatfernsehen beschäftigen auch gern *Praktikanten* (siehe Beitrag „Praktika und Hospitanzen").

Die ARD-ZDF-Medienakademie bietet für Volontäre und Mitarbeiter im Programmbereich der öffentlich-rechtlichen Sendeanstalten Weiterbildungskurse für Radio, Fernsehen und Internet an. Das Seminarangebot umfasst das komplette Spektrum der kreativen und technischen Programmgestaltung und orientiert sich an aktuellen Entwicklungen und Standards. Es wird konzipiert und durchgeführt von Fachleuten aus Medienpraxis, Wirtschaft, Kultur, Politik und Wissenschaft.

Die Seminare des *offenen Angebots* können Medienschaffende aus allen Medienunternehmen und – organisationen, öffentlich-rechtlich wie kommerziell, besuchen. Interessierte Einsteiger/-innen in der Branche sind ebenfalls willkommen.

(www.ard-zdf-medienakademie.de)

Weitere Ausbildungstipps enthalten die Handbücher „Radio-Journalismus" und „Fernseh-Journalismus" der gelben Reihe „Journalistische Praxis". Informationen darüber, welche Privatsender es gibt, bekommt man bei den für jedes Bundesland bestehenden Landesmedienanstalten sowie der Arbeitsgemeinschaft der Landesmedienanstalten *(www.alm.de)*.

11.3 Andere Volontariate

Auch andere Verlage, Agenturen und Unternehmen bieten Volontariate an. Dabei sind Dauer, Inhalt der Ausbildung sowie die Bezahlung oft sehr unterschiedlich.

Manche *Anzeigenblätter* vergeben Volontariate – ob man dazu raten kann, hängt ganz davon ab, wie professionell und mit einem wie großen redaktionellen Teil das Anzeigenblatt gemacht wird.

Auch *Nachrichtenagenturen* nehmen Volontäre, ebenso *Pressestellen, PR-Agenturen* und *Produktionsfirmen*.

Buchverlage bieten ebenfalls so genannte Volontariate an. Auch in diesem Bereich gibt es keinen Tarifvertrag. Dauer, Ausbildung, Inhalte und Bezahlung sind also Verhandlungssache.

Schwarze Schafe unter den Arbeitgebern für Volontärsstellen findet man immer wieder. Wie erkennt man, ob das angebotene Volontariat eine solide Ausbildung umfasst? Ein Kriterium:

Hält sich der Arbeitgeber an die Tarifverträge für Redaktionsvolontariate bei Zeitungen oder Zeitschriften?
Das erkennt man, wenn man Dauer und Bezahlung mit dem tarifvertraglich Geforderten vergleicht.
Andere Kriterien:
Wie gut ist die Ausbildung organisatorisch in der Redaktion verankert?
Auch hier gibt der Volontärs-Tarifvertrag gute Anregungen, die als Checkliste dienen können. Ein wichtiges Kriterium zum Schluss:
Besteht grundsätzlich die Möglichkeit, dass man bei Eignung hinterher als Redakteur übernommen wird?
Auch das lässt sich beim Arbeitgeber vor Antritt des Volontariats erfragen. Wenn der die Frage mit „Nein" beantwortet, kann man sich immer noch überlegen, ob die Ausbildung nicht trotzdem genau die richtige für einen ist.

Das absurdeste Volontariat, das mir in meiner Praxis begegnete, war ein so genanntes Wochenend-Volontariat, das ein PR-Unternehmen, genauer: eine Event-Agentur, anbot. Wer hier brav 52 Wochenenden lang den Besen geschwungen und Mädchen für alles gespielt hätte – unbezahlt –, dem hätte der Arbeitgeber am Ende ein selbst erstelltes Zertifikat ausgehändigt. Dass es sich dabei um ein wertloses Papier handelt, dürfte nach dem bisher Gesagten klar sein.

Die beiden Journalistengewerkschaften DJV und dju können durch ihre regionalen Büros in vielen Fällen Auskunft und Hilfestellung geben *(www.djv.de, dju. verdi.de)*.

11.4 Praktika und Hospitanzen

Praktika und Hospitanzen bekommt man meist leichter und rascher als Volontariate; sie sind allerdings kürzer (bis zu sechs Monate) und unverbindlicher.

Auch wer ein Volontariat anstrebt, muss oft vorher ein Praktikum oder eine Hospitanz bei der Zeitung oder beim Sender absolviert haben. Man kann unterscheiden zwischen „Schnupperpraktika", bei denen man als Schüler oder gleich nach dem Abitur vier Wochen erfahrenen Redakteuren über die Schulter schauen darf, und Praktika von mindestens drei Monaten Dauer, bei denen man selbst schreibt, schneidet, produziert. „Etwa die Hälfte unserer freien Mitarbeiter gewinnen wir über ein Praktikum, nicht über ein Volontariat", sagt Ulrich Bönte vom Bayerischen Fernsehen.

Bei ARD und ZDF bietet die zwei bis drei Monate dauernde *Hospitanz* (auch Hospitation genannt) die Möglichkeit, durch eigene Mitarbeit erste Erfahrungen mit den Besonderheiten von Funk und Fernsehen zu sammeln. Zugang zu einem *Praktikum* haben Studierende, deren Studienpläne den Nachweis eines Aufenthalts in einer Redaktion vorschreiben bzw. vorsehen.

Jede Rundfunkanstalt hat einen *Ausbildungsbeauftragten*, an den man sich mit seinen Fragen wenden kann. Adresse und Redaktionsstruktur (Hörfunk und Fernsehen) jeder ARD-Anstalt sind im ARD-Jahrbuch abgedruckt und finden sich ausführlich unter *www.ard.de*; fürs ZDF ist es das ZDF-Jahrbuch *(www.zdf.de)*.

Bezahlt wird allgemein recht unterschiedlich. Die Spanne reicht von einigen hundert Euro bis (leider nicht selten) gar nichts. Auf die Qualität der Ausbildung achten sollte man in jedem Fall; der Deutsche Journalisten-Verband (DJV) hat eine „Checkliste Journalistisches Praktikum" erstellt.

Über den gewünschten Arbeitgeber und dessen Produkte informiert man sich vorher sowieso: „Jemand, der nicht weiß, was wir hier machen, hat keine Chance", sagt Sebastian Steinmayr, Chefredakteur der Dienstleistungsgesellschaft für Bayerische Lokal-Radioprogramme (BLR). Man kann auch einem Netzwerk von Nachwuchsjournalisten beitreten und sich in deren Online-Community informieren (z. B. www.jungejournalisten.de oder dju.verdi.de/junge-dju). Dafür lässt man hinterher die anderen an seinen Erfahrungen teil haben.

Bewerben muss man sich für ein Praktikum genauso wie für eine Stelle. Tipps fürs erfolgreiche Bewerben gibt es in Ratgeber-Büchern und in Seminaren, die zum Beispiel beim Arbeitsamt nichts kosten. (Vgl. auch die Praktikum-Tipps in den Lehrbüchern „Radio-Journalismus" und „Fernseh-Journalismus".)

Weiterführende Webseiten
dju.verdi.de/junge-dju
www.djv.de

11.5 Kurse für Volontäre und Berufseinsteiger

sind in ihrem Wert gar nicht hoch genug einzuschätzen. Wer in seiner Redaktion wenig zum Lernen kam, kann in einem mehrwöchigen Kurs Einiges aufholen. Wer schon viel über Journalismus gelernt hat, kann das Mitgebrachte mit dem Neuen vergleichen und sein Wissen ergänzen. Und egal, wie nützlich der Unterricht für ihn ist, auf jeden Fall wird ihm der Blick über den Zaun, das Gespräch mit Kollegen aus anderen Häusern Informationen und Anregungen vermitteln, die er daheim nicht bekommen kann.

Volontär-Kurse: Der Volontär hat nach den Tarifverträgen über das Redaktionsvolontariat an Tageszeitungen und an Zeitschriften einen *Anspruch* auf Teilnahme „an geeigneten, vom Arbeitgeber bestimmten außerbetrieblichen Bildungsmaßnahmen"; Dauer: „insgesamt mindestens vier Wochen", möglichst im ersten Ausbildungsjahr. Bei der Auswahl des Kurses werden Vorschläge des Volontärs „in die Entscheidung einbezogen".

Im weiteren Verlauf nimmt der Volontär für mindestens insgesamt zwei Wochen „an weiteren Bildungsveranstaltungen teil, die der fachlichen Vertiefung oder Spezialisierung dienen".

Die *Kosten* trägt der Verlag (Teilnahmegebühren, Fahrt- und Aufenthaltskosten); die Vergütung wird weitergezahlt.

Der Volontär hat laut Ausbildungstarifvertrag keinen Anspruch auf den Besuch einer außerbetrieblichen Bildungsmaßnahme, wenn er an „Bildungsmaßnahmen an vom Arbeitgeber betriebenen Journalistenschulen" teilnehmen kann und „Gleichwertigkeit besteht". So ist z. B. die *Journalistenschule Ruhr (JSR)* keine herkömmliche Journalistenschule (siehe Kapitel „Journalistenschulen"), sondern die überbetriebliche Aus- und Weiterbildungseinrichtung für Volontäre und Redakteure der WAZ-Zeitungsgruppe und der Zeitungsgruppe Thüringen.

Kurse für Berufseinsteiger und Fortbildungsinteressierte veranstalten alle in diesem Beitrag vorgestellten Institute, meistens *neben* den eigentlichen Volontär-Kursen.

Die Akademie für Publizistik in Hamburg ist eine Institution zur berufsbegleitenden, überbetrieblichen Aus- und Fortbildung von Journalisten aller Medien. Pro Jahr bietet die Akademie 10 vierwöchige Kurse für Presse-Volontäre sowie einen für Fachzeitschriften-Volontäre, zwei Kurse (zweimal zwei Wochen) für Radio-Volontäre und zwei vierwöchige Kurse für Fernseh-Volontäre an.

Im Bereich der Weiterbildung veranstaltet die Akademie jährlich ca. 50 ein-, zwei-, drei- und fünftägige Seminare, ebenfalls für alle Medien sowie, auf Anfrage, Inhouse-Workshops für Redaktionen. Hinzu kommen Seminare für Führungskräfte (Personalführung, Blattmachen, Marketing) sowie öffentliche Mediendispute. Ein weiterer Schwerpunkt im Programm: Seminare für Freie Journalisten. Es werden auch Seminare zur „PR und Öffentlichkeitsarbeit" angeboten.

Die 1970 gegründete Akademie für Publizistik ist ein eingetragener, gemeinnütziger Verein. Mitglieder/Förderer sind Verleger- und Journalistenorganisationen,

11.5 Kurse für Volontäre und Berufseinsteiger

Verlage, Rundfunkorganisationen, das Presse- und Informationsamt der Bundesregierung sowie Einzelpersonen aus allen Medien *(www.akademie-fuer-publizistik.de)*.

Die Akademie der Bayerischen Presse (ABP) veranstaltet in München und Kulmbach Grundkurse für Volontäre und für Seiteneinsteiger: Grundkurs I (zwei Wochen) für Volontäre und journalistische Berufsanfänger bei Zeitungen, Zeitschriften und sonstigen Medien; darauf aufbauend Grundkurs II (zwei Wochen) für Zeitungen, Zeitschriften, TV, Unternehmenskommunikation und Pressestellen.

Daneben finden laufend ein- bis sechstägige Seminare statt, die journalistisches Grundwissen – auch für Redakteure und freie Journalisten – vermitteln. Außerdem gibt es Seminare für Pressejournalisten über Sachthemen.

Die ABP kooperiert mit der Akademie für Neue Medien in Kulmbach. Die inhaltlich und weitgehend auch personell identischen Veranstaltungen werden besonders von Teilnehmern aus Nordbayern und den neuen Ländern besucht.

Die ABP wird vom Verband Bayerischer Zeitungsverleger (VBZV), dem Verband der Zeitschriftenverlage in Bayern (VZB) und dem Bayerischen Journalisten-Verband (BJV) getragen und vom Freistaat Bayern finanziell gefördert. Mitglieder sind auch der Bayerische Rundfunk (BR) und die Bayerische Landeszentrale für neue Medien (BLM) *(www.a-b-p.de)*.

Die Journalisten-Akademie in Stuttgart ist eine Einrichtung des DJV-Landesverbands Baden-Württemberg. Sie bietet Zeitschriften-Grundlagenseminare für Volontäre und Seiteneinsteiger, Fachseminare für Redakteure, Weiterbildung für Volontäre und Jungredakteure im Privatfunk, Fachseminare für freie Journalisten, Seminare zur Presse- und Öffentlichkeitsarbeit für Kommunen und Wirtschaftsunternehmen *(www.djv-bw.de)*.

Das Institut zur Förderung publizistischen Nachwuchses (ifp) in München bildet Volontäre in der katholischen Presse und im Privatfunk aus. In mehrwöchigen Seminaren werden die Volontäre systematisch in den Presse-, Hörfunk- und Fernsehjournalismus eingeführt. Bewerbungsschluss für das zweijährige Volontariat in der katholischen Presse und in privaten katholischen Radioredaktionen ist jeweils am 1. März. Bei den Radiovolontariaten handelt es sich um Redaktionen, die ein kirchlich orientiertes Vollprogramm produzieren oder privaten Rundfunkanbietern kirchliche Programminhalte zuliefern. Daneben bietet das ifp seit 1991 überbetriebliche Kurse für Volontäre an Tageszeitungen aus dem ganzen Bundesgebiet an. Zwei je 14-tägige, aufeinander aufbauende Grundkurse werden durch ebenfalls zweiwöchige Aufbaukurse ergänzt. Alle Kurse finden in München statt *(www.ifp-kma.de)*.

Journalistenschulen 12

> **Zusammenfassung**
>
> Der Besuch einer Journalistenschule ersetzt in der Regel das Volontariat. Das Kapitel stellt die bekanntesten Journalistenschulen vor. Ein eigener Beitrag befasst sich mit der beruflichen Weiterbildung im Journalismus.

> **Schlüsselwörter**
>
> Journalistenschule · Journalistenakademie · Ausbildung · Weiterbildung

Die renommierten Journalistenschulen in Deutschland haben gemeinsam: die höchste Zahl von Bewerbern um einen Ausbildungsplatz, die erstklassige handwerkliche Ausbildung, den Abschluss als Redakteur im 1. Berufsjahr (tariflich) und die hohe Wahrscheinlichkeit, im Anschluss eine gute Stelle als festangestellter oder freier Mitarbeiter zu finden.

Journalistenschulen des „*klassischen*" *Typs* werden von einem Verein oder einer Institution getragen (Deutsche Journalistenschule, Berliner Journalistenschule, Evangelische Journalistenschule). Die anderen gehören einem *Verlag* oder *Sender* und sollen vor allem Nachwuchs für das eigene Haus heranbilden. Das Kapitel „Journalistenschulen" unterteile ich dementsprechend in „offene" und „verlags-/senderinterne".

Bei den verlags- oder sendereigenen Schulen ist aber noch einmal ein wichtiger Unterschied zu machen: Die einen wählen ihre Schüler (Volontäre) allein nach dem Ergebnis der Aufnahmeprüfung und unabhängig von spezifischen Wünschen der einen oder anderen Redaktion aus (u. a. Henri-Nannen-Schule, Georg von Holtzbrinck-Schule, RTL Journalistenschule).

Die anderen veranstalten zwar auch eine Aufnahmeprüfung, lassen dann aber die Chefredaktionen ihrer Blätter entscheiden, wer von den Prüfungsbesten einen Platz in einer Redaktion (und damit auch in der Journalistenschule) bekommt – und wer nicht (u. a. Burda-Journalistenschule, Journalistenschule Ruhr).

Mehrere Medienhäuser haben ihre Volontärsausbildung durch eigene Medienakademien ersetzt. Damit entfällt die Bindung an die tarifvertragliche Regelung des Volontariat.

Die *Medien-Akademie Augsburg* bildet cross-medial den Nachwuchs der „Augsburger Allgemeinen", der „Allgäuer Zeitung" und der „RT.1 group" aus – also junge Zeitungs-, Internet-, Radio- und Fernsehmacher *(www.medienakademieaugsburg.de)*.

Die *Würzburger Medienakademie* ist das zentrale Aus- und Weiterbildungsunternehmen für die vier Unternehmen Krick Unternehmensfamilie, Mediengruppe Main-Post, Vogel Business Media GmbH & Co. KG und Stürtz GmbH *(www.wuerzburgermedienakademie.de)*.

Im Beitrag „Lehrgänge zur beruflichen Weiterbildung" werden einige Akademien mit ihren meist durch die Bundesagentur für Arbeit geförderten Lehrgängen vorgestellt.

12.1 Offene Journalistenschulen

Die Deutsche Journalistenschule (DJS) in München wurde 1949 gegründet; sie ist die renommierteste Journalistenschule in Deutschland. Fast 2000 Redakteurinnen und Redakteure gingen bisher aus ihr hervor; sie arbeiten in Redaktionen von Zeitungen, Zeitschriften, bei Radio und Fernsehen, in Online-Redaktionen und Pressestellen; andere sind freie Journalisten oder Auslandskorrespondenten.

Die DJS bildet jährlich 45 junge Menschen kostenlos zu Redakteurinnen und Redakteuren aus. Sie bietet *zwei Ausbildungswege* an: einen 16-monatigen Kompaktkurs und – zusammen mit der Uni München – ein viersemestriges Masterstudium „Journalismus".

Die *Inhalte* der sehr praxisorientierten „Lehrredaktion" sind bei beiden Wegen gleich: Das crossmediale Training umfasst die Bereiche Zeitung, Zeitschrift, Radio, TV und Internetjournalismus; es werden alle journalistischen Formen und die aktuellen technischen Fertigkeiten (Layouten, Schnitt von Radio- und TV-Beiträgen, Kamera usw.) geübt. Die Master-Studenten besuchen zusätzlich Uni-Vorlesungen und -Übungen. Jeder DJSler absolviert zwei je dreimonatige Praktika, die die Schule vermittelt.

12.1 Offene Journalistenschulen

Der DJS stehen als *Dozenten* rund 120 aktive Journalistinnen und Journalisten, hauptberufliche Journalismustrainer und Techniker zur Verfügung. Sie lädt auch Wissenschaftler, Politiker oder Künstler ein. Die Schule ist mit modernster Technik ausgestattet: Redaktionssysteme, digitales Hörfunkstudio, große Profi-TV-Kameras und Profi-Videokameras, digitale Schnittsysteme usw.

Das *Ziel der Ausbildung*: verantwortungsbewusste Journalisten, die fit sind für die Arbeit im multimedialen Zeitalter.

Aufnahmebedingungen: für den Kompaktkurs Abitur, Alter maximal 28 Jahre; für den Masterstudiengang abgeschlossenes Hochschulstudium (Magister, Diplom, Staatsexamen, Bachelor) in einem beliebigen Fach, Alter maximal 30 Jahre.

Zweistufige *Aufnahmeprüfung*: zunächst eine schriftliche Reportage samt Rechercheplan. Die besten Autorinnen und Autoren lädt die DJS zu einer zweitägigen Prüfung ein. Die Bewerber beantworten dabei Fragen aus dem Zeitgeschehen und identifizieren Pressefotos; sie fertigen eine schriftliche Arbeit an und unterhalten sich mit einer Journalisten-Kommission.

(*www.djs-online.de* und *www.ifkw.lmu.de*)

Die Henri-Nannen-Schule/Hamburger Journalistenschule bildet junge Menschen von 19 bis 27 Jahren zu Journalisten für Zeitung, Zeitschrift, Radio, Fernsehen und Online-Medien aus. Träger sind der Verlag Gruner+Jahr und „Die Zeit", der „Spiegel" beteiligt sich ebenfalls.

Die Schule lädt im Abstand von eineinhalb Jahren per Inserat zu einem *Auswahlverfahren* ein, aus dem jeweils 20 Lehrgangsteilnehmer hervorgehen. Das Auswahlverfahren beginnt mit der Aufgabe, eine Reportage und einen Kommentar zu einem vorgegebenen Thema zu schreiben. Die 50 Besten bekommen eine Einladung zur dreitägigen Schlussprüfung nach Hamburg. Hier muss unter Zeit- und Konkurrenzdruck eine Reportage geschrieben, ein Wissens- und Bildertest absolviert und im Gespräch mit einer zwölfköpfigen Prüfungskommission eine gute Figur gemacht werden.

Ausbildung: Sie besteht aus 34 Wochen Unterricht in der Schule, 36 Wochen Praxis in vier Redaktionen (bei unterschiedlichen Verlagen und öffentlich-rechtlichen Sendern) und 8 Wochen Urlaub.

Der Unterricht besteht aus Vorträgen, Diskussionen und praktischen Übungen. Trainiert werden alle *Formen des Handwerks:* von der Meldung bis zum Kommentar, vom Gerichtsbericht bis zur Reportage. Die Schüler entwerfen eigene Blattkonzepte, produzieren im Multimedia-Seminar Hörfunk- und Fernsehbeiträge sowie ein crossmedial angelegtes Online-Angebot. Sie werden vertraut gemacht mit den wirtschaftlichen, juristischen und ethischen Rahmenbedingungen des Journalismus. Hinzu kommen Abendveranstaltungen, in denen die

Lehrgangsteilnehmer mit prominenten Journalisten, Chefredakteuren oder Verlagsmanagern diskutieren.

Die Ausbildung ist kostenlos; die Lehrgangsteilnehmer erhalten eine monatliche Lehrgangsbeihilfe *(www.journalistenschule.de)*.

12.2 Verlags-/senderinterne Journalistenschulen

Die Axel Springer Akademie bildet in einem Zwei-Jahres-Programm junge Leute zu Redakteuren aus. Jährlich werden etwa 40 Schüler aufgenommen. Die Ausbildung verbindet diejenige an einer Journalistenschule mit einem klassischen Volontariat. Sie teilt sich auf in: 6 Monate Seminare an der Akademie in Berlin; 6 Monate Redaktion „Welt Kompakt", die in Kooperation mit der Axel Springer Akademie erscheint, 12 Monate Einsatz in der jeweiligen Stammredaktion („Bild"-Gruppe, „Welt"-Gruppe, „Hamburger Abendblatt" oder eine der Zeitschriften). Darüber hinaus bietet die Akademie einigen Schülern – je nach Talent und Qualifikation – die Möglichkeit, im Ausland oder in Verlagsabteilungen zu hospitieren. Die Volontäre erhalten eine monatliche Unterhaltsbeihilfe.

Aufnahmebedingungen: Einzige formale Voraussetzung ist das Abitur. Unabdingbar sind journalistisches Talent, Kreativität und Engagement sowie gute Kenntnisse in mindestens einer Fremdsprache und erste Medienerfahrung.

Auswahlverfahren: Ausgewertet werden die Bewerbungsunterlagen und Textproben von der Akademieleitung und Chefredakteuren der Axel Springer AG. Wer in die engere Wahl kommt, wird zu einem Schreib-, einem Wissenstest und einem Vorstellungsgespräch eingeladen *(www.axel-springer-akademie.de)*.

Die Burda Journalistenschule in Offenburg bilden *Zeitschriftenredakteure* für Hubert-Burda-Media aus.

Aufnahmevoraussetzungen: Fachhochschulreife oder Abitur und abgeschlossenes Studium bzw. abgeschlossene Berufsausbildung, erfolgreich absolviertes Praktikum in der Burda-Redaktion, in der man die Ausbildung machen möchte. Die Volontäre bekommen ein Gehalt. Man kann aber auch über ein Praktikum einsteigen *(www.hubert-burda-media.de/de/karriere/absolventen/)*.

Die Georg von Holtzbrinck-Schule für Wirtschaftsjournalisten in Düsseldorf bildet für die Redaktionen der Handelsblatt-Gruppe („Handelsblatt", „Wirtschaftswoche", „Karriere") aus. Unter den zahlreichen Bewerbern – mit abgeschlossenem Studium, vornehmlich Wirtschaft, Jura und Politik – werden pro Ausbildungszeitraum zehn Volontäre ausgesucht. Verlangt sind erste journalistische Erfahrungen (z. B. Praktika, freie Mitarbeit).

Schulbesuch/Volontariat dauern 18 Monate. Schule ist eine Woche je Monat, in der restlichen Zeit wird in den Redaktionen der Verlagsgruppe gearbeitet. Bei gutem Abschluss und entsprechendem Bedarf der angeschlossenen Redaktionen haben Absolventen nach dem Volontariat die Aussicht auf einen Jahresvertrag als Jungredakteur *(www.holtzbrinck-schule.de)*.

Die Medienakademie Ruhr (MAR) in Essen ist die überbetriebliche Aus- und Weiterbildungseinrichtung der Funke-Mediengruppe. Sie bildet Volontäre aus und bietet auch Kurse in den Bereichen Radio und Multimedia an. Während der 24-monatigen Ausbildung besuchen die Volontäre regelmäßig Seminare und Workshops in der MAR in Essen. Dort lernen sie das journalistische Handwerk in Grundseminaren, die jeweils ein bis fünf Tage dauern. Diese Grundausbildung umfasst die relevanten Darstellungsformen, Presserecht und Medienethik, Fotografie und redaktionelle Bildbearbeitung sowie crossmediales Publizieren und Social Media *(medienakademie.ruhr/)*.

Die RTL Journalistenschule für TV und Multimedia, getragen von RTL Television und der Landesanstalt für Medien Nordrhein-Westfalen (LfM), verteilt ihr *zweijähriges Ausbildungsprogramm* auf 13 Monate in Redaktionen von RTL, 6 Monate an der Journalistenschule in Köln und 4 Monate in Wahlstationen, z. B. im Bereich Presse, Hörfunk oder Public Relations.

Während der Ausbildung sind die Schüler Angestellte der Journalistenschule mit einer Lehrgangsbeihilfe. Ausgewählt werden alle zwei Jahre 30 Bewerber *(www.rtl-journalistenschule.de)*.

Die Akademie für Mode und Design (AMD) bietet eine dreijährige umfassende Ausbildung im Bereich Modejournalismus an. Die Studierenden lernen Modestrecken zu konzipieren, zu produzieren und zu betexten, Trend- oder Personal-Stylings zu realisieren, die Qualität von Kleidungsstücken zu erkennen, Layouts zu gestalten, Reportagen zu schreiben, Interviews zu führen, Marketing-Konzepte und PR-Strategien zu entwickeln oder TV-Beiträge zu produzieren. Mit einem Zusatzstudium kann auch der Bachelor erworben werden *(hochschule.amdnet.de/ausbildung.html)*.

12.3 Lehrgänge zur beruflichen Weiterbildung

Akademien in freier Trägerschaft bieten wie die klassischen Journalistenschulen mehrmonatige Lehrgänge zur beruflichen Weiterbildung an, in denen journalistisches Handwerk vermittelt und praktisch umgesetzt wird. Die Ausbildung dauert in der Regel sechs Monate und findet im Vollzeit-Unterricht statt. Wer die Kosten von bis zu 8000 Euro nicht selbst übernehmen kann und die persönlichen Voraussetzungen erfüllt, kann über den sogenannten *Bildungsgutschein* gefördert werden.

Bei der zuständigen Arbeitsagentur oder dem kommunalen Träger kann sich nach Fördermöglichkeiten durch den Bildungsgutschein erkundigen, wer ein Hochschulstudium (auch ein nicht beendetes) oder einschlägige Berufserfahrung hat, arbeitslos oder arbeitsuchend ist, auch, wer Leistungen nach Arbeitslosengeld I oder Arbeitslosengeld II bezieht. Die Schulen und ihre Lehrgänge müssen von einer unabhängigen Stelle geprüft und zertifiziert worden sein. Im Rahmen des Bildungsgutscheins können die *Teilnahme*, im Rahmen des Arbeitslosengelds unter bestimmten Bedingungen auch der *Unterhalt* während des Lehrgangs finanziert werden.

Ein genauer Blick in den *Lehrplan*, auf die technische *Ausstattung* und die Qualifikation der *Dozenten* ist für Interessenten wichtig. Projektunterricht, Praxisprojekte und publizierte Arbeitsproben der Teilnehmer während des Lehrgangs lassen erkennen, ob die Ausbildung praxisnah ist.

Welche *Unterrichtsmethode* wird eingesetzt? Nicht wenige Bildungsträger lassen Teilnehmende und Dozierende nur noch elektronisch im virtuellen Klassenzimmer aufeinandertreffen.

Aussagekräftig ist auch die *Vermittlungsquote:* Wie viele Absolventen der jeweiligen Akademie konnten in journalistische Berufe vermittelt werden? In welchen einschlägigen Branchen, in welchen Redaktionen arbeiten sie?

Die Stiftung Journalistenakademie Dr. Hooffacker GmbH & Co. KG bietet in München den sechsmonatigen Lehrgang *Online-Redakteur/in Crossmedia* an. Er vermittelt in zwei 3-monatigen Modulen das digitale journalistische Handwerk sowie die erforderlichen Technik-Kenntnisse, außerdem die berufsnotwendige soziale Kompetenz. Praxis erwerben die Lehrgangsteilnehmer in Projektarbeit für soziale und kulturelle Einrichtungen sowie durch Mitarbeit an schuleigenen Online-Angeboten. Aufnahmebedingungen: Studium; einschlägige Berufserfahrung; Aufnahmegespräch.

Die Journalistenakademie und ihre Lehrgänge sind nach dem Bildungs-Qualitätsstandard BQM zertifiziert.

(www.journalistenakademie.de)

Das Mibeg-Institut Medien in Köln bildet in den Arbeitsfeldern Fach- und Wissenschaftsredaktion, Online-Redaktion, Unternehmenskommunikation und

Marketing weiter. Auch hier ist eine Förderung über den Bildungsgutschein möglich *(www.mibeg.de)*.

Die WBS Training AG bietet, ebenfalls durch Bildungsgutschein förderbar, an einigen Standorten einen Lehrgang Online-Redakteur in Form von E-Learning an. Dauer: jeweils vier Monate *(www.wbstraining.de)*.

Die Akademie für Neue Medien Kulmbach hat mehrere Lehrgänge im Programm, die teilweise auch per Bildungsgutschein gefördert werden können: eine fünfmonatige Hörfunkausbildung unter dem Titel *Broadcaster*, eine sechsmonatige Ausbildung *Online-Journalist*, in der man den Umgang mit Suchmaschinen, die Online-Recherche, Datenbankanwendungen, E-Commerce, Sprachausbildung, Layout, Schirmbindung und Website-Gestaltung erlernt, und einen viereinhalbmonatigen Lehrgang *Videoreporter Crossmedia (www.bayerische-medienakademien.de)*.

Die Zeitenspiegel-Reportageschule Günter Dahl ist eine Kooperation zwischen der Reportageagentur „Zeitenspiegel" und der Volkshochschule Reutlingen. Die Ausbildung dauert zwölf Monate und richtet sich an talentierte junge Journalisten, die schon erste berufliche Erfahrungen gesammelt haben. Praktika von ca. drei Monaten bei Zeitungen und Zeitschriften sind darin eingeschlossen. Schwerpunkt ist der Printbereich.

In einer Lehrredaktion lernen die Teilnehmer vom ersten Tag an das Handwerkszeug, um Reportagethemen unter Alltagsbedingungen umzusetzen *(www.reportageschule.de)*.

Weitere Anbieter sind beispielsweise die Cimdata Bildungsakademie GmbH *(www.cimdata.de)*, cpi consulting + training GmbH *(www.cpi.de)* oder die Comcave College GmbH *(www.comcave.de)*. Weil laufend neue Angebote hinzu kommen, andere entfallen, ist die Online-Recherche zu empfehlen, beispielsweise bei der Kursübersicht auf *www.arbeitsagentur.de*, beim Journalismus-Portal *www.journalismus.com* oder bei landesweiten Portalen mit ihren Datenbanken wie *www.mediencampusbayern.de* oder *www.aim-mia.de*.

Journalistenausbildung – do it yourself 13

Zusammenfassung
Journalismus bietet nach wie vor Möglichkeiten für Quereinsteiger. Oft verfügen sie über Spezialkenntnisse und haben ihre journalistischen Fähigkeiten erst nach der Entscheidung für einen anderen Beruf entdeckt. Für sie gibt es neben den Lehrgängen der beruflichen Weiterbildung (siehe Kapitel Journalistenschulen) weitere Möglichkeiten, sich das notwendige journalistische Know-How zu beschaffen.

Schlüsselwörter
Wege in den Journalismus · Ausbildung · Weiterbildung · Do it yourself · preiswert · Kurzkurse · Fernlehrgänge · Schülerzeitung · Newsletter · Learning by doing

Auch wer keinen der bisher beschriebenen Ausbildungswege geht, keine der genannten Ausbildungsstätten besucht, kann ein guter Journalist werden.

Wer keinen Hochschulabschluss vorweisen kann, sollte auf jeden Fall einen *Beruf* erlernt und die notwendigen Prüfungen abgelegt haben. Ein Reisebürokaufmann wird Lokalreporter, ein Inspektor mit Drang zum Schreiben wird Redakteur, eine Marketing-Chefin wechselt zum Wirtschaftsmagazin: alles mögliche und legitime Wege in einen journalistischen Beruf.

Grundsätzlich aber muss ich wiederholen, was ich schon weiter vorn im Buch festgehalten habe: Der Anteil der in unserem Beruf Tätigen, die nicht studiert und keine journalistische Ausbildung hinter sich gebracht haben, wird mehr und mehr zurückgehen. Quereinsteiger besuchen vielleicht einen Lehrgang zur beruflichen Weiterbildung (siehe voriges Kapitel) oder einen Kurzkurs (siehe unten).

Nicht nur als Hauptberuf ist journalistische Tätigkeit möglich; unabhängiger von den Schwankungen der Medienkonjunktur wird sich fühlen, wer den Journalismus als Steckenpferd betreibt – *im Nebenberuf*, d. h. in der Regel: als ständiger oder gelegentlicher freier Mitarbeiter.

13.1 Bücher, Zeitschriften, Newsletter

Empfehlenswerte *Lehrbücher* habe ich (alphabetisch nach Autorennamen) jeweils gleich an der einschlägigen Textstelle angegeben, also zum Beispiel Bücher über Zeitungsjournalismus im Beitrag über das Arbeitsfeld Presse.

Bei den journalistischen *Medienzeitschriften* kann man zwischen *verbandsorientierten* und *frei verlegten* Blättern unterscheiden.

Zeitschriften der Journalistenverbände. Die auflagenstärkste verbandsorientierte Medienzeitschrift ist der „Journalist" des Deutschen Journalisten-Verbandes *(www.journalist.de)*.

Mehrmals im Jahr und komplett online verfügbar erscheint „M – Menschen Machen Medien" als medienpolitische Zeitschrift des Fachbereichs 8 Medien, Kunst und Industrie in ver.di. „M" enthält Beiträge der Fachgruppe Journalismus (dju – Deutsche Journalistinnen- und Journalisten-Union) sowie der Fachgruppe Rundfunk/Film/Audiovisuelle Medien *(mmm.verdi.de)*.

„Der Fachjournalist", herausgegeben vom Deutschen Fachjournalisten-Verband e. V., ist gerade wegen seiner Zielgruppe (Fachleute, die neben ihrem Hauptberuf ihr Fachwissen auch journalistisch auswerten wollen) stark auf Journalismus orientiert (erscheint nur online) *(www.dfjv.de)*.

Medienzeitschriften für Journalisten. Eine verbandsunabhängige Medienzeitschrift ist das „Medium Magazin". Es informiert witzig und präzise übers journalistische Handwerk, über Ausbildung und Arbeitsplätze, vor allem in den Print-Medien *(www.mediummagazin.de)*.

Die Zeitschrift „Media Perspektiven" beschäftigt sich in wissenschaftlichen Beiträgen mit Situation und Wirkung (vor allem der elektronischen) Medien; sie wird im Auftrag der ARD-Werbegesellschaften herausgegeben *(www.media-perspektiven.de)*.

13.2 Lernen durch Mitarbeit

Nicht nur Volontäre können von Redakteuren erzählen, denen sie viel verdanken. Auch wer bloß für kurze Zeit oder gelegentlich mit Redaktionen Kontakt hat, stößt dort mit etwas Glück auf Partner, die ihr Wissen und Können weitergeben. Simpelster Fall: Ein Beitrag von Ihnen erscheint im Blatt; Sie vergleichen den gedruckten Text mit der zurückbehaltenen Kopie und stellen fest, was der Redakteur weggestrichen, was er verändert hat. Wenn Ihnen die Gründe nicht einleuchten, sprechen Sie den Redakteur ruhig darauf an und fragen Sie ihn. Hat er noch einen Funken beruflicher Leidenschaft über die Jahre gerettet, wird er sich so bald wie möglich Zeit nehmen und sich über Ihre Fragen freuen.

Auch er profitiert von einer solchen Diskussion; denn die Frage „Warum haben Sie das so gemacht?" bringt ihn dazu, sich einmal wieder Rechenschaft abzulegen über die Handwerksregeln und Maßstäbe einer Alltagsarbeit, die er sonst mehr oder minder routinemäßig tut.

Eine Redaktion von innen kennen lernen, dazu bedarf es nicht unbedingt eines Volontariats. Ein Jahr vor dem Abitur habe ich zum ersten Mal hinter einem Redaktionsschreibtisch gesessen und Meldungen aus den Landkreisen umgeschrieben. Beziehungen? Keineswegs. Ich hatte mich beim Chefredakteur beworben, gesagt, dass ich Schülerzeitungsredakteur sei und später Journalist werden wolle, ich verlange auch gar kein Geld, ob er nicht während der Sommerferien einen Platz für mich habe. Er hatte. Vor wenigen Jahren erzählte mir eine Studentin, sie arbeite gegen eine Tagespauschale bei genau diesem Blatt für ein paar Wochen als Urlaubsaushilfe für Redaktion und Umbruch der Radio- und Fernsehseite. Vorbildung: eine andere Zweimonatsstation als Lokalreporterin bei einer Tageszeitung am Bodensee.

Solche improvisierten *Praktika* (vgl. Beitrag „Praktika und Hospitanzen") werden meist nicht ausgeschrieben, man muss sie sich suchen. Das gilt wohl auch für *Redaktionsaufenthalte*, die auf Grund einer 2006 zwischen Zeitungsverleger-Verband (BDZV) und Kultusministerkonferenz beschlossenen Rahmenerkärung an Schülerinnen und Schüler zur Berufsorientierung vergeben werden sollen *(www.bdzv.de)*.

Andere Wege in die Redaktion: Zeitungen mit einer Jugend-Seite freuen sich über schreibgewandte Leser, die mitarbeiten. Der Kinder- oder Jugendfunk des öffentlich-rechtlichen Senders vor Ort sucht auf seinen Internet-Seiten jugendliche Mitarbeiter. Ein Schüler bot einer Computerzeitschrift einen Artikel an und arbeitete bald regelmäßig als Aushilfe in der Redaktion. Ein junger Mann schuf sich erste Kontakte als Teilnehmer einer Jugend-Fernsehdiskussion.

Wer einem *Verband* angehört, probiert es mit der Verbandszeitschrift. Und wer auf einem Gebiet *Spezialwissen* hat, kann auch daraus publizistisch Kapital schlagen: Eine Biologin veröffentlicht bei „Spiegel online" einen Reisebericht über Japan, wo sie beruflich zwei Jahre verbracht hat. Eine Studentin schreibt über Hundezucht, weil das ihr Hobby ist. Ein DJ schreibt über Platten und Musiker. Ein Student der Volkswirtschaft brachte im Wirtschaftsteil der „Süddeutschen Zeitung" 80 Zeilen über einen Vortrag unter, zu dem er sowieso gegangen wäre.

Auch Flugblätter, Stadt-Magazine, Studentenzeitungen und Uni-Radios oder Campus-TV sind Übungsfelder. Deutschlands ältestes Hochschulradio Mephisto gibt es an der Universität Leipzig. Ebenfalls in Leipzig kann man am Hochschulfernsehen *floid* der HTWK Leipzig Fernsehen ausprobieren. Andere Hochschulen bieten Web-Magazine oder Online-Teams für Studierende an. Wer an einer Hochschule studiert, sollte sich einfach mal dort nach geeigneten Angeboten umschauen.

Aus- und Fortbildungskanäle für Radio und Fernsehen gibt es in mehreren Bundesländern. Dort verpflichtet man sich für einige Zeit zum Mitmachen und kann dann an den Kursen teilnehmen. Solche Angebote gibt es beispielsweise in Dortmund (www.floriantv.de), in München (Aus- und Fortbildungskanal, www.afk.de) sowie in Dresden, Leipzig, Chemnitz und Riesa (Sächsische Ausbildungs- und Erprobungskanäle, www.saek.de).

Einige Offene Kanäle entwickeln sich ebenfalls in diese Richtung und bieten entsprechende Aus- und Fortbildungsangebote. Im Hörfunkbereich findet man eine Übersicht unter www.freie-radios.de.

Chancen bei Fachzeitschriften sollte man nicht übersehen. Ein Beispiel aus dem bereits erwähnten „Stamm" (Leitfaden durch Presse und Werbung): Im Teil „Zeitschriften und Anzeigenblätter" gibt es in der Gruppe Handel die Sparte Nahrungs- und Genussmittelhandel. Blätter wie das „Fisch Magazin" (in Hamburg), „Der Biergroßhandel" (in Stuttgart) oder „Käsetheke" (Bad Breising) haben vielleicht gerade auf Sie als Mitarbeiter gewartet, wer kann das vorher sagen. Wenn Sie aber auch nach ernstlicher Selbstprüfung sich nicht für die Probleme des Nahrungs- und Genussmittelhandels erwärmen können, durchforsten Sie eben das Stichwortverzeichnis nach Bereichen, die eher Ihrem Interesse entsprechen.

Um Ihnen die *Vielfalt der Sachgebiete,* für die es Zeitschriften gibt, vorzuführen, habe ich einige Suchbegriffe mit dem Buchstaben P ausgewählt:

Pädagogik, Paläontologie, Papierhandel, Papierwarenhandel, Parfümerien, Parfümhersteller, Parkettindustrie, Parteipolitische Arbeitnehmerzeitschriften, Patienten, PC, Pensionäre, Personalräte, Personalwirtschaft, Personenverkehr, Pfadfinder,

Pfarrer, Pferdesport, Pferdezucht, Pflanzenschutz, Pflegedienste, Pharmazeutika, Pharmazie, Philatelie, Philologen, Philosophie, Physik, Physiotherapie, Pinselhersteller, Politik, Politische Frauenzeitschriften, Polizei, Postgeschichte, Präparatoren, Protestanten, Psychiatrie.

Schülerzeitungen und jugendeigene Zeitschriften sind ein wichtiges Übungsfeld für Leute, denen es der Journalismus angetan hat. Alles selber machen, von der Anzeigenbeschaffung übers Artikelschreiben bis zum Vertrieb, bringt einem Erfahrungen ein, wie man sie später in dieser Unmittelbarkeit und Vielfalt kaum noch haben wird. Inzwischen hat sich das Betätigungsfeld auch auf den Online-Journalismus ausgeweitet.

Die *Jugendpresse Deutschland* ist als Dachverband der geeignete erste Ansprechpartner für Interessenten, die noch keinen Kontakt zu dem Jugendpresse-Verband in ihrem Land haben. Zu den Angeboten für junge Medienmacher gehören Handbücher, Informations- und Artikeldienste, Schülerzeitungswettbewerbe, Medienworkshops sowie ein Jugendpresseausweis *(www.jugendpresse.de)*.

Die Ausrede „Die geben mir ja eh' keine Chance, weil ich noch nichts veröffentlicht habe" überzeugt nicht: Man muss es erst einmal probieren.

Wer mehr darüber nachlesen will, wie man mit einer Redaktion Kontakt aufnimmt, beziehungsweise zunächst eine in Frage kommende Redaktion findet, schaue im Kapitel „Wege in die Redaktion" nach sowie im Abschnitt „Wie man sich um ein Volontariat bemüht" (im Beitrag „Volontariat bei Zeitung und Zeitschrift").

Weiterführende Literatur
Markus Kaiser (Hrsg.): Special Interest. Ressortjournalismus: Konzepte, Ausbildung, Praxis (Journalistische Praxis, Berlin/Wiesbaden: Econ/Springer VS, 2012).
Deutscher Fachjournalisten-Verband (Hrsg.), Fachjournalismus. Expertenwissen professionell vermitteln (Konstanz: UVK, 2004).

Weiterführende Webseiten
www.fachzeitungen.de

13.3 Kurzkurse

Fast alle Bildungsanbieter, die Volontär-Kurse im Programm haben (vgl. „Kurse für Volontäre und Berufseinsteiger"), veranstalten auch Kurzkurse. Auch Volkshochschulen sowie Bildungswerke von Parteien, Kirchen, Gewerkschaften o. ä.

bieten Kurzkurse in praktischem Journalismus. Erkundigen Sie sich in Ihrem Land, in Ihrer Stadt.

Der Deutsche Journalisten-Verband (DJV) bietet Weiterbildungsseminare für alle Journalisten aus allen Medien und unabhängig von ihrer Mitgliedschaft in einer Gewerkschaft. Die rund 25 Seminare pro Jahr helfen bei der Arbeit von Betriebs- und Personalräten in Medienbetrieben sowie bei der beruflichen Qualifizierung. Der Schwerpunkt liegt auf Betriebs- und Personalräteschulungen: u. a. Outsourcing, Pauschalisten und Scheinselbstständigkeit; praktische Probleme der Personalratsarbeit *(www.djv.de).*

Die dju, Deutsche Journalistinnen- und Journalisten-Union in ver.di, veranstaltet auf Bundesebene eine Reihe von Fort- und Weiterbildungs-Seminaren für Journalistinnen und Journalisten; Dauer: meist ein Wochenende. Darüber hinaus gibt es auf regionaler Ebene eine große Zahl von Wochenendveranstaltungen zu den verschiedensten Themen: Dritte Welt, Lokaljournalismus, Polizei und Presse, Klischees in der Sprache, Bild-Journalismus, Online-Journalismus u. a. „Die Teilnahme ist unabhängig von einer Mitgliedschaft möglich", schreibt die dju *(dju.verdi.de).*

Das Förderungswerk der Hanns-Seidel-Stiftung legt jährlich ein Programmheft „Journalistische Nachwuchsförderung" auf, das alle Medien abdeckt. Die meist ein Wochenende dauernden Seminare finden in den professionell ausgestatteten Bildungszentren Kloster Banz und Wildbad Kreuth statt. Teilnehmen können Redakteure von Schüler- und Jugendzeitschriften, Studierende mit dem Berufsziel Journalismus, Volontäre und Nachwuchsjournalisten aus allen Medienbereichen bis zum Höchstalter von 35 Jahren *(www.hss.de).*

Die Friedrich-Ebert-Stiftung (FES) bietet in ihrer *JournalistenAkademie* ein Weiterbildungsprogramm für Journalist/innen und Berufseinsteigende *(www.fes. de/journalistenakademie)* und *(www.jugendmedienakademie.de).*

Die Georg-von-Vollmar-Akademie veranstaltet in Kochel am See, auch in Zusammenarbeit mit anderen Institutionen, zweitägige Seminare zu den Bereichen Internet und Politik für Journalisten. Redakteure von Schüler- und Verbandszeitungen erhalten handwerkliche Grundlageninformationen in Wochenendseminaren *(www.vollmar-akademie.de).*

Die Friedrich-Naumann-Stiftung führt verschiedene Kurse im Bereich Pressearbeit/Journalismus durch: das zweitägige standardisierte Seminar „Auf den Punkt gebracht – Pressearbeit für die Praxis im Verband" sowie „Die Kunst des Zeitungmachens", einen fünftägigen Workshop für Schülerzeitungsredakteure. Darüber hinaus veranstaltet das Regionalprogramm der Stiftung im ganzen Bundesgebiet neben eintägigen Basisseminaren zur Presse- und Öffentlichkeitsarbeit auch „Medienpolitische Diskurse" *(www.fnst.org)*.

Die Linke Medienakademie, ein Projekt der Rosa-Luxemburg-Stiftung, bietet mehrmals im Jahr in Berlin Journalismus-Workshops *(www.linke-medienakademie.de)*.

Das Medienbüro Hamburg, eine gemeinnützige Einrichtung der ev.-lutherischen Kirche, verfügt über ein eigenes Hörfunkstudio und veranstaltet Seminare rund um Journalismus und Presse- und Öffentlichkeitsarbeit *(www.medienbuerohamburg.de)*.

Die Christliche Medien-Akademie ist die Medienschule des Christlichen Medienverbundes KEP e. V. Überwiegend in Wochenendseminaren wird Grund- und Aufbauwissen u. a. in den Bereichen Journalismus, Kommunikation, Neue Medien, Presse- und Öffentlichkeitsarbeit vermittelt. Standardseminare des offenen journalistischen Fortbildungsangebots befassen sich z. B. mit Fotojournalismus, Hörfunkpraxis, Interviewtechnik, TV-Redaktion, Regie, Lokaljournalismus, Medienrecht, Recherche, Grundformen und Reportage *(www.christlichemedienakademie.de)*.

Die Stiftung Journalistenakademie Dr. Hooffacker GmbH & Co. KG organisiert in Zusammenarbeit mit der Deutschen Journalisten-Union (dju) ein- bis mehrtägige Seminare zum journalistischen Handwerk sowie berufsbegleitende Lehrgänge *(www.journalistenakademie.de)*.

Die Initiative Tageszeitung legt den inhaltlichen Schwerpunkt ihrer Seminare auf den Lokaljournalismus. Sie unterstützt Redaktionen in ihrer Alltagsarbeit, lenkt den Blick auf Zukunftsthemen und aktuelle Entwicklungen und regt Neuerungen an. Zudem werden regelmäßig praxisgerechte Angebote für Redaktionen erarbeitet, darunter Online-Lexika mit Recherchehilfen und Themenideen *(www.initiativetageszeitung.de)*.

Am Journalistenzentrum Haus Busch werden Kurse zu journalistischen Darstellungsformen quer durch alle Medien angeboten. Hinzu kommen Seminare zu Anwenderprogrammen wie Photoshop. Besondere Themenschwerpunkte liegen auf Pressestellen-Journalismus sowie Fernsehjournalismus *(www.hausbusch.de)*.

13.4 Fernlehrgänge

Fern- und Online-Lehrgänge können eine journalistische Ausbildung und vor allem das Lernen durch Mitarbeit (vgl. den Beitrag gleichen Titels) nicht ersetzen, lediglich ergänzen.

Beim klassischen Fernlehrgang wird der Lehrstoff in Lehrbriefen vermittelt; die Lehrgangsteilnehmer müssen Aufgaben bearbeiten, die per Post korrigiert zurückgeschickt werden. Der Wert von Fernlehrgängen in der journalistischen Ausbildung ist umstritten, insbesondere, weil vorwiegend Schreiben trainiert wird (vgl. die Darstellung journalistischer Tätigkeiten in diesem Buch).

Online-Lehrgänge üben vorwiegend Fertigkeiten und Techniken ein, gelegentlich verbunden mit individuellem Schreibcoaching. Sie sind an einen bestimmten zeitlichen Ablauf gebunden und verwenden oft auch interaktive Lehrmethoden.

Viele Lehrgangsanbieter sind organisiert im *Deutschen Fernschulverband* in Hamburg *(www.fernschule.de)*, aber auch eine solche Mitgliedschaft garantiert keine solide Ausbildung. Die Kosten liegen zwischen ca. 350 Euro für vier Wochen bis hin zu 1000 und 1500 Euro für Lehrgänge, die auf ein Jahr konzipiert sind.

Mehrwöchige Online-Workshops mit dem Schwerpunkt auf der Vermittlung praktischer Fähigkeiten veranstaltet *akademie.de* zu Themen wie „Webgerecht Texten", „Pressearbeit", „Recherche im Internet", „Texten für den Unternehmenserfolg" oder „Seitenoptimierung für Suchmaschinen" *(www.akademie.de)*.

An der *Freien Journalistenschule* in Berlin werden Menschen mit fachlicher Ausbildung per Fernstudium berufsbegleitend zu Fachjournalisten weitergebildet. Die Fernschule vermittelt Wissen in den Feldern Fachjournalismus, Medien und Öffentlichkeitsarbeit. Die empfohlene Studiendauer beträgt 12 Monate (1 Modul pro Monat) *(www.freiejournalistenschule.de)*.

Am *IST-Institut* kann man in einem 15-monatigen Fernlehrgang Sportjournalismus studieren. Vermittelt wird eine Kombination von klassischen journalistischen Inhalten und den Besonderheiten des Sportjournalismus wie „Das deutsche Sportsystem" oder „Praxiswissen Sportmedizin" *(www.ist.de/Sportjournalismus)*.

Die *Studiengemeinschaft Darmstadt* hat die Jahres-Lehrgänge Online-Redakteur und Journalist im Programm. Online-Redakteur kann man hier sogar in einem reinen Online-Lehrgang werden *(www.sgd.de)*.

Unter der Rubrik „Werbung und Kreativität" bietet die Hamburger *Fernakademie für Erwachsenenbildung* Fernlehrgänge zum Journalisten und zum Online-Journalisten an. Journalist soll man hier in 12 Monaten werden, „wobei Sie wöchentlich etwa 6 Stunden benötigen" *(www.fernakademie-klett.de)*.

Auch das *Institut für Lernsysteme*, das ebenfalls zur Klett-Gruppe gehört, ist in Hamburg angesiedelt. Es bietet auch die gleichen beiden Fernlehrgänge an *(www.ils.de)*.

13.5 Wettbewerbe und Stipendien

Zu vielen Journalisten-Wettbewerben kann man nur bereits veröffentlichte Sachen einreichen, andere bewerten auch Unveröffentlichtes. In jedem Fall ist gutes Abschneiden geeignet, einen Anfänger in Fachkreisen bekannt zu machen und zusätzliche Kontakte herzustellen. Hier eine Auswahl eingeführter Journalistenpreise:

Der Axel Springer Preis für Junge Journalisten wird für die Sparten Print, Hörfunk, TV-Reportagen und Internetjournalismus vergeben. Der jeweils 1. Preis ist mit 5000 Euro dotiert, der zweite mit 4000, der dritte mit 2500. Die Altersbegrenzung liegt bei 30, lediglich in der Kategorie TV bei 35 Jahren.
(www.axel-springer-preis.de)

Der Otto-Brenner-Preis für Kritischen Journalismus prämiert Beiträge, die für die demokratische und gesellschaftspolitische Verantwortung stehen und vorbildlich für kritischen Journalismus sind. Er ist mit insgesamt 20.000 Euro dotiert. Für Nachwuchs-Journalisten aus Schüler- und Jugendzeitungen, aus Videogruppen und anderen Medienprojekten gibt es einen „Newcomer-Sonderpreis" in Höhe von 2500 Euro. In Zusammenarbeit mit dem *Netzwerk Recherche* werden drei Recherche-Stipendien in Höhe von je 2500 Euro ausgelobt.
(www.otto-brenner-stiftung.de)

Der Journalistenpreis der deutschen Zeitungen – Theodor-Wolff-Preis wird jährlich in fünf gleichrangigen Einzelpreisen von je 6000 Euro vergeben, wobei je zwei Preise für Artikel aus den Kategorien „Lokales" und „Allgemeines" ausgesetzt sind. Außerdem wird ein Preis für einen herausragenden „Leitartikel/Kommentar/Essay" ausgelobt. Bewerben können sich Jour-nalistinnen und Journalisten aus allen Sparten: Politik, Wirtschaft, Lokales und Kommunalpolitik, Wissenschaft, Kultur und Gesellschaft, Sport, Tourismus, Lebenshilfe, Parlaments-, Gerichtsberichterstattung usw *(www.bdzv.de)*.

Nannen-Preis: Der „Stern" verleiht diese Auszeichnung in sieben Kategorien, die die Vielfalt von modernem Printjournalismus widerspiegeln: Preise gibt es für die beste Reportage (Egon Erwin Kisch-Preis), für die beste investigative Leistung, für die beste fotografische Leistung, für eine besonders verständliche und anschauliche Berichterstattung über einen komplexen, gegenwärtigen oder zeitgeschichtlichen Sachverhalt, für ein herausragendes Beispiel unterhaltsamer, humorvoller Berichterstattung. Der Preis ist nicht dotiert *(www.nannen-preis.de)*.

Der Helmut Schmidt-Journalistenpreis zeichnet Journalisten aus dem deutschsprachigen Raum aus, die sich durch verbraucherfreundliche Berichterstattung über Wirtschafts- und Finanzthemen hervorgetan haben. Altbundeskanzler Helmut Schmidt ist Namensgeber dieses Preises und Laudator auf der Veranstaltung. Ausgelobt wird der Helmut Schmidt-Journalistenpreis von der Direktbank ING-DiBa. Das Institut für Verbraucherjournalismus unterstützt die ING DiBa bei der Vergabe.
(www.institut-verbraucherjournalismus.de)

Der Alternative Medienpreis fällt etwas aus dem Rahmen: Hier geht es um engagierten Journalismus quer durch alle Medien. Ausgezeichnet werden innovative Medienbeiträge in den Sparten Macht, Geschichte, Vernetzung, Zukunft, Leben und Medienkritik mit jeweils 500 Euro *(www.alternativer-medienpreis.de)*.

Hinzugekommen zu den eingeführten Journalistenpreisen sind in den letzten Jahren *zahlreiche neue Ausschreibungen* von Unternehmen und Institutionen.
Eine vollständige Übersicht ist nahezu unmöglich – ich empfehle eine gezielte Internet-Recherche. Eine gute Übersicht bietet Newsroom.de *(www.newsroom.de/journalistenpreise/)*.

Mit seinen Stipendien zwischen 2500 und 3500 Euro möchte das *Netzwerk Recherche* jungen Journalisten die Chance bieten, bei einem spannenden Thema in die Tiefe zu gehen. Bewerben können sich alle Journalisten, die für bundesdeutsche Medien arbeiten und eine detaillierte Projektskizze mit genauem Konzept sowie einem Termin- und Kostenplan vorlegen *(www.netzwerk-recherche.de)*.

Die Michael-Jürgen-Leisler-Kiep-Stiftung vergibt alljährlich ein Stipendium für eine Studienreise in die USA, das mit einem Preis von 7500 US-Dollar dotiert ist. Das Stipendium ist auf die Dauer von sechs Wochen ausgelegt und mit einer Hospitanz bei einem amerikanischen Sender oder Printmedium verbunden *(www.kiep-stiftung.de)*.

Das Deutsch-Französische Jugendwerk unterstützt Frankreich-Kontakte durch Redaktionsaufenthalte und Sprachkurse *(www.dfjw.org)*.

13.5 Wettbewerbe und Stipendien

Die Reise-Stipendien der Heinz-Kühn-Stiftung sind für junge Journalisten aus Nordrhein-Westfalen bestimmt; finanziert werden sechswöchige und dreimonatige Aufenthalte in Ländern der Dritten Welt *(www.heinz-kuehn-stiftung.de)*.

Im Expertenkreis Qualitätsjournalismus haben sich Vertreterinnen und Vertreter von Stiftungen zusammengeschlossen, die den Qualitätsjournalismus voranbringen wollen. Momentan unterstützen ca. 120 Stiftungen in Deutschland Journalistinnen und Journalisten sowie journalistische Projekte und Vorhaben *(www.stiftungen.org)*.

Ein Praktikum im Ausland kann man (meist völlig auf eigene Kosten) bei deutschsprachigen Zeitungen, Zeitschriften und Radiostationen auch außerhalb des deutschen Sprachraums machen.

Die *Arbeitsgemeinschaft Internationale Medienhilfe* vermittelt Praktikanten in alle Erdteile, insbesondere zu deutschsprachigen Auslandsmedien *(www.imh-deutschland.de)*.

Einige Monate in Ostasien recherchieren, über die USA schreiben, eine Zeitlang in einer Redaktion in Osteuropa, dem südlichen Afrika oder Lateinamerika mitarbeiten: Die *IJP (Internationale Journalisten-Programme)* bieten jungen talentierten Journalisten die Chance, als Korrespondenten auf Zeit aus dem Ausland zu berichten. Dafür vergeben die IJP, eine gemeinnützige Organisation von Journalisten für Journalisten, jedes Jahr mehrere Dutzend Auslandsstipendien *(www.ijp.org)*.

Das Netzwerk N-Ost versteht sich als Medienagentur, die Auslandsjournalismus fördert, transnationale Recherchen ermöglicht und Journalisten qualifiziert *(www.n-ost.org)*.

Eine Broschüre „Journalistische Praktika und Programme im Ausland" hat die Deutsche Journalistinnen- und Journalisten-Union (dju) herausgegeben *(http://dju.verdi.de)*.

Die hier angegebenen Adressen für Wettbewerbe und Stipendien sind nur *Beispiele* für die Vielzahl der Möglichkeiten. Hilfreiche Linksammlungen bieten Journalistenportale wie *www.journalismus.com* oder *www.journalistenlinks.de*.

Österreich 14

Zusammenfassung

Über Wege in den Journalismus in Österreich informiert dieses Kapitel.

Schlüsselwörter

Journalismus · Österreich · Ausbildung · Weiterbildung · Arbeitsmarkt · Studium · Kurse

14.1 Der Arbeitsmarkt

Eine repräsentative Erhebung aus dem Jahr 2006 ergab eine Zahl von rund 7100 Personen, die hauptberuflich in Österreich als Journalisten arbeiten. Zusätzlich waren ca. 900 als freie Journalisten tätig. Der Anteil der Frauen betrug 42 Prozent, jener der Männer 58 Prozent. Das Durchschnittsalter lag bei 40,2 Jahren und ein Großteil (zwei Drittel) war bei Printmedien beschäftigt. Im internationalen Vergleich war der Akademikeranteil mit 34 Prozent gering. In Bezug auf die Beschäftigungsverhältnisse zeigte die Studie, dass von den hauptberuflichen Journalisten 70 Prozent angestellt sind, wobei 76 Prozent der hauptberuflichen Journalisten Vollzeit arbeiteten. Etwa 15 Prozent der Journalisten waren in leitender Position tätig, drei Viertel davon sind Männer (vgl. Kaltenbrunner/Karmasin/Kraus 2007). Eine aktuellere Vollerhebung steht nicht zur Verfügung, es ist jedoch davon auszugehen, dass die Zahl der hauptberuflichen JournalistInnen im vergangenen Jahrzehnt um 10 bis 20 Prozent gesunken ist.

Tageszeitungen: Es gibt in Österreich 14 Kaufzeitungen und mehrere Gratis-Tageszeitungen. Einige der Kauf-Tageszeitungen haben lokale und regionale Ausgaben, die von eigenen Redaktionen erarbeitet werden; eine ist eine Parteizeitung (das „Neue Volksblatt", ÖVP). Auflagenstärkste Tageszeitung ist trotz sinkender Auflagen noch immer mit Abstand die „Neue Kronen Zeitung". Wien verfügt mit sieben Tageszeitungen über die höchste Zeitungsdichte. Ansonsten steht in den meisten der weiteren acht Bundesländer jeweils eine starke, bodenständige Tageszeitung einer Regionalausgabe der „Neuen Kronen Zeitung" oder des ebenfalls in Wien erscheinenden „Kurier" gegenüber. Aufgrund der Dominanz der „Neuen Kronen-Zeitung", einer zum Teil engen wirtschaftlichen Verflechtung und einiger starker Bundesländerzeitungen ist der österreichische Tageszeitungsmarkt ökonomisch in hohem Maße konzentriert.

In Wien erscheint neben den Kaufzeitungen die Gratis-Tageszeitung „Heute"; sie ist vor allem im Netz der Wiener Städtischen Verkehrsbetriebe, respektive der U-Bahn, und in einigen anderen Bundesländern kostenlos erhältlich. Für Aufsehen sorgte das 2006 neu gegründete Boulevardblatt „Österreich", das ebenfalls zum Teil gratis verteilt wird. Außerdem gibt es in Tirol ein Gratisblatt.

Wochenzeitungen, Magazine, Gratisblätter: Neben den (wenigen) Tageszeitungen gibt es in Österreich zahlreiche *lokale Wochenzeitungen*, von denen einige – vor allem in Niederösterreich sowie im Burgenland – eine Art Tageszeitungsersatz-Funktion erfüllen. Es gibt unter den Wochenzeitungen zunehmend auch Titel, die – finanziert durch Anzeigen – gratis an die Haushalte verteilt werden. Laut Statistik Austria 2014 besteht der Markt der Wochenzeitungen aus derzeit 252 Titeln; er stellt für Journalisten einen wichtigen Arbeitsmarkt dar.

Neben den Wochenzeitungen und Gratisblättern existieren mehrere *politische Magazine, Lifestyle- und Programmzeitschriften*. Viele von ihnen erscheinen in der 1992 gegründeten Verlagsgruppe „News" (wie etwa „News", „tv-media", „Format", „E-Media", „Woman" u. a. m.) oder gehören über Beteiligungen dieser Gruppe an (wie etwa das politische Nachrichtenmagazin „profil"). Insgesamt gibt es rund 63 solcher (mehr oder weniger auflagenstarker) Illustrierten und Magazine.

Neben diesen Presseerzeugnissen gibt es zahlreiche *Fach-, Kunden- und Verbandszeitschriften*, in denen auch Journalisten als redaktionelle Mitarbeiter tätig sind.

Die Adressen aller Zeitungs- und Zeitschriftenverlage, der Austria Presse Agentur (APA), der Werbeagenturen, der Verbände des Medienwesens sowie vieler Institutionen und Organisationen, die Öffentlichkeitsarbeit pflegen, findet man im jährlich neu erscheinenden „Pressehandbuch". Es wird vom Verband

14.1 Der Arbeitsmarkt

Österreichischer Zeitungen (VÖZ) in Wien herausgegeben, erscheint im Verlag Manz, Wien, und ist auch als CD-ROM erhältlich. Der VÖZ (www.voez.at) ist eine gute Anlaufstelle für Auskünfte über das österreichische Pressewesen.

Über die Lage des Medienwesens in Österreich informieren folgende Publikationen:

Harald Fidler, *diemedien.at* (zahlungspflichtiger Blog des österreichischen Medienjournalisten Harald Fidler), laufend aktualisiert.

Thomas Steinmaurer: Das Mediensystem Österreichs; in: Internationales Handbuch Medien. Hrsg. vom Hans-Bredow-Institut (Baden-Baden: Nomos, 2009), S. 504–517.

Rundfunk (Radio, Fernsehen): In Österreich besteht seit Mitte der 1990er Jahre ein duales Rundfunksystem mit einem öffentlich-rechtlichen sowie zahlreichen privaten (vor allem regionalen) Rundfunkveranstaltern.

Das größte Rundfunkunternehmen Österreichs ist der ORF *(www.orf.at)*. Er ist eine *öffentlich-rechtliche Rundfunkanstalt* und unterhält eine große Sendezentrale in Wien sowie in allen neun Bundesländern voll hörfunk- und fernsehtaugliche Landesstudios. Der ORF produziert insgesamt 12 Hörfunkprogramme (Ö1, Ö3, FM4, neun regionale Bundesländerprogramme) und zwei Fernseh-Vollprogramme (ORFeins, ORF2), ORF 2 Europe sowie zwei Spartenprogramme (ORF III und ORF Sport +), sowie in Kooperation mit Deutschland und der Schweiz den werbefreien, öffenlich-rechtlichen Fernsehsender 3sat. Sie alle strahlen rund um die Uhr ihre Sendungen aus. Weiters betreibt der ORF den ORF-Teletext und den Online-Auftritt *www.orf.at*. Eine vollständige Liste aller Rundfunkveranstalter ist jeweils aktuell unter *www.rtr.at/de/m/Hoerfunkveranstalter* abrufbar.

Neben dem ORF gibt es private Radio- und Fernsehveranstalter. Die privaten *Radiobetreiber* strahlen regionale (jeweils bundeslandweit) und lokale (örtlich begrenzte) Programme aus. Ein Sender – „Kronehit-Radio" verfügt über eine bundesweite terrestrische Lizenz. Nach der Angabe des Bundeskanzleramtes gibt es rund 80 Radioanbieter, an denen übrigens auch viele Tages- und Wochenzeitungen beteiligt sind.

Die privaten Radioprogramme verstehen sich zumeist als Musiksender und weisen in aller Regel nur einen geringen redaktionellen Anteil auf. Ihre Adressen findet man im „Pressehandbuch" sowie beim Verband österreichischer Privatsender *(www.voep.at)*.

Privatfernsehsender am Markt sind ATV (ATV und ATV II, mit Sitz in Wien), „Puls 4" (zugehörig zu ProSieben.Sat1), Servus TV (der zum Red Bull Medienhaus zugehörige TV-Sender mit Sitz in Salzburg) und sixx Austria (ein Ableger des deutschen Senders sixx für Österreich).

Zudem gibt es größere Sender in den Ballungsräumen um Wien, Linz und Salzburg, daneben in einigen Bundesländern auch einige kleine lokale TV-Veranstalter sowie Community-TV-Sender, der größte davon in Wien (OKTO). Eine vollständige Liste aller Rundfunkveranstalter ist jeweils aktuell unter www.rtr.at/de/m/ *Fernsehveranstalter* abrufbar. Ihre Adressen stehen ebenfalls im jährlich erscheinenden „Pressehandbuch".

Agenturen, Pressedienste: Die einzige große österreichische Nachrichtenagentur ist die *Austria Presse Agentur (APA)*, eine gemeinsame Einrichtung der österreichischen Tageszeitungen sowie des ORF. Sie unterhält in Wien ihr Stammhaus und Landesredaktionen in allen österreichischen Bundesländern. Die APA kooperiert mit vielen nationalen und internationalen Nachrichtenagenturen und Informationbrokern. Sie versorgt über zahlreiche Dienste nicht nur das österreichische Medienwesen, sondern tausende andere Geschäftskunden in vielfältiger Weise mit aktuellen Nachrichten und Informationen unterschiedlicher Art *(www.apa.at)*.

Die Online-Agentur „pressetext Austria" bietet gratis Informationen per E-Mail an: Firmeninformationen, Neuigkeiten, Fotos und Web-TV *(www.pressetext.at)*.

In zunehmendem Maße einen Arbeitsmarkt für Mitarbeiter bilden die zahlreichen Pressestellen von Unternehmen, Verbänden, Institutionen und Behörden sowie eine unüberschaubar große Anzahl von Werbe- und PR-Agenturen. Ihre Adressen sind ebenfalls dem „Pressehandbuch" zu entnehmen.

Online-Medien: Nahezu alle österreichischen Tages- und Wochenzeitungen, Zeitschriften und Magazine, ORF und APA sowie viele andere Medienbetriebe und Kommunikationsunternehmen unterhalten teils mehr, teils weniger stark ausgebaute Online-Auftritte, in denen ebenfalls journalistische Mitarbeiter tätig sind. Langsam entstehen daneben auch spezialisierte online-only Publikationen.

14.2 Wege in die Redaktion

In Österreich ist der Zugang zum Journalistenberuf wie in Deutschland nicht geregelt. Der typische Einstiegsweg in den Beruf ist die *freie Mitarbeit*. Oft werden die ersten Kontakte während eines Ferialpraktikums geknüpft.

Die jungen Medienmitarbeiter sind zum Großteil akademisch gebildet. Viele haben ein Fachstudium abgeschlossen, ein Teil hat ohne Abschluss studiert.

Neben der „Schnupper-Mitarbeit" etwa in den Ferien beschäftigen die Redaktionen zunehmend freie Mitarbeiter in unterschiedlichen Kooperationsverhältnissen. Neben den klassischen Werkverträgen gibt es „neue Selbstständige" (werden

14.2 Wege in die Redaktion

steuerlich und versicherungstechnisch als Selbstständige behandelt) und dienstnehmerähnliche Verhältnisse.

Um die Schulung der jungen Mitarbeiter kümmern sich in den Redaktionen zumeist erfahrene Kollegen. Mehrere Redaktionen haben Lehrredaktionen oder andere Programme eingerichtet. Außerdem bieten Institutionen Weiterbildungsprogramme an, wie das 2011 gegründete, gemeinnützige „fjum_forum journalismus und medien wien" und das von den Mediensozialpartnern eingerichtete Kuratorium für Journalistenausbildung (siehe folgende Beiträge).

Für die österreichische Presse bilden die *Redakteursaspiranten*, deren Stellung etwa der von Volontären in deutschen Verlagen entspricht, neben freiberuflichen Mitarbeitern den hauptsächlichen Nachwuchs. Die einschlägigen Pflichten der Verlage von Tageszeitungen regelt sehr knapp *§ 7 des Kollektivvertrags:* „ ... Die Ausbildungszeit des Redakteursaspiranten beträgt 5 Jahre, ... Wer zum Zeitpunkt des Eintritts in den Verlag eine abgeschlossene Hochschul- oder einschlägige Fachhochschulausbildung nachzuweisen vermag, ist zu Beginn der Tätigkeit im 4. Jahr einzustufen."

Als Ausbildung sieht der Kollektivvertrag vor: Während der Ausbildungszeit als Redakteursaspirant, so die Regelung des Österreichischen Kollektivvertrags (der zwischen Journalistengewerkschaft und Herausgeberverband ausgehandelt wird), ist als Voraussetzung für die spätere Übernahme als Redakteur oder Reporter das „Journalisten-Kolleg" oder eine andere gleichwertige Ausbildung, z. B. der Zertifikatskurs Digitaljournalismus oder ein facheinschlägiges Studium zu absolvieren. Die Aufteilung der Kosten für die Ausbildung zwischen Verlag und Aspirant ist zu vereinbaren, wobei der Verlag die Kosten übernehmen und dafür den Lohn kürzen darf oder der Aspirant die Ausbildung selbst bezahlen muss.

In der Praxis verschwimmen diese Kategorien. Die Verlage handhaben die Kollektivvertragsregelungen in unterschiedlichem Ausmaß. Freie Mitarbeiter werden bei Anstellung oft als Redakteure angestellt, unabhängig von ihrer Ausbildung. Der Begriff Redakteur wird in Österreich oft als Synonym für Journalist verwendet, sodass sich freie Mitarbeiter oft als Redakteure bezeichnen.

Das Vorarlberger Medienhaus nimmt Redaktions-Trainees auf, die in einem zwölfmonatigen Programm ausgebildet werden. Im Rotationsprinzip durchlaufen die Trainees die Redaktionen der Print-, Online- und Radioredaktionen des Vorarlberger Medienhauses. Die Ausbildung „on the job" wird durch theoretische und praktische Schulungen ergänzt. Voraussetzung für die Bewerbung ist mindestens gutes Maturaniveau. Über die Aufnahme entscheidet ein Auswahlverfahren, in dem ein Wissenstest, eine Recherchearbeit und ein persönliches Gespräch erfolgreich zu absolvieren sind *(http://www.russmedia.com/karriere/traineeprogramme-bei-russmedia/)*.

Bei der Austria Presse Agentur (APA) müssen sich potenzielle Mitarbeiter zunächst einem schriftlichen Test unterziehen, bei dem journalistisches Formulieren und inhaltliches Gewichten von Themen geprüft wird. Dies ist die Voraussetzung für ein Volontariat bzw. Praktikum. Während dieses Zeitraums werden intern Agenturjournalismus allgemein und die Besonderheiten der APA in Theorie und Praxis gelehrt. Jung-Journalisten erhalten sowohl einen genauen Einblick in das Unternehmen als auch eine praxisbegleitende und APA-maßgeschneiderte Grundausbildung vor allem in Agenturformat und Medienrecht sowie in einer „Schreibwerkstatt". Kurse werden immer dann abgehalten, wenn ausreichend Kandidaten – vor allem neue Freie Mitarbeiter – in den Redaktionen vorhanden sind.

Wichtig sind für die APA Sprachkenntnisse: Neben Englisch und Französisch ist immer mehr auch die Beherrschung von Sprachen aus dem CEE-Raum (Mittel- und Osteuropa) von Vorteil, insbesondere aus jenen Staaten, die neu in der EU bzw. Kandidaten für eine Aufnahme in die Union sind *(www.apa.at)*.

Der Österreichische Rundfunk (ORF) bildet grundsätzlich nur Journalisten aus, die bereits im Unternehmen als freie Mitarbeiter oder Angestellte arbeiten. Die Abteilung Human Resources Management (GHR) ist mit der Bewerberauswahl, den Aus- und Weiterbildungsagenden sowie den Personalentwicklungsagenden beauftragt.

Für Jungjournalisten im ORF bietet diese Abteilung – neben zahlreichen Einzelseminaren für neue und für erfahrene Journalisten – auf Grund der Trimedialität (Radio, Fernsehen, Internet) unterschiedliche Grundkurse. Neben den Fachseminaren absolvieren die Jung-Journalisten eine umfassende Sprechausbildung. Alle neuen journalistischen Mitarbeiter werden mit Hilfe eines Assessment Centers (mehrteiliger Test mit u. a. Mikrofon- und Kameratest) ausgewählt. Dadurch wird sichergestellt, dass die Kandidaten fachlich, stimmlich und persönlich den Anforderungen eines elektronischen Mediums entsprechen. Bewerbungen sind elektronisch an das Human Resources Management zu richten *(http://jobs.orf.at)*.

Privatsender und Privatradios verfügen über verschiedene hausinterne Ausbildungsmaßnahmen sowie eine eigene Ausbildungseinrichtung, den *Verein Privatsenderpraxis (www.privatsenderpraxis.at)*. Dieser bietet Aus- und Weiterbildung für die Mitarbeiter privater Radio- und Fersehsender in Österreich. Die

14.3 Fortbildung: fjum – forum journalismus und medien wien

Regulierungsbehörde (RTR) begünstigt als Anreiz für Aus- und Weiterbildung bei der Vergabe der Inhalteförderung jene Rundfunkbetreiber, die ihren Mitarbeitern und Mitarbeiterinnen mehr Bildung ermöglichen. Informationen über die Privat-Rundfunk-Landschaft (Radio und Fernsehen) erhält man bei der Rundfunk und Telekom Regulierungs-GmbH RTR *(http://rtr.at)* oder beim Verband Österreichischer Privatrundfunksender (VÖP, *www.voep.at*) c/o Fachverband der Telekommunikations- und Rundfunkunternehmen in der Wirtschaftskammer Österreich (Mail: *rene.tritscher@wko.at*).

Die biber-Akademie bildet Jung-Journalisten mit internationalen Backgrounds aus. Seit 2011 werden zwei Monate lang je vier Stipendiaten ausgebildet. Sie veröffentlichen ihre Interviews, Berichte und Reportagen online und im Heft. Zwei weitere Monate absolvieren die biber-Akademiker in einem Partnermedium oder einer Pressestelle ihrer Wahl. Die Absolventen der Akademie arbeiten mittlerweile für Medien wie die Salzburger Nachrichten, fm4, Kurier oder auch im Außenministerium.

Das Ziel der „mit scharf"-Akademie ist es, die kommende Journalisten-Generation des neuen Österreichs zu rekrutieren und auszubilden. Das Stipendium ist mit 600 Euro monatlich dotiert. Um sich zu bewerben, muss der Bewerber zwischen 18 und 28 Jahre alt sein. Mit dem Lebenslauf muss er in einem Motivationsschreiben schreiben, warum er das Stipendium bekommen sollte und welche Geschichten (min. 3 Storyvorschläge) er gerne schreiben würde *(http://www.dasbiber.at/ akademie-mit-scharf)*.

Neben den klassischen Medien gibt es zahlreiche Initiativen für Berufseinsteiger (z. B. Mokant-Akademie – http://mokant.at/1502-mokant-at-akademie-ueberblick/), für Community-Medien (Commit www.commit.at). Auch PR-Abteilungen und Agenturen sowie Kunden- und Mitarbeiterzeitschriften bieten ein weites Betätigungsfeld für Berufseinsteiger.

14.3 Fortbildung: fjum – forum journalismus und medien wien

Seit 2011 gibt es mit dem fjum_forum journalismus und medien wien (fjum) einen Fortbildungsanbieter für JournalistInnen in Wien. Das Veranstaltungsangebot umfasst Mid-Career Training für Journalisten in Kooperation mit österreichischen und internationalen Partnern. Eine weitere Zielsetzung ist die Förderung des

Diskurses über Medien und Journalismus, dies geschieht durch Public Lectures, Konferenzen und öffentliche Diskussionen (*www.fjum-wien.at*).

Kurse und Workshops: Die gemeinnützige Einrichtung veranstaltet zahlreiche Seminare, Trainings, Workshops, Diskurse zur Perfektionierung journalistischen Handwerks, zur Weiterentwicklung persönlicher Fähigkeiten, zum Wissenserwerb zu neuen und wichtigen Themen und zur Entwicklung strategischer Konzepte. Die Vortragenden kommen aus der Praxis (z. B. The Guardian, BBC, Zeit Online, Der Standard, profil, ORF uvm.) sowie der Forschung (z. B. Columbia University, Universität Hannover). fjum veranstaltet neben rund 30 Workshops mehrere längere Programme (Zertifikatskurs Politik/Journalismus etc.), Fachtagungen und verschiedene Initiativen (z. B. für geflüchtete JournalistInnen). Ein Fokus liegt auf Innovationsthemen und auf der Integration internationaler Vortragender.

Zertifikatskurs Digitaljournalismus: Der Zertifikatskurs Digitaljournalismus stellt Themen wie crossmediales Storytelling, Online-Recherche und Mobile-Reporting in den Mittelpunkt. Er vermittelt Kontextwissen über Zielgruppen und digitale Märkte.

Das Programm thematisiert die zentralen Fragen digitaler journalistischer Arbeit – in Theorie und Praxis. Es orientiert sich am deutschsprachigen Journalismus, pflegt aber zugleich eine stark internationale Perspektive, um Trends in Digitaljournalismus und Technologieentwicklung zu erkennen und einzubeziehen.

In vier Präsenzblöcken und individuellen Zusatzmodulen erwerben die Teilnehmenden alle Grundlagen für zeitgemäßen Journalismus. Sie arbeiten parallel an einem journalistischen Projekt, werden von Profis betreut und lernen aus Fallstudien über erfolgreiche digitale Journalismusproduktion.

14.4 Kuratorium für Journalistenausbildung/ Österreichische Medienakademie

Das Kuratorium für Journalistenausbildung (KfJ) versteht sich als Österreichische Medienakademie und ist eine Einrichtung der Mediensozialpartner. Seine Trägerverbände sind der Verband Österreichischer Zeitungen, die Journalistengewerkschaft sowie der Österreichische Zeitschriften- und Fachmedien-Verband.

Ziele des KfJ sind die berufsbegleitende Aus- und Fortbildung von Journalisten aus Print-, Funk- und Online-Medien sowie die studienbegleitende Ausbildung von Studierenden aus Universitäten und Hochschulen.

14.4 Kuratorium für Journalistenausbildung/Österreichische Medienakademie

Das Veranstaltungsangebot ist vielfältig und umfasst das *Österreichische Journalistenkolleg, Fachseminare* zur Fort- und Weiterbildung von Journalisten, *Workshops* über Print-, Rundfunk-, Foto- und Online-Journalismus, *Internationale Programme* und *Masterstudium New Media Journalism, Stipendien* für journalistisch interessierte Studierende zur Teilnahme an Veranstaltungen des KfJ sowie für Ferialvolontariate. Daneben ist das KfJ Herausgeber der Schriftenreihe „Journalistik".

Die Fachseminare und Workshops dienen in erster Linie der berufsbegleitenden Fort- bzw. Weiterbildung von Journalisten während der gesamten Berufslaufbahn. Sie befassen sich praktisch und theoretisch mit Fragen des Print-, Online- und Radiojournalismus, mit wissenschaftlichen, technischen, wirtschaftlichen und politischen Entwicklungen und Grundsatzfragen der Massenmedien sowie mit anderen allgemeinen und besonderen Problemen der gesellschaftlichen Kommunikation. Internationale Programme wie die US-Austrian Journalism Exchange Fellowhips oder die Eurotours bieten österreichischen Journalisten die Möglichkeit zu internationalem Austausch und Arbeitserfahrung im Ausland.

Das Österreichische Journalisten-Kolleg dauert vier mal drei Wochen. Es bietet journalistische Ausbildung in den Bereichen Agentur, Zeitung, Zeitschrift, Radio und Online. Die Teilnehmer müssen alle Bereiche besuchen und erhalten zum Abschluss ein Zertifikat, das ihnen die umfassende journalistische Ausbildung bestätigt. Im Journalisten-Kolleg werden die Journalisten mit allen Tätigkeiten (Recherche, Interview etc.) und Darstellungsformen (Nachricht, Analyse, Reportage, Kommentar etc.) in allen Medien in praktischen Übungen vertraut gemacht. Außerdem umfasst das Kolleg die Themen Berufs- und Arbeitsrecht, Zeitungs- und Zeitschriftengestaltung, wirtschaftliches und politisches Grundlagenwissen sowie die Ressortbereiche Lokales und Wirtschaft.

Das internationale **Masterstudium New Media Journalism,** in Kooperation mit der Universität Leipzig, der Akademie für Publizistik in Hamburg (AfP) und der Schweizer Journalistenschule MAZ in Luzern, richtet sich an das mittlere Management und High Potentials an der Schnittstelle von Print und Online. Es unterstützt Studierende und Unternehmen bei der Bewältigung der neuen Herausforderungen durch digitale Medien. Die Regelstudienzeit beträgt vier Semester. Abschluss: Master of Arts (MA).

Die Kurskosten werden in der Regel von den entsendenden Redaktionen/Verlagshäusern/Institutionen getragen. Ansonsten müssen die Teilnehmer für die Seminarkosten selbst aufkommen. Für Studenten und frei schaffende Medienmitarbeiter stehen in beschränktem Ausmaß Stipendien zur Verfügung.

14.5 Weitere Ausbildungsinstitute

Das **Medienhaus Wien** (www.mhw.at) führt praxisbezogene Forschungsprojekte zu Medien und Journalismus durch. Schwerpunkte sind die Themen Journalistenqualifikation, Managementtraining, Medienkonvergenz und -innovation. Einige Studien sind Grundlage der Entwicklung von Seminarreihen, internationalen Symposien oder von umfassenden Curricula für Studiengänge.

Die Katholische Medien Akademie (KMA) hat als journalistischen Leiter den ehemaligen ORF Generalintendanten Gerhard Weis, der als Motto formuliert: „Die Absolventen sollen lernen, zwischen Wahrheit und Unwahrheit, Sinn und Unsinn, wichtig und unwichtig unterscheiden zu können."

Die KMA bietet im Studentenkurs „Beruf Journalist" den Teilnehmern 60 Kurstage (verteilt auf drei Semester) und verpflichtende Redaktionspraktika. Die Ausbildung umfasst Print- und Hörfunkjournalismus, „Neue Medien" und eine Einführung in den Fernsehjournalismus. In den Kurstagen wird hauptsächlich „Journalismus pur" betrieben, ergänzt um die notwendige Theorie. Am Ende der Ausbildung war jeder KMA-Absolvent zumindest freier Mitarbeiter einer Redaktion.

Zielgruppe sind Studenten aller Studienrichtungen. Die Ausbildung kann neben dem Studium absolviert werden. Die KMA bietet zudem Grundkurse im Bereich Journalismus und spezielle Kurse für kirchliche Institutionen an *(www.kma.at)*.

Das Friedrich Funder Institut (FFI) der ÖVP ist im Bereich der Publizistik, Medienforschung und vor allem Journalistenausbildung tätig. Das Basisprogramm richtet sich an Schüler, Studierende, Arbeitnehmer und alle, die sich für journalistische Arbeit und PR interessieren. Ziel ist es, eine solide Grundausbildung über die Abläufe und Vorgänge moderner Medien und die Arbeit des Journalisten zu vermitteln. Im Spezialisierungsprogramm werden Kenntnisse und Fertigkeiten über einen Teilbereich des Journalismus vermittelt, von Online- über Print- bis hin zu Radio/TV-Journalismus *(www.ffi.at)*.

Die Oberösterreichische Journalistenakademie bietet Grundkurse für Berufseinsteiger und -einsteigerinnen in den Journalismus, die in 16 Kurstagen die wichtigsten Grundlagen der Arbeit bei Medien und in Pressestellen vermitteln. Außerdem finden Weiterbildungsseminare wie z. B. Intensivtraining Interview oder PR-Controlling für Medien- und PR-Profis statt. Bewerber mit Wohnsitz Oberösterreich werden bevorzugt *(www.journalistenakademie.at/)*.

Das Polycollege Stöbergasse veranstaltet verschiedene praxisbezogene Grundausbildungen im Bereich Medien, wie zum Beispiel den Lehrgang Medienmanagement oder den Kurzlehrgang Online-Journalismus *(http://www.vhs.at/startseite.html)*.

Die Österreichische Gesellschaft für Publizistik und Medienforschung (GESPU) veranstaltet in unregelmäßigen Abständen Fortbildungsseminare, Vorträge u. ä. für berufstätige Journalisten.

14.6 Universitäten und Fachhochschulen

Einen Überblick über Aus- und Fortbildungsmöglichkeiten gibt die Datenbank *(www.publizistik.net)*.

Fachhochschulen: Studiengang Journalismus und Medienmanagement an der Fachhochschule der Wirtschaftskammer Wien: Der dreijährige *Bachelor*-Studiengang bietet eine praxisorientierte Ausbildung für Print, TV, Online und Radio, die mit einem Bachelor of Arts abgeschlossen wird. Schwerpunkte sind Medienkunde, Medienökonomie, journalistisches Arbeiten und technologische Grundlagen, wirtschaftliche und rechtliche Grundlagen, Fremdsprache, Social Skills.

Der zweijährige *Masterstudiengang* Journalismus & Neue Medien kann berufsbegleitend studiert werden. Das Studium mit MA-Abschluss orientiert sich am Vorwissen der Studierenden und bietet eine individuell abgestimmte Ausbildung: Wer bereits über mehrjährige journalistische Erfahrung verfügt, erhält die Möglichkeit, sich gezielt mit neuen Aspekten des Journalismus auseinanderzusetzen. AbsolventInnen anderer Studienrichtungen, die bisher nur erste Gehversuche im Journalismus unternommen haben, lernen die Grundlagen für Print, TV, Online und Radio.

Außerdem bietet die FH gemeinsam mit dem WIFI der Wirtschaftskammer Wien und News on Video den Weiterbildungslehrgang Video-Journalismus an. Der zweisemestrige Lehrgang ist berufsbegleitend und vermittelt Know-How in den Bereichen Dreh, Schnitt, Redaktion, Sprache, Gestaltung und allgemeine Skills. Die AbsolventInnen schließen mit der Bezeichnung „Akademischer Video-Journalist" ab *(www.fh-wien.ac.at)*.

FH-Studiengang Journalismus und Public Relations an der Fachhochschule Joanneum Graz: Das sechssemestrige *Bachelor*-Studium mit Abschluss BA eröffnet für Absolventen Perspektiven in Redaktionen und Medienhäusern, in der Medienberatung und in Kommunikationsabteilungen von Unternehmen, Politik, Kultur. Praxisorientierte Team- und Projektarbeiten und eine fach- und grundlagentheoretische Bildung bereiten die Studierenden für die Tätigkeitsfelder vor. Ein verpflichtendes Praxissemester, das im In- oder im Ausland absolviert werden kann, bietet noch während des Studiums Einblick in das zukünftige Arbeitsleben.

Einige weitere Fachhochschulen bieten Ausbildungen im Medienbereich, allerdings keine breit gefächerte Journalistenausbildung.

Eisenstadt: Bakkalaureatsstudium Information, Medien und Kommunikation *(www.fh-burgenland.at)*

Salzburg: Bakkalaureats- und Masterstudium MultiMediaArt an der Fachhochschule Salzburg *(www.fh-salzburg.ac.at)*

Dornbirn: Bachelor- und Masterstudium InterMedia. Fachhochschule Vorarlberg *(www.fhv.at)*

Hagenberg: Bachelor- und Masterstudium Kommunikation, Wissen, Medien der Fachhochschule Oberösterreich, Campus Hagenberg *(www.fh-hagenberg.at)*

Das Studium der Publizistik- und Kommunikationswissenschaft an den **Universitäten Wien, Salzburg und Klagenfurt** beansprucht nicht, eine praktisch-handwerkliche Ausbildung zu vermitteln. Vielmehr geht es laut Studienordnung um jene *wissenschaftliche Berufsvorbildung*, welche den Absolventen die notwendigen Grundvoraussetzungen vermittelt, die für Kommunikationsberufe in Praxisfeldern wie z. B. Journalismus, Öffentlichkeitsarbeit, Werbung, Medienpolitik (in Verbänden, Parteien und Behörden), Medienpädagogik, Medienforschung und künftigen weiteren Berufsfeldern erforderlich sind. Im Hinblick auf die öffentliche Aufgabe der Massenmedien soll das Studium neben dem Erlernen berufsspezifischer Fertigkeiten zur Reflexion über die gesellschaftlichen Aufgaben und Funktionen der Massenkommunikation und über die besondere Verantwortung der Kommunikationsberufe anregen.

Wien: Das Institut für Publizistik und Kommunikationswissenschaft der Universität Wien bietet ein Bakkalaureats- und ein Magisterstudium an.

Das *Bakkalaureatsstudium* Publizistik- und Kommunikationswissenschaft dauert sechs Semester und umfasst 90 Semesterstunden, die sich in Pflicht- und Wahlfächer teilen. Pflichtfächer sind Studieneingangsphase, Medien- und kommunikationstheoretische Grundlagen, Inter- und transdisziplinäre Grundlagen. Wahlfächer sind z. B. Printjournalismus, Hörfunkjournalismus, Multimediajournalismus, Öffentlichkeitsarbeit sowie Markt- und Meinungsforschung.

Das *Magisterstudium* „Publizistik- und Kommunikationswissenschaft" dauert vier Semester und umfasst 30 Semesterstunden. Es setzt den Abschluss des Bakkalaureatsstudiums Publizistik- und Kommunikationswissenschaft bzw. eines anderen fachlich in Frage kommenden Bakkalaureatsstudiums oder eines einschlägigen Studiums an einer anerkannten inländischen oder ausländischen Universität oder Fachhochschule voraus *(http://publizistik.univie.ac.at)*. Daran anschließend kann ein sechssemestriges Doktoratsstudium betrieben werden.

Salzburg: An der Universität Salzburg kann das *Bakkalaureats-* und das weiterführende *Masterstudium* im Fachbereich Kommunikationswissenschaft inskribiert werden. Das Bakkalaureatsstudium umfasst 6 Semester, das weiterführende Masterstudium 4 Semester und schließt mit dem Master of Arts ab.

Das Lehrangebot des *Bakkalaureatsstudiums* konzentriert sich neben dem Kernbereich (Theorien, Methoden, empirische Kommunikationsforschung, Mediensysteme, Kommunikationsprozesse) auf folgende inhaltliche Schwerpunkte, die zugleich auf die wichtigsten Berufsfelder verweisen: Journalistik; Public Relations, Organisations- und Unternehmenskommunikation; Audiovisuelle Kommunikation; Neue Informations- und Kommunikationstechnologien; Medienökonomie (Medienmanagement); Internationale und Interkulturelle Kommunikation (inkl. Tourismus- und Freizeitwirtschaft); Interpersonelle Kommunikation.

Das *Masterstudium* der Kommunikationswissenschaft baut auf den im Bachelorstudium erworbenen Grundkenntnissen auf, vertieft und ergänzt die wissenschaftliche Berufsvorbildung, fokussiert aber stärker auf wissenschaftliche Forschung. Daran anschließend kann ein *Doktoratsstudium als viersemestriges Aufbaustudium* betrieben werden.

Den Studierenden wird überdies nahe gelegt, in den Semesterferien sowie in vorlesungsfreien Zeiten *Ferienvolontariate* bei Presse und Rundfunk abzuleisten. Bei der Vermittlung helfen die Institute, und einige der bereits erwähnten Institutionen (vor allem das KfJ).

Das *Schwerpunktfach Journalistik* umfasst die wissenschaftliche Berufsvorbildung in drei wesentlichen Bereichen journalistischer Kompetenz: Vermittlung journalistischen *Fachwissens* (Einführungs-Vorlesungen, Print-Praktika, Hörfunk- bzw. TV-Praktika, Online-Praktika, Proseminare, Seminare etc.), Vermittlung journalistischen *Sachwissens* (Lehrveranstaltungen, freie Wahlfächer, Forschungsprojekte, Vorträge, Abschlussarbeiten etc.), *Vermittlungskompetenz* (Online-Recherche, Gestaltung/Kommunikationsdesign, kreatives Schreiben etc.). Die praxisbezogene Ausbildung und Forschung konzentriert sich auf drei Projekt-Kerne: das Print-Labor, das Web-Labor, das Uni-Radio. Daneben stehen das Studio für Audiovision sowie EDV-Räume zur Verfügung. Die Verbindung mit der

Berufspraxis erfolgt u. a. durch die Kooperation mit dem Kuratorium für Journalistenausbildung, dem ORF-Landesstudio Salzburg, den „Salzburger Nachrichten" und anderen Medienunternehmen, vor allem aber auch durch Lektor/innen aus verschiedenen Medienbereichen *(www.uni-salzburg.ac.at)*.

Klagenfurt: Seit 2009/2010 bietet die Medien- und Kommunikationswissenschaft an der Universität Klagenfurt das Bachelorstudium Medien- und Kommunikationswissenschaften und das Masterstudium Medien, Kommunikation und Kultur an. Das Bachelorstudium soll die Absolventen und Absolventinnen dazu befähigen, kommunikations- und medienbezogene Aufgabenstellungen mit Hilfe wissenschaftlicher Methoden zu bearbeiten. Kommunikative Kompetenz (Präsentationen, Referate, schriftliche Arbeiten), medienpraktische Kompetenz (Film, TV, Zeitung, Radio, Website, Blogs) und Internationalität (Kooperationen mit ausländischen Universitäten) gehören zum Ausbildungsprofil des Studiums. Das Studium dauert 6 Semester.

Im Zentrum des Masterstudiums steht der Zusammenhang von Medien, Kultur, Technik und Gesellschaft. Die Absolventen und Absolventinnen sollen dafür qualifiziert werden, ihre beruflichen Tätigkeiten auf der Basis eines theoretischen Verständnisses sowie eines wissenschaftlich geschulten Problembewusstseins auszuführen und einer kritischen Reflexion zu unterziehen. Methodische Kompetenz (ethnografische Zugänge, audiovisuelle Verfahren), Trans- und Internationalität (Partnerschaftsabkommen und Austauschprogramme mit ausländischen Universitäten) sowie Management- und Führungskompetenz (projektorientierte, interdisziplinäre Kurse und Seminare) gehören zum Ausbildungsprofil des Studiums. Das Studium umfasst 4 Semester und schließt mit dem Master of Arts ab. Daran anschließend kann ein Doktoratsstudium in 6 Semestern absolviert werden *(www.uni-klu.ac.at/mk/)*.

Krems: Das Internationale Journalismus Zentrum (IJZ) an der Donau Universität in Krems bietet postgraduale berufsbegleitende Kommunikationsweiterbildung mit den Abschlüssen *Master of Arts (MA), Master of Science (MSc) und Master of Business Administration (MBA)* sowie weitere Universitätslehrgänge. Ursprünglich als reine Journalistenausbildungsstätte gegründet, umfasst der Wirkungsbereich des IJZ heute mehr als ein Dutzend Lehrgänge im Bereich Medien und Kommunikation *(www.donau-uni.ac.at/journalismus)*.

Der Medienkundliche Lehrgang an der Universität Graz bietet als interfakultäre Einrichtung „eine praxisnahe Ausbildung für einen Medienberuf auf gehobener

Ebene". Der Lehrgang wendet sich auch an Interessenten, die durch medienkundliche Kenntnisse eine Zusatzqualifikation (z. B. als Pressesprecher eines Unternehmens etc.) erwerben wollen *(http://www.uni-graz.at/de/)*.

Hochschulkurse und Lehrgänge hält in Wien das dortige Institut für Publizistik- und Kommunikationswissenschaft ab. Derzeit ist dies ein viersemestriger postgradualer Universitätslehrgang für Public Communication *(www.public-communication.at)*.

Einen viersemestrigen Universitätslehrgang zum Sportjournalismus veranstaltet der Fachbereich Kommunikationswissenschaft an der Universität Salzburg in Kooperation mit dem Fachbereich Sport und Bewegungswissenschaft *(http://www.sportwissenschaft.uni-salzburg.at/spo/studium/)*.

Filmakademie Wien: An der Universität für Musik und Darstellende Kunst kann in der Abteilung Film und Fernsehen eines der *Bachelorstudien* Buch und Dramaturgie, Bildtechnik und Kamera, Produktion, Regie und Schnitt gewählt werden. Der Schwerpunkt der Ausbildung liegt auf theoretischen und künstlerischen Aspekten der Filmgestaltung. Unterrichtet werden die theoretischen und technologischen Grundlagen des Films und des Fernsehens, Bildtechnik und Kamera, Buch und Dramaturgie, Regie und Schnitt, Ton, Rechtskunde, Architektur in Film und Fernsehen, Medienanalyse, Produktionstechnologie. Die Bachelorstudien dauern 6 Semester. Danach wird der akademische Grad „Bakkalaurea/Bakkalaureus der Künste" verliehen. Aufbauend stehen die sechs *Masterstudien* Bildtechnik und Kamera, Buch und Dramaturgie, Digital Art – Compositing, Produktion, Regie, Schnitt zur Auswahl. Die Masterstudien dauern 4 Semester und werden mit einer Magisterprüfung abgeschlossen *(https://www.mdw.ac.at/75)*.

Weiterführende Literatur
Ilse Brandner-Radinger, Was Kommt, Was Bleibt. 150 Jahre Presseclub Concordia (Wien: Facultas, 2009).
Harald Fidler, Österreichs Medienwelt von A – Z (Wien: Falter, 2008). – aktualisiert und erweitert im Blog www.diemedien.at (kostenpflichtig)
Harald Fidler, Im Vorhof der Schlacht. Österreichs alte Medienmonopole und neue Zeitungskriege (Wien: Falter, 2004). – aktualisiert und erweitert im Blog www.diemedien.at (kostenpflichtig)
Andy Kaltenbrunner/Matthias Karmasin/Daniela Kraus (Hrsg.), Der Journalistenreport. Österreichs Medien und ihre Macher (Wien: Facultas, 2007).
Andy Kaltenbrunner/Matthias Karmasin/Daniela Kraus/Astrid Zimmermann (Hrsg.), Der Journalisten Report II. Österreichs Medienmacher und ihre Motive (Wien: Facultas, 2008).

Andy Kaltenbrunner/Matthias Karmasin/Daniela Kraus (Hrsg.), Der Journalisten Report III. Politikjournalismus in Österreich. (Wien: Facultas, 2010).

Andy Kaltenbrunner/Matthias Karmasin/Daniela Kraus (Hrsg.), Der Journalisten Report IV. Medienmanagement in Österreich. (Wien: Facultas, 2013).

Gabriele Melischek/Josef Seethaler/Katja Skodacsel, Der österreichische Zeitungsmarkt 2004: hoch konzentriert. Media Perspektiven 5 (2004): S. 243–251.

Heinz Pürer/Meinrad Rahofer/Claus Reitan (Hrsg.), Praktischer Journalismus. Presse, Radio, Fernsehen, Online. Mit CD-ROM (Konstanz: UVK, 5. Aufl. 2004).

Seethaler, Josef, Qualität des tagesaktuellen Informationsangebots in den österreichischen Medien (Wien: RTR, 2015).

Thomas Steinmaurer, Konzentriert und verflochten (Innsbruck: Studienverlag, 2002).

Thomas Steinmaurer, Medien in Österreich. In: Hans-Bredow-Institut (Hrsg.): Internationales Handbuch Medien (Baden-Baden: Nomos, 2007/2008).

Zeitschriften/Zeitungen

Die Publikationen des VÖZ (Jahrbuch Presse u. a.): http://www.voez.at/m98

Die Public Value-Berichte des ORF: http://zukunft.orf.at/

Aktuelle Medienberichterstattung Österreich ist vor allem zu finden in den Tageszeitungen „Der Standard" sowie „Die Presse"

„APA-Journal Medien" (Wien, monatlich), www.apa.at

„Der Österreichische Journalist" (Salzburg, zweimonatlich), www.journalist.at

„Medianet", Tageszeitung mit Schwerpunkt Medien (Wien), www.medianet.at

„Medien-Journal", Vierteljahreszeitschrift der Österreichischen Gesellschaft für Kommunikationswissenschaft (Studien-Verlag Innsbruck, 4 x im Jahr), www.studienverlag.at

MedienMager. Monatlich. www.medienmanager.at

Weiterführende Webseiten

Aktuelle Medienberichterstattung Österreich: www.etat.at

Eine Plattform für Journalistenausbildung, die über Angebote in Österreich und Deutschland informiert: publizistik.net

Presseclub Concordia: www.concordia.at

Schweiz 15

> **Zusammenfassung**
>
> Über Wege in den Journalismus in der Schweiz informiert dieses Kapitel.

> **Schlüsselwörter**
>
> Journalismus · Schweiz · Ausbildung · Weiterbildung · Arbeitsmarkt · Studium · Kurse

15.1 Der Arbeitsmarkt

Nach der einschneidenden Rezession, die von 2001 bis 2005 gedauert hat, haben sich die meisten Medienhäuser einige Jahre lang wirtschaftlich erholt, aber weniger durch Marktausweitung als durch radikale Sparmaßnahmen. Die wirtschaftliche Entwicklung der gedruckten Medien in der Schweiz verläuft nach wie vor uneinheitlich. Man sieht einen auffallenden Widerspruch zwischen der Bedrängnis, in der vor allem größere Tageszeitungen stecken und den relativ entspannten Verhältnissen bei lokal-regionalen B-Titeln und beim riesigen Feld der Fach- und Spezialpublikationen. Die Bewegungen im Markt strahlen stärker als früher direkt und schnell auf den Arbeitsmarkt ab.

Die ersten großen Online-Portale melden den Eintritt in die Gewinnzone. Hier sind die meisten neuen Stellen entstanden, wobei es bei den Stellenprofilen markante Unterschiede zu Redaktions-Jobs in den traditionellen gedruckten Medien gibt. Wir sehen in der Praxis zwei Richtungen auseinanderlaufen: das kleine, elitäre Feld der Edelfedern und die große Schar der namenlosen „Textingenieure", die vor allem mit der Formatierung von vorgefertigten Stoffen und mit schnellen

© Springer Fachmedien Wiesbaden GmbH 2017
G. Hooffacker, K. Meier, *La Roches Einführung in den praktischen Journalismus*, Journalistische Praxis, DOI 10.1007/978-3-658-16658-8_15

Telefonrecherchen beschäftigt werden. Dagegen verliert der vertiefende Journalismus, der sich durch fundierte Dossierkenntnis auszeichnet, selbst bei ersten Adressen an wirtschaftlichem Boden. Das drückt sich u. a. in einem schleichenden Substanzverlust durch Abwanderung profilierter Kollegen in die Unternehmenskommunikation (Public Relations, Mediendienst, Corporate Publishing usw.) aus.

Gespart wird nach wie vor bei den am schnellsten beeinflussbaren Budgetpositionen. Das sind in der Regel neben den Werbebudgets die Personalkosten, vorwiegend in den Redaktionen. Viele Zeitungen haben ihre Seitenzahlen reduziert. Ein Indiz für diese „Sparpolitik des geringsten Widerstandes" sind die anhaltenden Klagen freier Journalistinnen und Journalisten über gedrückte Honorarbudgets.

Unnachgiebig gestrichen oder zurückgefahren werden auch die Arbeitgeberbeiträge an die Aus- und Weiterbildung. Beim MAZ, der Schweizer Journalistenschule, wächst die Quote der Selbstzahler, während die Frequenzen nicht spürbar zurückgehen.

Unverändert starker Bedarf besteht nach Journalisten und Redaktoren mit Spezialkenntnissen, wobei die Bereiche Wirtschaft, Naturwissenschaften, Informatik sowie die Fertigkeiten in der multimedialen Zeitungsproduktion im Vordergrund stehen. Entsprechend häufiger sieht man in den Journalistenschulen Teilnehmerinnen und Teilnehmer mit eindrücklichen Studiengängen oder Karrieren in anderen Berufen. Journalismus wird auch beim qualifizierten Nachwuchs immer häufiger als Quereinsteiger-Beruf verstanden, was den zusätzlichen Vorteil des etwas fortgeschrittenen Lebensalters und der entsprechend höheren biografischen Erfahrung mit sich bringt.

Radio und Fernsehen: Die meisten privaten regionalen Fernsehsender haben die Rentabilitätsschwelle noch nicht erreicht. Viele sind auf das Gebührensplitting angewiesen, mit dem die politisch gewollte Wettbewerbsverzerrung zugunsten der öffentlich-rechtlichen SRG ausgeglichen werden soll.

Die privaten Radiostationen sind wirtschaftlich im Allgemeinen stabiler, teilweise sogar hoch rentabel, doch haben viele ihre journalistischen Angebote zugunsten musiklastiger Unterhaltungsformate ausgedünnt.

15.2 Wege in die Redaktion

Der Einstieg gelingt noch immer am ehesten bei kleineren Redaktionen (Regional- und Wochenzeitungen, Lokalradios) oder unter Ausnützung von Beziehungen. Ist man erst einmal dabei – eigentlich egal, wo und in welcher Funktion – besteht bei

15.2 Wege in die Redaktion

solider Ausbildung, konstant guten Leistungen und vorteilhafter Profilierung die Chance auf eine befriedigende Laufbahn im Journalismus.

In der Praxis führen oft direkte Wege von der Hochschule oder aus verschiedenen Berufen in die Redaktion. Häufig wird man nach längerer freier Mitarbeit Redaktor. Das Volontariat (Stage) hat in den letzten Jahren an Bedeutung gewonnen, ist aber in Sparzeiten wieder gefährdet.

Das Volontariat dauert in der Regel zwei Jahre, in dieser Zeit besucht der Stagiaire (Volontär) während mindestens 90 Tagen Ausbildungskurse. Die theoretische Ausbildung kann unternehmensintern, unternehmensübergreifend oder extern – meistens am MAZ, der Schweizer Journalistenschule – erfolgen. Die Ausbildungskosten werden individuell verhandelt, immer mehr wälzen die Verleger die Kosten – ganz oder teilweise – auf die Studierenden ab.

Ein Gesamtarbeitsvertrag GAV im Printbereich für die deutsch- und italienischsprachige Schweiz wurde im Jahre 2004 einseitig durch die Verleger gekündigt. Erst nach mehr als zehn Jahren im September 2015 setzte sich der Verlegerverband zum Ziel, mit den Tarifpartnern wieder GAV-Verhandlungen aufzunehmen. Tarifpartner sind impressum – die Schweizer JournalistInnen *(www.impressum.ch)* als größter Berufsverband von Journalisten und syndicom *(www.syndicom.ch)*. In der Zwischenzeit haben die Verleger einseitig sogenannte Mindeststandards formuliert, die selbst für sie unverbindlich sind und weit unter den Standards eines GAVs liegen.

Für die französischsprachige Schweiz wurde zwischen dem Verlegerverband „médias suisses" und impressum 2014 ein neuer GAV ausgehandelt.

Einen GAV gibt es für die Schweizerische Radio- und Fernsehgesellschaft (SRG SSR). Sozialpartner ist das Schweizer Syndikat Medienschaffender (SSM, *www.ssm-site.ch*) mit über 3000 Mitgliedern. Für den privaten Rundfunk gibt es lediglich in der Romandie einen Gesamtarbeitsvertrag, der von impressum und der Union romande des radios régionales (RRR) abgeschlossen wurde.

Volontariats- und Praktikumsstellen bieten zwar mittlerweile zahlreiche Redaktionen an, viele sind gekoppelt mit einer Ausbildung am MAZ, der Schweizer Journalistenschule oder an der Radioschule klipp+klang. Die Nachfrage jedoch übersteigt das Angebot bei weitem. Deshalb ist es im Allgemeinen schwierig, einen Ausbildungsplatz zu finden, besonders bei größeren Zeitungen. Schon deshalb sollte man die mittleren und kleinen Zeitungen nicht übergehen. „Man darf sich nicht zu schnell entmutigen lassen, muss etwas hartnäckig sein, viel an sich selbst arbeiten", raten Ausbilder und fügen hinzu: „Alles Dinge übrigens, die ja den guten Journalisten kennzeichnen".

Das Schweizer Radio und Fernsehen, SRF bietet einen Stage bei einer Stammredaktion beim Fernsehen, Radio oder Online an (entspricht dem Volontariat in anderen Radio- und Fernsehanstalten).

Der trimediale Stage dauert zwei Jahre und vermittelt eine breite Grundausbildung in den Bereichen Radio, Fernsehen und Online. In dieser Zeit verbringen die Stagiaires knapp 90 Kurstage in der internen Ausbildung, die restliche Zeit in einer Stammredaktion. Mehrere Praktika in den jeweils anderen Bereichen ergänzen die Ausbildung.

Je nach Bedarf, sind in allen Abteilungen Redaktionsstage möglich: Informationsabteilungen Radio und Fernsehen, Sport, Unterhaltung und Kultur usw.

Voraussetzungen: Alter 24 bis höchstens 32 Jahre, breite Allgemeinbildung, abgeschlossene Ausbildung (Lehre, Matura, Studium). Die Bewerber müssen über erste Medienerfahrungen bei Presse, Radio, Fernsehen oder Online verfügen. Nebst Hochdeutsch wird auch Schweizer Mundart verlangt. Teilweise sind auch spezifische Fachkenntnisse (z. B. im Bereich Sport) nötig.

Die Besetzung erfolgt über eine Ausschreibung (u. a. unter *www.srf.ch*). Zum Auswahlverfahren gehören Wissenstest, Kameratest und Bildtest sowie eine Abklärung der Stimme für die Arbeit am Mikrofon.

Neben dem Stage gibt es auch die Möglichkeit, ein Praktikum beim Radio oder Fernsehen zu absolvieren mit der vagen Aussicht auf eine spätere Anstellung. Journalistinnen und Journalisten mit mehreren Jahren Berufspraxis in Printmedien, Radio oder Fernsehen und einem spezifischen Leistungsausweis in ihrem Fachgebiet, erhalten einen Ausbildungsplan durch die interne Ausbildung, der maßgeschneidert auf ihre Bedürfnisse angepasst ist *(www.srf.ch)*.

Die Privatradios und -TV-Stationen haben Bedarf an jungen Mitarbeitern, die z. T. auch angelernt oder ausgebildet werden. Größere Stationen bieten in der Regel eine besser organisierte Ausbildung als kleine. Zunehmend mehr Radio- und TV-Stationen lassen ihre Mitarbeiter auch außerhalb der Redaktion, vor allem am MAZ und an der Radioschule klipp+klang, aus- und weiterbilden. Am besten ist es, sich bei der jeweiligen Station möglichst genau nach den Bedingungen für Mitarbeit und Ausbildung zu erkundigen. Die nichtkommerziellen UNIKOM-Radios bieten gute Einstiegsmöglichkeiten für Radio-Stages oder erste praktische Erfahrungen.

Die Schweizerische Depeschenagentur (sda) schickt ihre Stagiaires in die Diplomausbildung des MAZ. Unverzichtbare Voraussetzung für deutschsprachige Stagiaires sind gute Französisch-Kenntnisse und in der Wirtschaftsredaktion auch Englisch-Kenntnisse *(www.sda.ch)*. Pro Ressort (Ausland/Inland/Wirtschaft) bietet die sda zwei Stagestellen an. Die Stagiaires werden in der Regel nach Abschluss der Ausbildung übernommen.

15.3 MAZ – Die Schweizer Journalistenschule

Das MAZ – Die Schweizer Journalistenschule in Luzern ist die führende Journalismusschule der Schweiz. Angeboten werden berufsbegleitende und berufsvorbereitende Master- und Diplomstudiengänge, Zertifikats- und Fachkurse sowie kürzere Weiterbildungs- und auch Einstiegskurse. Die Ausbildungen sind kompakt, modular und praxisorientiert. Die Studierenden kommen aus unterschiedlichen Disziplinen, die Gruppen sind klein, die Dozierenden ausgewiesene Medienprofis. Am MAZ treffen sich Absolventen von Universitäten/Hochschulen und Quereinsteiger, Anfänger und erfahrene Medienpraktiker.

Die zweijährige berufsbegleitende Diplomausbildung Journalismus richtet sich an Berufseinsteigerinnen und Berufseinsteiger. Der multimediale Lehrgang mit den Vertiefungsrichtungen Print, Online, Radio und TV/Video ist im Baukastensystem konzipiert. Pro Jahr werden rund 300 Kurstage zu Selbst- und Medienkompetenz, Ressortwissen und Redaktionshandwerk angeboten. Davon besuchen die Absolventen 90 Tage verteilt auf zwei Jahre. Aufnahmebedingungen: Mindestens Matura, abgeschlossene Berufslehre mit Berufsmatura oder ähnlichem, Nachweis des Anstellungsverhältnisses bei einem Medienunternehmen, zurückgelegtes 20. Altersjahr und Bestehen der zweitägigen Aufnahmeprüfung. Pro Jahr werden rund 40 Teilnehmende aufgenommen.

Studiengang Fotografie (85 Kreditpunkte gemäss ECTS): Den großen Veränderungen und Entwicklungen auf den Plattformen für redaktionelle Fotografie trägt die zweijährige, praxisorientierte Ausbildung in dokumentarischer, journalistischer und künstlerischer Fotografie Rechnung. Der berufsbegleitende Studiengang richtet sich an Interessierte, welche schon ein gutes fotografisches Grundwissen, einige Erfahrung in redaktioneller Fotografie und ein Flair für journalistisches Denken besitzen. In 100 modular aufgebauten Kurstagen sind Fach-, Vermittlungs- und Sachkompetenz zentrale Bestandteile des Studiengangs, zu dem auch ein 12-wöchiges Volontariat gehört.

Der Lehrgang Radiojournalismus dauert 35 Tage und richtet sich an Berufseinsteigerinnen und Berufseinsteiger bei einem privaten Radiosender. Der berufsbegleitende Lehrgang dauert zehn Monate. Vermittelt werden nebst den handwerklichen Fertigkeiten die nötige Sprach- und Sprechkompetenz, Grundkenntnisse der neuen Medien sowie Allgemeinwissen.

Der Lehrgang Videojournalismus (VJ) dauert 33 Tage und richtet sich an Berufseinsteigerinnen und Berufseinsteiger bei einem privaten Fernsehsender. Der berufsbegleitende Lehrgang dauert neun Monate. Im Zentrum steht die Vermittlung des komplexen VJ-Handwerks. Daneben werden Auftritts- und Moderationskompetenz trainiert sowie die nötigen Fertigkeiten vermittelt, um in zunehmend konvergent arbeitenden Redaktionen bestehen zu können.

Einstiegskurse gibt es für alle jene, die vom Journalismus fasziniert sind und mehr über diesen Beruf wissen wollen. Sie dauern drei Tage.

Weiterbildung: Das MAZ hat ein breites Weiterbildungsangebot. Hier werden journalistische Themen vertieft vermittelt und mit Profis aus der Branche diskutiert und reflektiert.

Der Kompaktkurs Online – Konvergentes Multimedia-Storytelling: In diesem Kurs werden die Teilnehmenden fit gemacht für die Produktion multimedialer Geschichten. Sie lernen in sechs Tagen das praktische Arbeiten mit digitalen Medien und die Grundlagen zum konvergenten journalistischen Arbeiten.

Der Kompaktkurs Audiovisueller Produzent baut auf dem Kompaktkurs Online auf. Wie produziert eine konvergente, multimediale Redaktion attraktive Formate? Und wie werden sie gewinnbringend eingesetzt? Mit welchen Zutaten werden dynamische, interaktive Geschichten erzählt? In sechs Kurstagen wird das hierzu nötige Knowhow vermittelt.

Kompaktkurs Von der Grafik zur animierten Infografik: Clever kombiniert lassen sich in komplexen Infografiken ganze Geschichten erzählen. Und wer online produziert, kann die Leserschaft mit interaktiven Elementen auf eine Entdeckungsreise durch die Daten schicken. Der Kompaktkurs dauert fünf Tage.

Kompaktkurs Bildredaktion: Ein Bildredaktor, der im konvergenten Newsroom arbeitet, braucht zusätzliches Knowhow. Dieser sechstägige Kompaktkurs erschließt neue Quellen für die Beschaffung von Bildmaterial und zeigt auch, wo die Gefahren bei der Verwendung von „User generated Content" lauern. Vermittelt werden das Verständnis für eine konsistente Bildsprache und die Regeln von Bildreportagen im Netz.

15.3 MAZ – Die Schweizer Journalistenschule

Der berufsbegleitende internationale Master-Studiengang „New Media Journalism" ist ein Kooperationsangebot der Universität Leipzig/Leipzig School of Media (LSM), der Akademie für Publizistik in Hamburg (AfP), des Kuratoriums für Journalistenausbildung (KfJ) in Salzburg und der Schweizer Journalistenschule MAZ. Er dauert vier Semester (90 ECTS-Punkte) und verbindet journalistische und medientechnische Kompetenzen mit professionellem Redaktionsmanagement. Die Präsenzveranstaltungen finden abwechselnd in Leipzig, Hamburg, Salzburg und Luzern statt.

Redaktionsmanagement – Führen in den Medien: Dieser neuntägige Management-Kurs, den das MAZ zweimal im Jahr anbietet, vermittelt die Grundlagen der Führung. Es geht um Mitarbeiterführung, schwierige Gespräche, Teamentwicklung, Projektmanagement und um den persönlichen Umgang mit den eigenen Ressourcen. Angesprochen sind Führungsverantwortliche in Zeitungs-, Online- oder Senderedaktionen, Ressort- und Teamleiterinnen vor dem Schritt in die Führungsverantwortung oder mit ersten Führungserfahrungen. Der Lehrgang ist aufgeteilt in drei Module, die sich je einem Thema widmen: Führen und Auftreten; Entwickeln und Handeln; Fördern und Fordern.

Leadership und Medienmanagement: Diesen Kurs hat die Konferenz der Schweizer Chefredaktoren angeregt. Es handelt sich um ein gemeinsames Angebot mit der Akademie für Publizistik in Hamburg mit Modulen in Luzern und in Hamburg. Zur Sprache kommen in den 12 Kurstagen aktuelle Themen wie das New Media Management, also das Führen in einem Newsroom, Budgetierung und Kostenkontrolle, strategisches Management, Change Management sowie der Umgang mit Konflikten. Der Lehrgang richtet sich an Chefredaktoren oder Mitglieder von Chefredaktionen.

Der CAS Fachjournalismus (Certificate of Advances Studies): Er dauert 20 Tage (12 ECTS-Punkte) und wird vom Verband Schweizer Fachjournalisten empfohlen. Im Zentrum steht das journalistische Handwerk. Zudem wird das nötige Knowhow in den Bereichen Multimedia, Medienrecht und Kommunikationsstrategien vermittelt.

Der CAS Wissenschaftsjournalismus wird in Zusammenarbeit mit der Schweizerischen Akademie für Naturwissenschaften angeboten; er dauert 25 Tage und gibt 15 ECTS-Punkte. In einer komplexen Welt ist es wichtig, dass kompetente Medienschaffende die Erkenntnisse in Forschung und Wissenschaft verständlich erklären. Dass sie aber auch Entwicklungen kritisch hinterfragen. Die dafür nötigen Fähigkeiten und Werkzeuge werden vermittelt und angereichert mit einem vertiefenden Schwerpunkt Multimedia.

Der CAS Visueller Journalismus setzt sich intensiv mit den Möglichkeiten der Fotografie, Bildredaktion, Infografik sowie von Video und Animation auseinander. Vermittelt werden die Gesetzmäßigkeiten für Print-, Online- und Mobil-Publikationen und deren crossmediale Verknüpfung für den Alltag in der konvergenten Redaktion. Der CAS dauert 22 Tage und gibt 15 ECTS-Punkte.

Die Abteilung Kommunikation: Das MAZ stellt sein Know-how in einer zweiten Abteilung, getrennt vom Journalismus, auch Kommunikationsfachleuten, PR- und Informationsverantwortlichen sowie Führungskräften zur Verfügung. Zum Angebot dieser Abteilung gehören Seminare und Medientrainings sowie vier CAS: CAS Professionelle Medienarbeit, CAS Rhetorik und Moderation, CAS Visuelle Kommunikation und der CAS Brand Journalism & Corporate Storytelling.

Das MAZ (Medienausbildungszentrum), 1984 gegründet, ist eine Stiftung der Verleger, der Schweizerischen Radio- und Fernsehgesellschaft SRG, der Journalismusverbände sowie der Stadt und des Kantons Luzern. Unterstützt wird es auch vom Bundesamt für Kommunikation (BAKOM) und der Schweizerischen Konferenz der ChefredaktorInnen *(www.maz.ch)*.

15.4 Weitere Ausbildungsinstitutionen

Ringier Journalistenschule: Die Ringier Journalistenschule verknüpft Praxis und Theorie. In den Redaktionen bewähren sich die Volontäre im Berufsalltag. An der Schule reflektieren sie ihre Erfahrungen mit den besten Journalistinnen und Journalisten. Das Schulprogramm ist heute stark auf das digitale Know-how ausgerichtet. Aber natürlich kommt das klassische Handwerk nicht zu kurz. Zweimal wechseln die Volontäre für je drei Monate von der Stamm- auf eine Gastredaktion und weiten so ihren beruflichen Horizont schon in der zweijährigen Ausbildung. An der sogenannten „JouSchu" haben viele der erfolgreichen Medienschaffenden das journalistische Rüstzeug erworben. In den 70er-Jahren hat selbst Michael Ringier Diplom und Ausbildung an der hauseigenen Schule geholt. Ihre Trägerin ist die Hans Ringier Stiftung *(facebook.com/RingierJournalistenschule/)*.

Die Radioschule klipp+klang bietet eine breite Palette an Grund- und Fortbildungskursen sowie individuelle Coachings für Berufseinsteiger, erfahrene Profis

15.4 Weitere Ausbildungsinstitutionen

und für Sendungsmacher von Gemeinschaftsradios. Kursorte sind die Studios der UNIKOM-Radios in der ganzen Deutschschweiz.

Für die Praktikums-Lehrgänge der Radios toxic.fm in St. Gallen, Kanal K in Aarau, Radio Rabe in Bern und Radio X in Basel ist die Radioschule klipp+klang Ausbildungspartnerin.

Der 3-tägige „Grundkurs Radiojournalismus" ist ein Einstieg für Radiointeressierte und bei den meisten nicht kommerziellen Privatradios eine der Voraussetzungen für die Zulassung zum Mikrofon. Er wird regelmäßig in Aarau, Basel, Bern und Zürich angeboten.

Der „Lehrgang Radiojournalismus" besteht aus vier Modulen, die jeweils mit Kompetenzüberprüfungen und einem Zertifikat abschließen. Das „Basismodul Radiojournalismus" richtet sich an Berufseinsteiger und Praktikanten von Lokalradioredaktionen (10 Kurstage und individuelle Coachings). Die Module Moderation, Redaktion und Feature – Reportage – Dokumentation dauern je 6 Kurstage. Voraussetzung für den Kursbesuch ist die Mitarbeit bei einem Radio. Die Radioschule klipp+klang vermittelt den Kontakt zu entsprechenden Redaktionen und kooperiert auch mit dem MAZ beim 35-tägigen „Lehrgang Radio".

Berufseinstieg über UNIKOM-Radios: Die Gemeinschaftsradios in der Schweiz sind in der Union nicht-kommerzorientierter Lokalradios UNIKOM organisiert. Rund 800 Sendungsmacher wirken in der Schweiz bei diesen Radios mit, größtenteils in Freiwilligenarbeit. Ein Teil dieser Radiostationen versteht sich als Ausbildungsradios und bietet den Programm-Mitarbeitern eine geregelte Ausbildung an. Die externe Ausbildung gestalten sie in Zusammenarbeit mit der Radioschule klipp+klang. In den diversen fremd- und mehrsprachigen Sendungen der Gemeinschaftsradios arbeiten zum Teil hochqualifizierte Journalisten und Journalistinnen aus unterschiedlichsten Kulturkreisen, die über ihre Radioarbeit in der Schweiz auch beruflich Fuß fassen. Das UNIKOM-Projekt Radio-Aus- und Weiterbildung im interkulturellen Kontext, RAWIK, wurde 2011 mit dem Anerkennungspreis des Vereins Qualität im Journalismus ausgezeichnet. Die Mitglieder von UNIKOM-Radios haben bei der Radioschule klipp+klang Anspruch auf reduzierte Kursgebühren.

Westschweizer Journalistenschule CFJM: Die anerkannte Journalistenschule der Westschweiz ist das Centre Formation au Journalism et aux Médias (CFJM) in Lausanne, das getragen wird vom Verband Schweizer Medien und dem Journalistenverband impressum. Ferner erhält das CFJM Subventionen vom Bundesamt für Kommunikation BAKOM. Zielgruppen sind Journalisten der Print- und Online-Medien sowie Radio- und TV-Moderatoren, Fotografen und Bildredaktoren. Die

Ausbildung (Formation initiale) ist berufsbegleitend zum Volontariat und dauert insgesamt zehn Wochen. Die Unterrichtssprache ist Französisch. Die Westschweizer Journalistenschule ist auch beteiligt am „Master en journalisme et communication" der Universität Neuenburg. Das CFJM bietet zudem Weiterbildungskurse für Broadcast-Journalisten der privaten Radio- und Fernsehstationen in der Westschweiz an *(www.cfjm.ch)*.

Die Schule für Angewandte Linguistik (SAL) in Zürich ist eine höhere Fachschule für Sprachberufe. Eine der drei Diplomrichtungen ist der „Journalismus-Lehrgang". Er wird in zwei Varianten geführt: als klassische Journalismusausbildung (Print, Online, Radio und TV, mit individuellen Vertiefungsmöglichkeiten) sowie in einer Kombination von Print-/Online-Journalismus und Corporate Publishing (Schreiben für institutionsgebundene Medien). Auf Wunsch ist auch eine Beschränkung auf Print-/Online-Journalismus, Radio-/TV-Journalismus oder Corporate Publishing möglich.

Die Ausbildung ist berufsbegleitend konzipiert und umfasst (in der Standardvariante) ca. 1250 Lektionen, verteilt auf 3 Jahre (6 Semester). Der Plenumsunterricht während der 14-wöchigen Semester findet jeweils montags und dienstags statt. Zudem sind Prüfungen, Hausarbeiten (inkl. Diplomarbeit) sowie Praktika im Umfang von mindestens 4 Monaten (Vollzeit) zu absolvieren.

Zudem führt die SAL in Zusammenarbeit mit der Hochschule für Technik und Wirtschaft (htw) in Chur am dortigen Institut für Medien und Kommunikation (IMK) den „Lehrgang Medien" durch *(www.sal.ch)*.

Die private Medienschule St. Gallen bietet einen berufsbegleitenden „Lehrgang für Journalismus und Medienarbeit" an. Dieser umfasst 21 Kurstage und fünf Praktikumstage. Er startet zweimal jährlich und findet jeweils am Freitag statt. Der Lehrgang richtet sich an Journalisten im Haupt- oder Nebenberuf. Schwerpunkte sind: Journalistisches Texten in den diversen Darstellungsformen von der Nachricht bis zur Reportage; Arbeitstechniken, wie etwa Recherche; journalistische Extras, wie Fotografie oder Einblick in den Radiojournalismus; Medienlandschaft, Medienrecht und Ethik. In den Lehrgang werden maximal acht Personen aufgenommen. Der Lehrgang kostet 5000 Franken und schließt mit dem Zertifikat der Medienschule ab. Nach erfolgreichem Abschluss werden beim Eintrag in das Berufsregister (BR) drei Monate angerechnet *(www.medienschule.sg)*.

Die EB Zürich, kantonale Berufsschule für Weiterbildung, bietet einen berufsbegleitenden Bildungsgang „Journalismus" an, der jährlich im Mai beginnt. Er dauert rund 200 Lektionen, verteilt auf 2 Semester (12 Monate), und richtet sich an festangestellte oder freie Mitarbeiter von Lokal- und Regionalmedien, Kunden- und Hauszeitungen sowie Special-Interest- und Fachpublikationen. Vorausgesetzt werden erste Erfahrungen im Journalismus, das heißt bereits publizierte Artikel oder die Zusage eines künftigen Abnehmers (Redaktion), an Texten interessiert zu sein.

Der Unterricht im Bildungsgang dauert vier Lektionen pro Woche plus einer zweitägigen Projektarbeit pro Semester, zuzüglich Hausarbeiten. Schwerpunkte sind unter anderem: Journalistische Sprache, die journalistischen Formen, Schreibpraxis mit ausführlichen Feedbacks, Recherche, Redaktionsarbeit, Fotografieren, Medienethik und -recht, Abgrenzung zu PR, Qualität im Journalismus, Arbeitsbedingungen als Freie/r, Arbeitstechnik, Redaktionsbesuche oder online-texten.

Der Bildungsgang kostet 4980 Franken (Stand 2016, in Raten zahlbar) inklusive Unterlagen und schließt mit einem kantonal anerkannten Zertifikat der EB Zürich ab.

Zusätzlich können ein Einführungskurs „Journalistisch denken und schreiben", weitere kurze Kurse zu diversen Themen sowie Einzelberatungen belegt werden. Die EB Zürich betreibt ein SchreibLeseZentrum mit vielen Einzelangeboten und Bildungsgängen an (*www.eb-zuerich.ch*).

Die Medienschule Nordwestschweiz bietet vor allem für Quereinsteiger eine Journalismusausbildung mit mindestens 15 Gruppen- und Privatseminaren an. Sie dauert ca. 1½ Jahre und umfasst sämtliche medienrelevanten Themen wie Textsorten, journalistische Ressorts, die verschiedenen Medienkanäle, Neue Medien, eine Einführung in den Fachjournalismus sowie wichtige berufsspezifische Aspekte.

Außerdem gibt es einen „Lehrgang Medienkorrektorat". Das 9-teilige Ausbildungsmodul „Medienkorrektorat" fokussiert auf die Bearbeitung von journalistischen Druck- und Online-Texten. Gleichzeitig vermitteln die Seminare Inhalte zur Medienlandschaft und zur Mediensprache. Dieser Lehrgang dauert ca. 1 Jahr. Der Unterricht findet im Landhaus Schönau in Stein AG statt. Die Medienschule ist ein Unternehmen unter der Leitung des Journalisten Fabrice Müller (*www.medienkurse.ch*).

15.5 Universitäten und Fachhochschulen

Sämtliche Schweizer Universitäten kennen in irgendeiner Form einen kommunikationswissenschaftlichen Studiengang. Eigentliche Journalistik-Studiengänge gibt es allerdings an den Universitäten der deutschsprachigen Schweiz nicht mehr. Es handelt sich vielmehr um ein theoriegeleitetes Studium der öffentlichen (oder Individual-) Kommunikation und der Medien, das Grundlagen legt für den Journalismus. Die Zahl der Studierenden ist anhaltend hoch.

Universität Basel: Das Institut für Medienwissenschaft der Universität Basel (IfM) befasst sich interdisziplinär orientiert mit allen Medien, von der Schrift über Fotographie, Film und Fernsehen bis zum Computer. Sein Profil verbindet den kulturwissenschaftlichen und den sozialwissenschaftlichen Zweig der Medienwissenschaften. Exemplarische Themenfelder sind kommunikationswissenschaftliche Grundlagen; Gesellschaft, Medien und Kultur; Medienkulturanalysen; Publikums- und Rezeptionsforschung; Digital Media Studies; Grundlagen und Probleme der Medienökonomie und des Medienrechts sowie Medienkompetenzförderung. Schließlich wird das wissenschaftliche Studium ergänzt durch ein reichhaltiges Angebot medienpraktischer Kurse *(www.mewi.unibas.ch)*.

Universität Bern: Das Institut für Kommunikations- und Medienwissenschaft der Universität Bern (ikmb) beschäftigt sich mit Kommunikation und Medien aus einer sozialwissenschaftlichen Perspektive. Im Zentrum der Forschung und Lehre steht die öffentliche Kommunikation – deren Inhalte, deren Entstehungsbedingungen und deren Wirkungen. Der Schwerpunkt in der Bundesstadt Bern liegt im Bereich der politischen Kommunikation. Untersucht wird das Verhältnis von Medien, Bürgern und Politik in der Schweiz, aber auch im internationalen Vergleich. Die medien- und kommunikationswissenschaftlichen Angebote sind Teil des „Bachelor Sozialwissenschaften", der gemeinsam mit den Instituten für Politikwissenschaft und Soziologie angeboten wird *(www.ikmb.unibe.ch)*.

Universität Freiburg: Im Departement für Kommunikationswissenschaft und Medienforschung der Universität Freiburg steht die öffentliche gesellschaftliche Kommunikation im Zentrum. Das Fach Kommunikationswissenschaft und Medienforschung kann im Bachelorstudium als Hauptfach oder als Nebenfach studiert werden. Wer Kommunikationswissenschaft und Medienforschung im Hauptfach studiert, muss in den Nebenfächern 30 ECTS aus dem Bereich der Sozialwissenschaften beziehen. Der Studiengang dient dem Erwerb von Grundlagenwissen über das Zusammenspiel von Medien, Gesellschaft, Organisationen und Individuen und bietet ergänzend Einblicke in die Medienpraxis.

Der Master in Kommunikationswissenschaft und Medienforschung fokussiert auf folgende drei Schwerpunkte: Media, Politics and the Economy, Journalism and Organizational Communication und Media Use and Effects. Voraussetzung für das Masterstudium sind mindestens 60 ECTS in Medien- und Kommunikationswissenschaft oder einem vergleichbaren kommunikationswissenschaftlichen Bachelorstudiengang *(www.unifr.ch/dcm)*.

15.5 Universitäten und Fachhochschulen

An den Universitäten Genf und Neuenburg gibt es Masterstudiengänge in Französisch und Englisch. In Genf werden der „Maîtrise universitaire en journalisme et communication" *(www.unige.ch/)* und in Neuenburg ein „Master en Journalisme et communication" angeboten *(www2.unine.ch/maj)*. Inhaltliche Schwerpunkte in Genf sind Organisations- und Wissenschaftskommunikation sowie die politische Kommunikation. Der Master in Neuenburg fokussiert stärker auf theoretisches und praktisches Wissen im Journalismus. Genf und Neuenburg arbeiten bei diesen beiden Master-Studiengängen zusammen.

Universität der italienischen Schweiz (Lugano): An der Università della Svizzera italiana (USI) in Lugano besteht eine ganze Fakultät der Kommunikationswissenschaften mit mehreren Instituten und Laboratorien. Der Bachelor in Communication Sciences setzt sich aus Studieninhalten aus den Human- und Sozialwissenschaften sowie aus Informations- und Kommunikationstechnologien zusammen. Es sind verschiedene Masterabschlüsse möglich. Die Unterrichtssprache ist beim Bachelor überwiegend Italienisch, bei den Master-Programmen überwiegend Englisch, wobei Wert auf eine weitere Fremdsprache gelegt wird (Schweizer Landessprachen: Italienisch, Französisch und Deutsch) *(www.com.unisi.ch)*. Für am Journalismus interessierte Studierende gibt es nur ein begrenztes Kursangebot. Das European Journalism Observatory *(www.ejo-online.eu* und *www.ejo.ch)* bietet aber fortgeschrittenen Studierenden Möglichkeiten zur Mitarbeit. Es wurde als gemeinnütziges Zentrum der Universität gegründet und ist inzwischen Teil eines internationalen Netzwerks von Forschungseinrichtungen, die gemeinsam in zwölf europäischen Sprachen eine Online-Plattform betreiben, um Medienpraktikern Erkenntnisse der Journalismus- und Medienforschung zugänglich zu machen.

Universität Luzern: Am Soziologischen Institut der Universität Luzern wird die kommunikationstheoretische Tradition der Soziologie gepflegt. Es gibt einen Bachelor-Studiengang Gesellschafts- und Kommunikationswissenschaften. Schwerpunkte sind Grundlagen der Gesellschafts- und Kommunikationswissenschaften, Medien und Organisationen. Zu den Wahlmodulen gehören Kultur- und Sozialwissenschaften sowie Digital Cultures. Das Masterstudium fokussiert auf folgende Themen: Organisation und Management, Medien und Netzwerke oder Vergleichende Medienforschung *(www.unilu.ch)*.

Universität St. Gallen: Das Institut für Medien- und Kommunikationsmanagement der Universität St. Gallen (MCM) forscht und lehrt in vier Bereichen: „Communications Management" befasst sich mit den Auswirkungen der Digitalisierung aufs Management, insbesondere auf die Weise, wie Manager miteinander arbeiten, kommunizieren und innovieren. Der Lehrstuhl für „Corporate Communication" forscht, lehrt und berät im Bereich der strategischen Unternehmenskommunikation. „Media und Culture" bietet zwei Lehrprogramme an: ein Lehrprogramm Buch und Medienwissenschaft sowie ein Lehrprogramm Wirtschaftsjournalismus. Der Forschungsbereich „Digital Communication" befasst sich mit Digitalisierung von Produkten und Prozessen mit digitaler Kommunikation *(www.mcm.unisg.ch)*.

Universität Zürich: Am Institut für Publizistikwissenschaft und Medienforschung der Universität Zürich (IPMZ) steht die Analyse der öffentlichen Kommunikation im Zentrum. Der Bachelor im Hauptfach bietet theoretisches Grundlagenwissen und Forschungsergebnisse der Publizistik- und Kommunikationswissenschaft sowie empirisch-methodische Qualifikationen der Sozialwissenschaften. Der Master im Hauptfach bietet vertieftes theoretisches Grundlagenwissen und Forschungsergebnisse der Publizistik- und Kommunikationswissenschaft an sowie umfassende und vertiefte empirisch-methodische Qualifikationen der Sozialwissenschaften. Die vermittelten Theorie-, Methoden- und Organisationskompetenzen bereiten zusammen mit den vertieften Analyse- und Reflexionskompetenzen auf konzeptionelle, strategische und leitende Aufgaben in den verschiedensten Bereichen der öffentlichen Kommunikation vor. Im Nebenfach kann Publizistik- und Kommunikationswissenschaft im Bachelor mit 60 Credits und im Master mit 30 Credits belegt werden *(www.ipmz.uzh.ch)*.

Hochschule für Technik und Wirtschaft Chur: Das Bachelor-Studium Multimedia Production am Institut für Medien und Kommunikation (IMK) der HTW Chur fokussiert auf die Konzeption und Produktion von multimedialen Inhalten. Das Berufsbild Multimedia Producer umfasst drei zentrale Kompetenzen: Erstens die Fähigkeit, im globalen Netz und mit interaktiven Medien zu arbeiten. Zweitens, erzählerisch zu schreiben, zu sprechen, zu filmen und zu gestalten. Und drittens, Inhalte medienspezifisch zu produzieren. Das Studium zum Multimedia Producer vereint Unternehmenskommunikation und Journalismus in einer Ausbildung. Das IMK kooperiert mit der Berner Fachhochschule und der Schule für Angewandte Linguistik (SAL) in Zürich *(www.htwchur.ch)*.

Hochschule Luzern: Die Hochschule Luzern – Wirtschaft, eine Teilschule der Fachhochschule Zentralschweiz, bietet den praxisorientierten Bachelor-Studiengang in Business Administration, Studienrichtung Kommunikation & Marketing sowie den Major Online Business and Marketing im Rahmen des konsekutiven Master of Science in Business Administration an. In der Weiterbildung bietet die

15.5 Universitäten und Fachhochschulen

Hochschule Nachdiplomstudiengänge (MAS) und Nachdiplomkurse (CAS) im Bereich Kommunikation an *(www.hslu.ch)*.

Zürcher Hochschule für Angewandte Wissenschaften (ZHAW): Das IAM Institut für Angewandte Medienwissenschaft der ZHAW in Winterthur erzeugt und vermittelt Wissen für die Berufsfelder Journalismus und Organisationskommunikation. Dies geschieht auf vier Ausbildungsstufen. 1) Der Bachelorstudiengang Kommunikation ist modular aufgebaut und bietet individuelle Studienpläne für Einsteiger und Erfahrene. 2a) Der konsekutive Masterstudiengang Angewandte Linguistik mit Vertiefungsrichtung Organisationskommunikation ermöglicht seinen Studierenden, ihr Wissen und Können als sprachlich und interkulturell versierte Kommunikationsprofis weiter zu entwickeln. 2b) Im Masterstudium Digital Journalism, den das IAM zusammen mit der Hamburg Media School und der Universität Hamburg anbietet, bereiten sich die Studierenden auf Schlüsselrollen in einem Journalismus vor, der stark an digitale und soziale Medien gebunden ist. 2c) Zusätzlich gestaltet das IAM im konsekutiven Masterstudiengang der Zürcher Hochschule der Künste (ZHdK), dem Master of Arts in Art Education, die Vertiefungsrichtung Kulturpublizistik. Das Studium der Vertiefungsrichtung umfasst drei bis vier Semester und bereitet auf eine fachpublizistische Tätigkeit oder die Medienarbeit im Bereich Kulturpublizistik vor. 3) Der exekutive Masterstudiengang des IAM, MAS of Advanced Studies in Communication Management and Leadership, richtet sich an Kommunikationsexpertinnen und -experten mit Hochschulabschluss und mehrjähriger qualifizierter Berufspraxis. 4) Zusammen mit Partner-Universitäten in Europa, den USA, Afrika, Asien und Australien bietet das IAM Programme an für Doktorierende, die die theoretischen und praktischen Ansprüche an die Dissertation systematisch verbinden wollen. Auf allen vier Stufen sind die Schwerpunkte am IAM Journalistik, Medienlinguistik und Organisationskommunikation, mit Public Storytelling als Integrationsthema aller Aktivitäten des Instituts *(www.iam.zhaw.ch)*.

Hochschule für Wirtschaft in Zürich (HWZ): Die private Hochschule bietet einen Bachelor-Studiengang in Kommunikation an. Er verbindet grundlegende Inhalte mit Kommunikationsthemen wie Marketing, Markenführung, Medien und Journalismus, Public Relations, Stakeholder-Ansprache und Corporate Communications. Das auf berufsbegleitend Studierende ausgelegte Programm erlaubt eine berufliche Tätigkeit während des ganzen Studiums. In der Weiterbildung bietet die HWZ neben dem MAS Business Communications zahlreiche CAS-Nachdiplomkurse im Bereich Kommunikation an *(www.fh-hwz.ch)*.

15.6 Medienadressen, Berufsverbände, Berufsregister

Redaktionsadressen findet man im Mitgliederverzeichnis des Verbandes Schweizer Medien *(www.schweizermedien.ch)*; eine umfassende Übersicht bietet außerdem das „Schweizer PR- und Medienverzeichnis" (Edition Renteria SA, *www.renteria.ch*).

Journalistenverbände: Bei den Berufsorganisationen impressum – die Schweizer JournalistInnen *(www.impressum.ch)*, Schweizer Syndikat Medienschaffender SSM *(www.ssm-site.ch)* und Mediengewerkschaft syndicom *(www.syndicom.ch)* erhält man Auskunft über Aus- und Weiterbildungsmöglichkeiten. Zum Teil werden eigene Kurse angeboten.

Medienzeitschriften: Die drei Berufsorganisationen der Medienschaffenden geben das Medienmagazin „EDITO" heraus, welches sechsmal jährlich und dazwischen online (edito.ch) erscheint. Im Magazin geht es um Themen, wie die Berufsdebatte, die Medienpolitik oder die Aus- und Weiterbildung. Analog zum „Medium-Magazin" in Deutschland und zum „Der Österreichische Journalist" erscheint aus dem Verlag Johann Oberauer ebenfalls zweimonatlich das Magazin „Schweizer Journalist", welches die Weiterbildungsbeilage „Journalisten-Werkstatt" enthält *(www.schweizer-journalist.ch)*.

Berufsregister. Die Berufsorganisationen impressum – die Schweizer JournalistInnen, das Schweizer Syndikat Medienschaffender SSM und die Mediengewerkschaft syndicom *(www.syndicom.ch)* führen nach gemeinsam festgelegten Kriterien einheitliche Berufsregister, nach welchem sie auch einen Presseausweis BR abgeben. Die Eintragung als „Medienschaffender BR" beziehungsweise der aufgrund dieser Eintragung ausgestellte Presseausweis ist Beleg darüber, dass der Eingetragene Journalismus im Hauptberuf ausübt, d. h. mindestens fünfzig Prozent der journalistischen Tätigkeit bei Publikums-Informationsmedien (Zeitungen, Zeitschriften, Nachrichten- und Bild-Agenturen, Online, Radio und Fernsehen usw.) ausübt.

Voraussetzung für die Eintragung ist neben der Mitgliedschaft in einer der drei Journalisten-Organisationen und der hauptberuflichen journalistischen Tätigkeit der Nachweis über eine mindestens zweijährige journalistische Berufspraxis beziehungsweise (berufsbegleitete) Ausbildung.

Außerdem muss der Antragsteller den Journalistenkodex des Schweizer Presserats („Erklärung der Pflichten und Rechte der Journalistinnen und Journalisten", *www.presserat.ch*) mittels Unterschrift anerkennen.

Der Verband Schweizerischer Fachjournalisten (SFJ) führt ein eigenes Berufsregister *(www.sfj-ajs.ch)*.

15.6 Medienadressen, Berufsverbände, Berufsregister

Weiterführende Literatur

(fög) Forschungsinstitut Öffentlichkeit und Gesellschaft (Hrsg.), Jahrbuch 2015 Qualität der Medien Schweiz - Suisse - Svizzera (Basel: Schwabe Verlag, 2015).

Heinz Bonfadelli/Otfried Jarren/Gabriele Siegert (Hrsg.), Einführung in die Publizistikwissenschaft (Bern: Haupt Verlag, 3. Aufl. 2010).

Heinz Bonfadelli/Guido Keel/Mirco Marr/Vinzenz Wyss, Journalists in Switzerland: Structures and Attitudes. SCOMS Studies in Communication Sciences 2 (2011): S. 7–26.

Heinz Bonfadelli/Werner A. Meier/Josef Trappel (Hrsg.), Medienkonzentration Schweiz. Formen, Folgen, Regulierung (Bern: Haupt Verlag, 2006).

Irene Messerli/Dominik Allemann/Guido Keel (Hrsg.), Journalisten im Web 2015: Recherchieren, Publizieren, Diskutieren. IAM-Bernet-Studie (Zürich: buch & netz, 2015).

Guido Keel, Journalisten in der Schweiz. Eine Berufsfeldstudie im Zeitverlauf (Konstanz: UVK, 2011).

Matthias Künzler, Mediensystem Schweiz (Konstanz: UVK, 2013).

Peter Studer/Rudolf Mayr von Baldegg, Medienrecht für die Praxis. Vom Recherchieren bis zum Prozessieren: Rechtliche und ethische Normen für Medienschaffende (Zürich: Saldo Ratgeber, 4. Aufl. 2011).

Roger Blum, Medienstrukturen der Schweiz. In: Günter Bentele/Hans-Bernd Brosius/Otfried Jarren (Hrsg.): Öffentliche Kommunikation. Handbuch Kommunikations- und Medienwissenschaft (Wiesbaden: Westdeutscher Verlag, 2003), S. 336–381.

Stephan Russ-Mohl, Journalismus - Das Lehr- und Handbuch (Frankfurt: Frankfurter Allgemeine Buch, 3. Aufl. 2016).

Vinzenz Wyss/Guido Keel: Journalismusforschung. In: Heinz Bonfadelli/Otfried Jarren/Gabriele Siegert (Hrsg.), Einführung in die Publizistikwissenschaft (Bern: Haupt Verlag, 3. Aufl. 2010), S. 337–378.

Weiterführende Webseiten

Europäisches Journalismus-Observatorium Lugano (www.ejo.ch)
Gewerkschaft für Medien & Kommunikation Syndicom (www.syndicom.ch)
Journalistengewerkschaft SSM (www.ssm-site.ch)
Journalistenverband impressum (www.impressum.ch)
MAZ – die Schweizer Journalistenschule, Luzern (www.maz.ch)
Medienblog Medienwoche (www.medienwoche.ch)
Medienspiegel von Martin Hitz (www.medienspiegel.ch)
Medienqualität Schweiz (www.medienqualitaet-schweiz.ch)
Observatorium Öffentlichkeit und Gesellschaft (www.qualitaet-der-medien.ch)
Öffentlichkeitsgesetz.ch (www.oeffentlichkeitsgesetz.ch)
Recherche Netzwerk Schweiz (www.investigativ.ch)
Ringier Journalistenschule, Zürich (www.ringier.ch)
Schweizer Presserat (www.presserat.ch)
SGKM- Schweizerische Gesellschaft für Kommunikations- & Medienwissenschaft (www.sgkm.ch)
Unabhängige Beschwerdeinstanz für Radio und Fernsehen, UBI (www.ubi.admin.ch)
Verband Schweizer Medien (www.schweizermedien.ch)
Verein Medienkritik Schweiz (www.medienkritik-schweiz.ch)
Verein Qualität im Journalismus (www.quajou.ch)

Die Autoren

WALTHER VON LA ROCHE, 1936–2010, Gründer und viele Jahre Herausgeber der Reihe „Journalistische Praxis", zuletzt Honorarprofessor für Radiojournalistik an der Universität Leipzig, langjähriger Leiter der Hörfunk-Nachrichtenredaktion des BR. Nach Besuch der Lehrredaktion des Werner-Friedmann-Instituts (später: Deutsche Journalistenschule) in München Abschluss der juristischen Ausbildung. Im BR zunächst als freier Mitarbeiter Reporter und Diskjockey, danach Zeitfunk-, Bayern- und Feature-Redakteur, Leiter des Jugendfunks, Ausbildungsbeauftragter des BR. 25 Jahre Vorstandsmitglied der Deutschen Journalistenschule. Veröffentlichungen u. a.: „Einführung in den praktischen Journalismus", „Radio-Journalismus". Kurt-Magnus-Preis der ARD, Auszeichnung „München leuchtet".

GABRIELE HOOFFACKER, Prof. Dr., geb. 1959, Professorin an der Hochschule für Technik, Wirtschaft und Kultur (HTWK) Leipzig. Spezialgebiet: Online-Journalismus, Crossmedia, Transmedia. Journalistin und Autorin zahlreicher Fachbücher (zuletzt „Online-Journalismus", 3. Auflage, sowie „Pressearbeit praktisch" mit Peter Lokk), Lehraufträge an der Leipzig School of Media und weiteren Journalistenschulen, Vertrauensdozentin der Heinrich-Böll-Stiftung, Berlin, Herausgeberin der Reihe „Journalistische Praxis".

KLAUS MEIER, Prof. Dr., geb. 1968, seit 2011 Professor für Journalistik an der Katholischen Universität Eichstätt-Ingolstadt, davor Professor am Institut für Journalistik der TU Dortmund und an der Hochschule Darmstadt sowie Zeitungs- und Fernsehjournalist. Lehr- und Forschungsgebiete: Journalistik und Journalismusforschung, Ethik und Qualität des Journalismus, crossmedialer und digitaler Journalismus, Redaktionsforschung und Journalistenausbildung im digitalen Zeitalter. Bücher u. a.: Journalistik (3. Auflage 2013); Journalismusforschung (Hrsg. zusammen mit Christoph Neuberger, 2. Auflage 2016); Ressort, Sparte, Team (2002).

© Springer Fachmedien Wiesbaden GmbH 2017
G. Hooffacker, K. Meier, *La Roches Einführung in den praktischen Journalismus*,
Journalistische Praxis, DOI 10.1007/978-3-658-16658-8

The manufacturer's authorised representative in the EU is Springer Nature Customer Service Centre GmbH, Europaplatz 3, 69115 Heidelberg, Germany. If you have any concerns regarding our products, please contact ProductSafety@springernature.com

Printed and bound by CPI Group (UK) Ltd, Croydon, CR0 4YY
25/03/2026
02078212-0004